今川氏滅亡

大石泰史

角川選書
604

今川氏滅亡

目次

はじめに

第一章　戦国大名今川氏の登場

第三章　義元の時代

第二節　領国西方の維持

〈本章のまとめ〉

第四章　氏真の生涯

はじめに

本書のねらいと記述内容

本書は戦国期の今川氏を通覧し、同氏が〝滅亡〟した原因を探ることを目的としている。戦国大名の〝滅亡〟の原因を追究するには、大名の「屋台骨」が崩れるきっかけから語る必要がある。今川氏の場合、そのきっかけは言わずと知れた永禄三年（一五六〇）の桶狭間《おけはざま》合戦といえる。また、本書を手に取るような歴史好きな読者であれば耳にしたことがあるかもしれない、遠江《とおとうみ》国衆《くにしゅう》たちの叛乱《はんらん》とされる「遠州忩劇《えんしゅうそうげき》」も原因の一つに数えることができるだろう。さらに同十一年末の武田信玄（晴信。年代によって区分すべきだろうが、煩雑を避けるため「信玄」で統一）による駿河《するが》侵攻と、同時に行われた徳川家康（松平竹千代・同元信・同元康・同家康。信玄と同様、「家康」で統一）による遠江侵攻は、直接的な滅亡の原因といえる。

ただ今川氏の場合、いま掲げた三つの合戦について、〝今川氏の視点〟で語られた史料は存在しない。「そんなことはない。今川氏にも『今川記』（『続群書類従』二一輯上合戦部）とその別本とされる『今川記〈富麓記《ふろくき》〉』（同）があるではないか」と仰《おっしゃ》る読者もいるかもしれない。

しかし、『今川記』は天文二十二年（一五五三）に成立したとされており、桶狭間合戦よりも前の段階で話が終わっている。そのため桶狭間での合戦状況を語る場合は、『信長公記』等に拠《よ》っており、さらに信玄・家康による駿河・遠江侵攻では、武田氏の『甲陽軍鑑』や徳川氏の『三河物語』などに頼っているのが現状である。これらはすべて〝勝利者〟が残してきた記録であり、そこから〝敗者〟である今川氏が語られているのである。しかもこれらは、完全なる同時代の史料ではなく、少々時代が下ってからの史料で描写されていることも注意すべきだろう。

こうした状況を踏まえて今川氏の滅亡の原因を探るとなると、当時の文書・記録類を中心に語らざるを得なくなる。それは文書に忠実な、ある意味、歴史学のスタンダードな方法となる。これは、実証という側面では評価されるであろうが、その半面、それだけしかわからないという「消化不良」も生じることになると思われる。例えば今川氏の被官で、『甲陽軍鑑』などでのみ確認できる氏族が登場すれば、はたしてその人物は実在していたのかといったことから問題が始まり、確認が取れない場合は同書の関連部分も引用できなくなってしまう。となれば、中途半端かもしれないが、当時の文書・記録類を忠実に読み込む方策で検討していくほかない、ということになる。

ということで、本書では桶狭間合戦や永禄四年以降に起こった今川氏に対する三河国衆たちの離叛《りはん》である「三州錯乱《さんしゅうさくらん》」、遠州忩劇、信玄・家康による今川領国侵攻といった、氏真《うじざね》が直面した問題に関する直接的な史料を改めて見直してみたいと考えている。またそれだけでなく、〝滅亡の遠因〟も両人以前の今川氏当主に関連する文書類から探ることはできないか。こうした模索も含めて本書をまとめてみた。その際、戦国期今川氏歴代の基礎的事実も提示することとした。今川氏の場合、基礎的事実の解明、特に大名の花押による年代比定があまり行われていなかった。この点が明確になることで、〝滅亡の遠因〟により近づける部分もあると思われる。

ちなみに、生没年の確認や花押による年代比定に関する詳細な説明については本文を参照していただきたいが、これらの作業は、「原文書はミミズが這《は》ったような文字で判読がむずかしい」、あるいは「文書は内容が一部省略されているらしく、解釈が本当に正しいのか不安」といった方々でも、注意深く検討すれば研究の一端に触れることができる分野といえる。本書をきっかけとして今川氏研究者が増えれば、と願っている。

今川氏歴代の研究

今川氏の歴代について語るとき、研究史としてはまず小和田哲男氏の『駿河今川一族』（新人物往来社、一九八三）が挙げられる。本書は近年、『中世武士選書25　駿河今川氏十代』（戎光祥出版、二〇一五）として再び日の目を見たが、両書の間で刊行された『静岡県史』通史編2中世（一九九七。以下、『県史』通史編とする）も忘れるべきではない。小和田著書は、戦前に刊行されていた『静岡県史料』第一～五輯を駆使するとともに、『今川記』や『今川記〈富麓記〉』などの記載、同時代史料に則《のっと》って今川氏の歴代を通覧したものとして評価される。

一方『県史』通史編は、『静岡県史』資料編6中世二～資料編8中世四（一九九二～九六。以下、『県史』二―●●号などと略す）に収録されている史料を用いて執筆されている。資料編の三冊は、この段階までで明らかになっていた今川氏の受・発給文書と関連文書、同時代の記録類、後世の関連資料等を一括して活字化していた。そのため『県史』通史編では、小和田著書段階よりも深く追究した内容となっている。この時点で明確になった事柄は非常に多く、県史の刊行は今川氏研究の画期といえるだろう。

その後、いわゆる「今川氏の通史」というべき図書類は刊行されていなかったが、大塚勲氏が『戦国大名今川氏四代』（羽衣出版、二〇一〇）や『今川一族の家系』（同、二〇一七）などにおいて、今川氏に関する通史的なものを著した。さらに昨年、筆者が編者となって『今川氏年表』（高志書院）を上梓《じょうし》した。これは『県史』三・四が、〝戦国大名今川氏の約九十年を網羅した史料集〟として売り出した関係で、早い段階において入手が困難となったことを受けて、『県史』資料編一～四で落とされていた被官層の受・発給文書や関連文書も収録した『戦国遺文』今川氏編（東京堂出版、二〇一〇～一五。以下『戦今』▲▲号と略す）を刊行したことがきっかけである。この史料集が刊行されたことによって、戦国期における今川氏の関連史料のほとんどが網羅されるようになったが、『今川氏年表』はそこから読み取れる「読み物風」な通史として刊行された。

とはいえ、現在も刊行が継続されている『愛知県史』や同県内の自治体史には、新史料が発掘されたり、新事実も提唱されているのが現状である。さらに、『県史』通史編以降も心懸けられている近隣諸大名の状況確認や、室町将軍家および管領《かんれい》・奉行・奉公衆などの武家、加えて公家《くげ》との関わりといった京都情勢の認識、宗教関係資料に記載されている奥書や語録等の読み込みなどは、今後も丁寧に行われる必要がある。様々な史・資料が活字化されているため、それらに十分目を配った、近年の研究成果を盛り込んだ通史も必要になってきたのだ。

国衆研究の進展

ところで、近年の東国における戦国史研究で、大きく進展したのが「国衆」の研究だろう。その国衆という言葉は二〇一六・一七年の大河ドラマで多用された。そのおかげで国衆という存在がどういったものか、多くの人はなんとなく想像できるようになったのではなかろうか。

国衆とは、中世後期において、戦国大名より規模は小さいものの、質的には大きな違いのない、在地に根付いて支配をしていた領主のことである。自身の領域を、面的かつ排他的に支配し、独自の支配領域としての「領」を持ち、一門や家臣らによる「家中」を有した独立的な領主として存在していた彼らは、在地に対して統制力や指導力、軍事力や税の徴収権などを持っていた。ややむずかしい表現であるが、現代風に考えれば、大企業とその傘下の中小企業をイ

駿河国	葛山氏	
	興津氏	
	富士氏	
遠江国	飯尾氏	
	井伊氏	
	天野氏	
	朝比奈氏	
	大沢氏	
	小笠原氏	
	奥山氏	
三河国	戸田氏	
	安城松平氏	
	田峯菅沼氏	
	奥平氏	
	西郷氏	
	牧野氏	
	鵜殿氏	
	吉良氏	
	長篠菅沼氏	
	大給松平氏	
	鱸氏	

図1　駿遠三の主要国衆

メージしていただければわかりやすいだろう。中小企業の社長は、大企業の命令を受けて様々な業務を行うが、彼自身は元来「独立」しており、大企業の社員とは違った存在である。この大企業を大名、中小企業の社長を国衆と考えればよい。国衆は、大名の庇護《ひご》下で領域を安定させてはいるものの、何らかのきっかけで大名から離れることが、ごく当たり前に起こっていたのである。

　そうした国衆は、現在の北海道・沖縄を除いてほぼ全国に存在していた。今川領国の駿河・遠江・三河にも国衆は存在していたが、今川氏の勢力が減退すると、彼らは「今川氏の許《もと》では自身の領域を護《まも》ることができない」と判断し、今川氏から離叛するようになった。それが「三州錯乱」であり、「遠州忩劇」であった。ちなみに筆者が編者となった『全国国衆ガイド　戦国の〝地元の殿様〟たち』（星海社新書　二〇一五）では、表に掲げた氏族を今川氏領国下における「国衆」として提示していた（図1）。諸般の事情で表に掲げた氏族のみになっているが、それは現時点で史料的に確認できただけということであり、実際にはそれ以上に多くの国衆が存在していたはずである。

彼ら国衆は、戦国の世を自ら「生き抜く」ために、時に大名と直接、さらには独自に和平・従属・抗戦といった決断を下していた。彼らは地理的・歴史的、また政治的・社会的・経済的な関係から様々な方向性を模索し、一つの結論を導き出すよう選択を迫られたのである。彼らは戦国の世を「生き抜く」ことが最優先に求められたから、誰と手を結ぶのか、あるいは「手《て》切《ぎれ》」をするのが最良策であったかなどを模索していた。彼ら自身、大名同士の「境目」に居住し、自身の権益や立場を有利に働くよう行動し、護ってくれる領主を選択して従属や離叛を繰り返す。こうした離叛や従属、あるいは紛争をもたらすような国衆の存在は、大名にしてみれば好ましい存在とは言い難い。それでいて、平時には国衆の領域では独立性が保たれ、そこには大名が基本的に介入できない状態になっていた。

しかし、大名も彼らの存在を認める一方で、いくつかの決め事を行った。一方的に国衆の言い分を承認していたのではなかったのだ。大名は国衆に対し、互いに神仏にかけて嘘偽りがないという誓約の文書＝起請文《きしょうもん》を交換し、証人＝人質を提出して契約関係を結ぶとともに、国衆に軍事的な奉公＝義務を課した。その際、特定の取次《とりつぎ》という人脈・ルートによって統制し、大名と従属的な関係になるようにしたのである。

こうした国衆の研究は、今川氏が領域としていた東海地域においても進展した。筆者もいくつかの国衆を事例に検討を加えたことがあり、二〇一六年には井伊氏を事例に『井伊氏サバイバル五〇〇年』（星海社新書）を上梓した。国衆の研究は、大名そのものの存在についても考えさせられることから、今川氏領域下において今後も追究されていくことであろう。

それに併せて、「家中」といったものにも改めて目を向けてみた。一般的に「家中」とは室町時代以降、家臣の総称を指している（『日本大百科全書』）。今川氏の場合、「寄親《よりおや》・寄子《よりこ》」といった、いわゆる上級家臣とその下に従う下級家臣という家臣団編成がなされていたことは明らかになっている。しかし残念なことに、寄親の立場にある家臣の個々の政治的位置などについて、具体的な検討がなされていないのだ。寄親クラスの家臣が今川「家」を、どのように支えていたのか、彼らの〝姿〟を少しでも浮き彫りにして、〝今川氏滅亡〟への彼らの関与について触れてみたいと考えている。

なお「家中」の文言について、今川氏家臣全般を指す場合には単に「今川家中」などと記し、寄親クラスの合議などを示す場合は「家中」や「今川「家中」」など、家中の文言を「　」で括《くく》って表現することとする。

そのような研究テーマも本書に盛り込んでみた。大名である今川氏が、領域内に存在する国衆に、どのように関わろうとするのか、あるいは彼らの動向が今川氏にどう影響を与えたのか、見ていくことができれば、と考えている。そのため章や節の初めには、国衆と今川氏の関係性を語る「通史」＝従来の指摘をなるべく提示するようにした。それに対する疑問も後に提示しているので、すでにその「通史」を理解している方もおられようが、読み飛ばさずにお付き合いいいただきたい。

以上の視点で本書は記述されているが、それが成功しているかの判断は読者に任せるしかない。少しでも今川氏研究の一助になればと願っている。

なお、本書が刊行される二〇一八年は今川氏真の生誕四八〇年で、二〇一九年は義元生誕五〇〇年という「区切りがいい」年が続く。義元生誕五〇〇年に関しては、静岡でも盛り上げていこうという志向が見えるものの、氏真に関してはそういった話はまったく出てこない。彼に対するマイナスのイメージを少しでも払拭し、義元・氏真といった当主に仮託されがちであった〝滅亡〟を再検討していきたいと考えている。

※『戦今』からの引用にあたって、あえて所蔵機関の名称を省略した。

また、国立公文書館所蔵の文書群の名称について、『戦今』編集段階の出典名と、一部名称が異なっている場合がある。これは、インターネット等で検索した際にヒットしやすい文書名を提示しておくことで、より多くの読者が確認していただけると判断したためで、文書番号は特に変わったわけではない。ご海容いただければ幸いである。

第一章　戦国大名今川氏の登場

第一節　氏親以前の今川氏

今川氏という氏族

今川氏は足利氏の一門である。鎌倉時代前期の御家人足利義氏には二名の子がいた。庶長子の吉良《きら》長氏と、足利宗家《そうけ》を継承する泰氏で、吉良長氏の子として吉良氏を継ぐ満氏と次男国氏が存在し、国氏が今川を称した。名字の地は三河国吉良荘今川（愛知県西尾市今川町）で、国氏の子が基氏であった。基氏には三郎頼国（『新訂増補国史大系　尊卑分脈』では頼基）、四郎にあたる禅僧大喜法忻《ほうきん》、五郎範国、七郎範満がいた。頼国と範満は建武二年（一三三五）の中先代《なかせんだい》の乱で討死にしており、五郎範国が今川家の初代となった。

範国は当初、建武政権によって遠江《とおとうみ》守護となっていたが、建武五年（暦応元年、一三三八）の美濃《みの》国青野原《あおのがはら》（岐阜県大垣市付近）合戦での敗北後、駿河《するが》守護となった。観応二年（一三五一）の年初には直義方となっていたが、同年八月には尊氏方に降り、翌年には遠江守護を兼任するようになった。しかし文和二年（一三五三）になると、駿河守護職を子の範氏に渡している。

範氏は、当初父範国と同様、正平七年（一三五二）に遠江守護に任ぜられ（今川家古文章写『県史』二―四八八号）、翌文和二年に駿河守護となった（現在、研究者たちは、駿河守護職を継承していく今川氏を「駿河今川氏」と称している）。没年は貞治四年（一三六五）である。この頃、範氏よりも幕府内部において重きをなしたと思われるのが、弟の貞世《さだよ》（了俊。以下、「了俊」で統一）であった。父範国は幕府領の訴訟関係を扱う引付方《ひきつけかた》の頭人《とうにん》を務めていたが、了俊はそれを受け継いだ。

了俊は、尊氏に従って直義派・南朝勢力と戦い、幕府においては当初遠江・山城の守護職を得て、侍所頭人や引付頭人を務めた。さらに応安三年（一三七〇）頃に九州探題に就任して、応永二年（一三九五）までに備後《びんご》・安芸《あき》（いずれも広島県）から大隅・薩摩《さつま》（いずれも鹿児島県）に至るまで、計一〇ヶ国の守護を兼ねた。しかし、同年に九州探題を罷免させられ、遠江と駿河の半国守護となった。同六年に大内義弘が堺で挙兵（応永の乱）した際にはその関与を疑われ、遠江守護職を奪われた。さらに鎌倉公方《くぼう》足利満兼が乱を起こした際にもそれに呼応したと疑われ、翌年には追討令まで発せられた。その後、助命嘆願もあって、政界に関わらないことを条件に赦免され、同二十七年頃に没したとされている。なお、彼の系統が後に「遠江今川氏」と呼ばれるようになるが、その系統として戦国期には堀越《ほりこし》氏・瀬名氏・関口氏が登場する。

なお彼に関して注目すべきは、範国から「此の一家（今川家のこと＝筆者註）の事も奉行すべし」として今川家全体を任され、本領の今川荘も譲り受けていたと了俊が述べていることで

※氏豊とその妹の女子等については、年代的に義元の弟あるいは妹であるか明確でないため、「?」を付した。

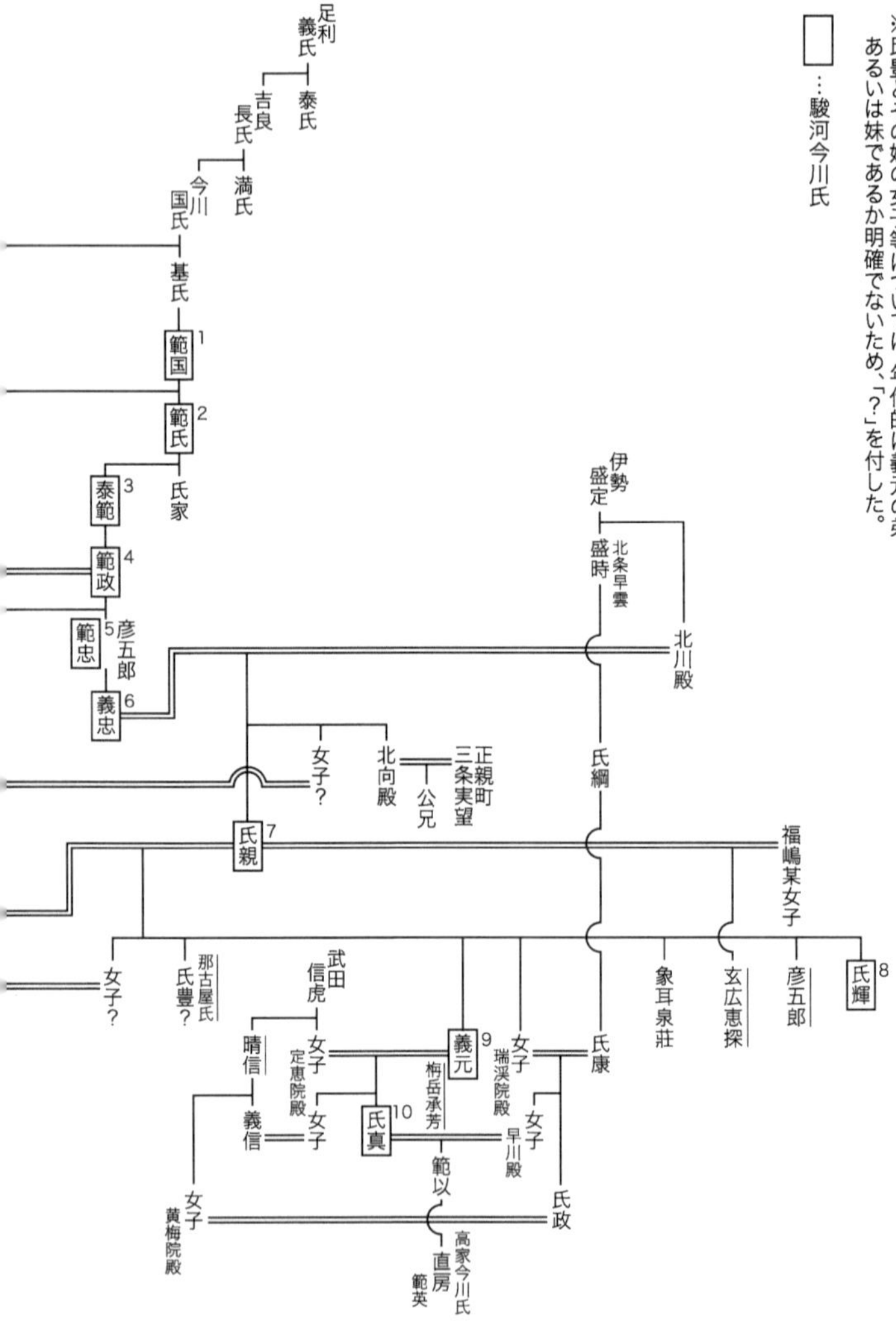

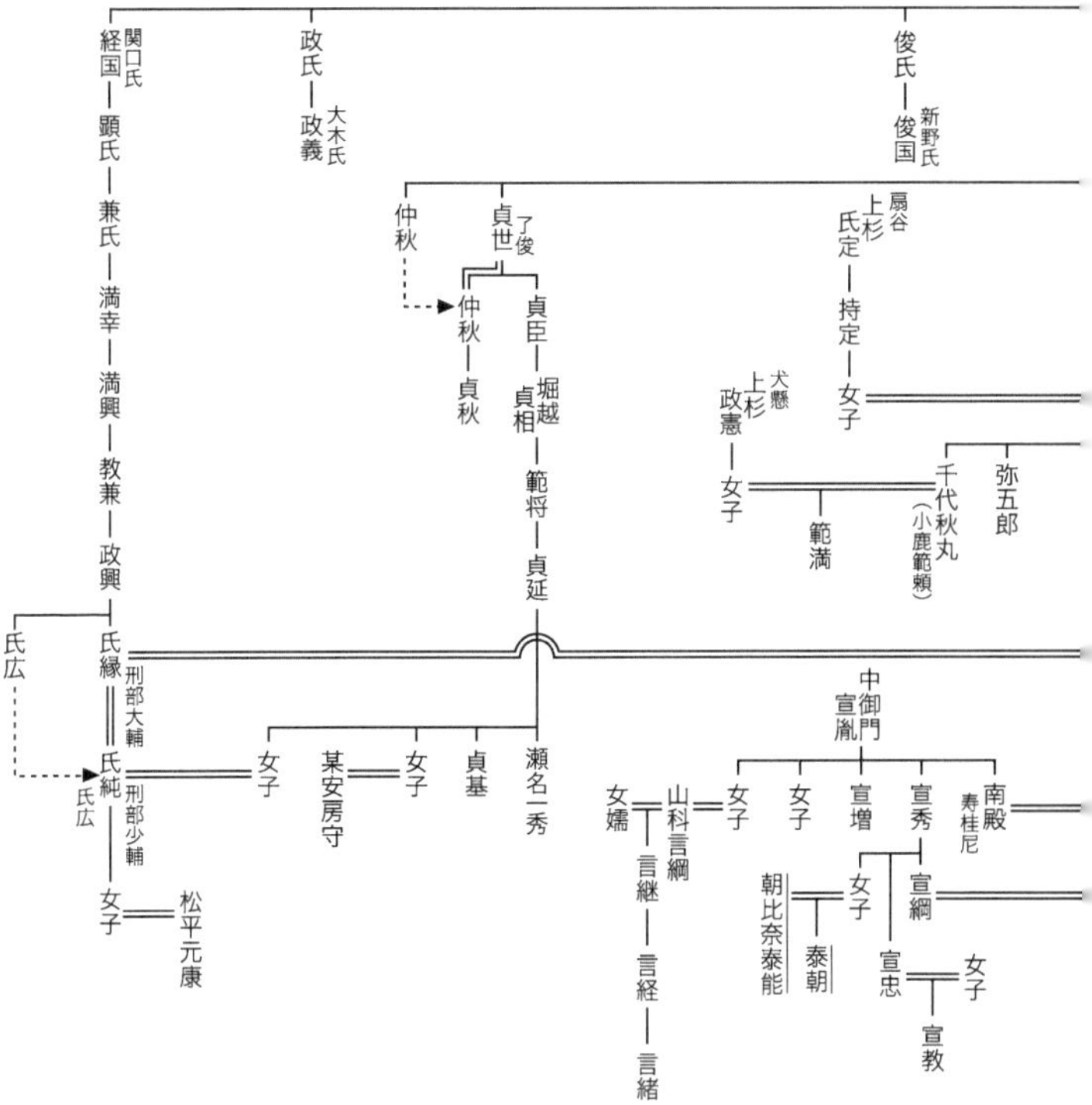

図2　今川氏略系図

（『県史』通史篇や有光友學『今川義元』、「為広駿州下向記」などをもとに作成）

ある（『県史』通史編）。『県史』通史編の「引付頭人を引継ぎ、範国の死後に遠江守護を継承するなど、貞世は範国の後継者と目されていたと考えられる」という指摘は的を射ていると思われる。

南北朝〜室町中期の今川氏

かつて小和田哲男氏が『駿河 今川一族』を出版した段階（一九八三年）で、範氏の後継者＝三代目として提示されたのは、泰範であった。しかし『県史』通史編が刊行されたとき、泰範の前に氏家という人物が家督として存在していたことが示された。範氏が没した貞治四年（一三六五）の十月九日、足利幕府第二代将軍足利義詮《よしあきら》が今川中務大輔《なかつかさだゆう》に宛てて駿河守護職を与えている（今川家古文章写『県史』二―七二七号）。その中務大輔が氏家である。氏家は翌々年に出家したらしく、応安元年（一三六八）の範国からの書状を最後に歴史上から姿を消すこととなる。

その翌年から泰範が文書に現れるようになり、氏家の後継者として範氏の子の泰範が登場することとなった。当初、氏家は死ぬ間際に後継を了俊の子貞臣に譲ろうとした。しかし、了俊は亡き兄範氏のときと同様、駿河守護等の相続を拒み、建長寺に入っていた氏家の弟（後の泰範）を還俗《げんぞく》させて家督とした（難太平記『県史』二―一九六号）。

了俊が九州探題を罷免されて駿河・遠江の半国守護となった際、駿河の残り半国の守護は泰範であった。応永五・六年（一三九八・九九）段階で泰範・了俊両人が競合していたようで（寛永寺古書即売会出品文書・駿河伊達文書『県史』二―一二二七・一二五四号）、『難太平記』によると、泰範は了俊が駿河の半国守護職を希望していたと思い込んでしまったため、後々遠江守護職に執心するようになったとある（難太平記『県史』二―一一九六号）。その後、同十六年九月二十六日に死没したとされる（今川家譜）。

泰範の後継は、子の範政であった。彼の駿河守護としての活動は応永二十年十一月十二日付東光寺宛範政書下（東光寺文書『県史』二―一五一〇号）からである。以降、永享四年（一四三二）の四月に京都醍醐《だいご》寺《じ》座主《ざす》の満済《まんさい》に宛てて書状を発するまで、生存が確認される。彼の生存中の大きな事件としては、応永二十三年に関東で勃発した上杉禅秀《ぜんしゅう》の乱が挙げられる。同乱は、前関東管領《かんれい》であった上杉氏憲（法名＝禅秀）が第四代鎌倉公方足利持氏に反発して起こした叛《はん》乱《らん》である。十月初頭に禅秀の挙兵を範政から聞いた幕府は、持氏支援を決め、翌正月十日に禅秀を自害させたという（鎌倉大草紙）。

これ以降、徐々に持氏が反幕姿勢を顕著にしていくが、この乱の鎮圧に今川氏が前面に出ていることに注意すべきである。これは、範政が駿河守護で、相模《さがみ》国鎌倉と隣接していたからともいえるが、父泰範が関東管領上杉氏の一系統である八条上杉氏の中務大輔朝顕の女を娶《めと》っており（大塚勲『今川一族の家系』）、加えて範政本人も扇谷《おうぎがやつ》上杉氏の弾正少弼《だんじょうしょうひつ》氏定の娘を妻としていたことも関わっていた可能性も考慮すべきだろう。さらに言えば、了俊が応永の乱にあたって相模国藤沢（神奈川県藤沢市）に「隠居」（難太平記『県史』二―一二六七号）していたとしていることも看過すべきではない。了俊は、すでに関東と関係性を有していたからこそ、藤沢の地に「隠居」したのだろう。そのような了俊を幕府が赦免し、その後継として泰範を採用するにあたって、関東との関係を安寧に保つための方策が採られたとしても不思議ではない。それが例えば、泰範と関東上杉氏との婚姻であったとも考えられる。

こうした関東との、距離的にも姻戚としても近接した状況下で、今川氏の家督継承問題が勃発するのである。

永享の内訌と在地への影響

研究者たちは、その家督継承問題を「永享《えいきょう》の内訌《ないこう》」と呼んでいる。その顚末《てんまつ》を述べよう。

永享四年（一四三二）三月、範政は家督を嫡子（長男）彦五郎ではなく、末子＝三男の千代秋丸に譲りたいとした。そのため、翌年六月の下旬まで嫡子が決まらない状態になってしまった。その一年三ヶ月の間に彦五郎は遁世《とんせい》し、その一方で当初家督を譲ると述べた範政は死没、さらには次男弥五郎までもが相続争いに加わって、混沌《こんとん》を極めることとなった。しかし、足利幕府第六代将軍義教が終始彦五郎を推したため、彦五郎が範忠と名乗って家督を継承することとなったのである。

その後、駿河守護今川氏は親幕府の立場を維持することになる。この内訌に対する評価は、

「駿河守護と鎌倉府との所縁が薄れていく結果を生んだ点で最も重要」で、「義忠の後の家督相続で、幕府を背景とした氏親が勝利し、親幕府という方向性は、戦国大名今川氏の存立基盤とな」ったとされている（『県史』通史編）。

永享の内訌は在地の領主たちにも大きな影響を与えた。特に駿河郡（後の駿東《すんとう》郡）や庵原《いはら》郡などの駿河東部に展開していた領主層は、範忠が駿河に入国するのを拒んでいた。範政の使者として三浦安芸守と「クシマ」＝福嶋が登場し、一方範忠の使者として矢部修理亮《しゅりのすけ》・朝比奈近江《おうみ》守が見える。彼ら四氏は、家督者の近臣と思《おぼ》しき内者《うちのもの》と呼ばれていた。このうち三浦氏は、泰範が守護であった時代の守護代的な立場にあったとされている。また、三浦氏とともに現れる人物に進藤氏が存在しており、両氏は泰範時代に内者の中心的存在であったと考えられている（『県史』二―一二九〇・一三二二・一三五三・一四〇九号）。

内者が何人存在していたのかは不明であるが、範政が千代秋丸を相続人とした際にも「合議」がなされていたというから、複数であったと考えてよかろう。ただ、範忠が将軍義教によって家督となった後、彼を迎えに上洛《じょうらく》してきた内者は、一〇名を超えていたという（『県史』二―一八一五号）。

範政の使者として登場した三浦安芸守は、千代秋丸方と判断されている。一方、朝比奈・矢部両氏は、当初は弥五郎支持だったが、彦五郎方に転身した。彦五郎範忠に従ったのは、朝比奈・矢部氏のほかに岡部氏も確認できる。このことから、内者が内訌の勃発によって分裂したことが判明し、幕府の意向に従った朝比奈・矢部氏らがその内部分裂を制することになったと思われる。対立に破れた三浦氏や進藤氏は、駿河東部の武将らと手を結び、範忠の駿河入国を拒んだと考えられる。

一方、駿河国内には「国人《こくじん》」と呼ばれた有力氏族も存在し、彼らは狩野《かのう》氏・富士氏・興津《おきつ》氏など、当初範忠を支持するとしながらも、最終的には彼の入国を拒否した。狩野らがなぜ反発したのかは不明だが、「狩野氏等に内在する、鎌倉府に接近しようとする動きが表面化して大きな流れとなった」とする『県史』通史編の指摘は看過できない。何しろ、駿河東部には扇谷上杉氏の所領が入り込んでおり、在地において彼ら国人は、常に鎌倉府との関係性を有していたと考えられるのである。

このほか範忠の入国を拒否したのは、入江氏・葛山《かつらやま》氏・庵原《いはら》氏・由比《ゆい》氏であった（『県史』二―一八二五号）。葛山氏は、駿河郡葛山（静岡県裾野市）が、庵原氏は庵原郡庵原（静岡市清水区）、由比氏は同郡由比（同区）を名字の地としていた。特に葛山氏は、最も幕府と密接に繋《つな》がりを持っていながらも（『県史』二―一七九二号）、範忠入国拒否の立場を堅持していた。

このように、永享の内訌段階で今川氏に反発していた駿河東部の武将らは、幕府の意向でその後赦免されたが、これはおそらく鎌倉府との関係性が考えられてのことであろう。その一方で、京都と直接音信を交わしたり自立的・自律的に行動していることもあって、彼らが駿河守護今川氏と被官関係を結ぶことは、かなり後になってからのことであった。

義忠の時代

範忠から代を受け継いだのは義忠である。彼は永享八年（一四三六）生まれとされ（宗長日記）、寛正二年（一四六一）に室町幕府第八代将軍足利義政から御判御教書《ごはんのみぎょうしょ》（今川家古文章写『戦今』一号）を得たのが初見である。これ以降のことは『県史』通史編のおかげで、かつて語られていた点とかなり違っていたことが判明した。以下、『今川氏年表』の記述をまとめておこう。

寛正期（一四六〇～六六）に入って当主が義忠となる以前、遠江今川氏の跡地を幕府が収公し、代官として狩野介《かのうのすけ》を派遣していたところ、その狩野介が駿河安倍（安倍山＝静岡市葵《あおい》区）で謀叛《むほん》を起こした。それに対して、遠江守護代に任じられていた狩野宮内少輔《くないしょうゆう》が狩野介を討伐するという事態が発生した。これは、本来ならば駿河守護である義忠が狩野介を成敗すべきところであったが、宮内少輔が越権行為を犯したのである。そのため、遠江今川氏から引き継いでいた駿河今川氏による「遠江回復」を望む義忠と、遠江守護代の狩野宮内少輔との間に遺恨を残すことになったと思われる。

その後、京都では応仁文明の乱が勃発した。将軍義政は東軍（東幕府）となって引き続き遠江の守護を斯波《しば》氏として認めており、同義敏、さらにはその嫡男の義良《よしすけ》を守護に任じていた。一方、駿河守護今川義忠も東幕府に属しており、文明五年（一四七三）になると将軍義政から義忠に対し、東幕府方の三河守護への協力に対する見返りとして、遠江国懸川荘（掛川市）と河匂荘《かわわ》（浜松市）が与えられたらしい（今川家古文章写『戦今』四〇号、『県史』二―二四九四号）。義忠は翌年、遠江国府中（磐田市《いわた》）に攻め入り、味方であったはずの東幕府方であった遠江守護代の狩野宮内少輔を攻撃、自害へと追いやってしまった。これは、先に述べた宮内少輔による駿河国内侵攻への報復とも考えられるが、加えて義忠は、味方の東幕府方であった三河吉良氏の被官も討伐してしまった（『県史』二―二四九四号）。

これに対して東幕府の上層部は義忠を許さず、文明七年には西幕府方の斯波義廉《よしかど》の重臣甲斐《かい》敏光を寝返らせてまで、義忠の「過剰行為」を咎《とが》めることにした（『県史』二―二六一八号）。義忠の遠江侵攻を快く思っていなかった幕府奉公衆でもあった横地《よこち》・勝田《かつまた》両氏も挙兵し、六・七月頃に今川勢は勝田氏を攻撃（和漢合符）。義忠は翌年、勝田修理亮と横地四郎兵衛討伐のために出陣し、横地氏の居所横地城（菊川市）を攻囲した。しかし結局、遠江国塩買坂《しょうかいざか》（同市）正林寺付近で討死にしたのである。

塩買坂は横地城から南に向かって移動する方向にある。義忠が、態勢を立て直すにしても逃亡するにしても、駿河府中のある東に向かわないのは不自然である。塩買坂の南には新野《にいの》古城が存在することから、義忠はそこへ向かおうとしていたとの見方も出されている。

このように義忠の見直しが図られたことで、彼は「逆賊」という立場に立たされていたことが判明した。これは、後に戦国大名へと転身する氏親が、じつは〝逆賊の子〟であったことも示していたのである。

第二節　「戦国大名」氏親の登場から死没

氏親の家督継承

義忠の「逆賊」化によって、今川氏の家督は義忠の従兄弟小鹿《おしか》新五郎範満《のりみつ》に移ることになった。そのため、駿河《するが》今川氏の「遠江《とおとうみ》回復運動」も頓挫せざるを得なくなった。範満は、関東の政治的権威のナンバー2で関東管領《かんれい》を務めたこともあった犬懸《いぬがけ》上杉氏の娘を妻とし、さらに扇《おう》谷《ぎがやつ》上杉家の家宰《かさい》（家の仕事を、その長に代わって取り仕切る人＝『日本国語大辞典』）太田道灌《どうかん》とも交誼《こうぎ》を結んでいたこともあり、鎌倉＝関東との関係が深い人物であった。義忠の没後、特に堀越公方《ほりごえくぼう》足利氏と扇谷上杉氏の介入によって駿河今川氏の家督になったのである。

そのような段階での文明十一年（一四七九）十二月二十一日、将軍足利義政は今川龍王丸《たつおうまる》（後の氏親。以下、「氏親」で統一）に宛てて、亡父義忠の遺跡所領等を安堵《あんど》した（今川家古文章写『戦今』五五号）。近年、氏親は文明五年生まれであったことが確定した（永正十一年〈一五一四〉に「厄年」との記載が見える＝浅間《せんげん》千句『県史』三—六〇四号）ため、四歳（数え年、以下同）のときに父義忠を亡くしたことが明らかとなった。遺跡を継承したときは七歳である。これによって氏親は、将軍義政によって駿河今川氏の家督と承認されたことが明確となる。これに対して小鹿範満は、氏親が幼少ゆえの家督の代行＝中継ぎと見做《みな》されたことも判明する。氏親はその間、小川《こがわ》（静岡県焼津《やいづ》市）の法永長者《ほうえいちょうじゃ》（長谷川氏）の庇護《ひご》を受け、後に駿河府中に近い丸子《まりこ》（静岡市駿河区）に移ったとされる。丸子には斎藤氏がおり、氏親は両氏によって守護されていたのであろう。

　文明十八年になると、太田道灌が主君上杉定正によって謀殺された（太田資武《すけたけ》状）。彼の死は、道灌と堀越公方足利政知のバックアップを得ていた小鹿範満の求心力を弱体化させることにも繋がった。

　翌文明十九年（七月二十日に長享元年に改元）四月以降、義忠の後室（＝高貴な人の未亡人）で氏親の生母北川殿の弟伊勢盛時（後の早雲庵宗瑞。一般に言う「北条早雲」のことで、以降においては、「宗瑞」に統一する）が駿河国へ下向してきた（鎌倉九代後記『県史』三―一〇八号等）。その彼の尽力で氏親は家督継承に成功し、範満を生害＝滅ぼした（十一月九日）。

　範満を生害させる以前の十月二十日、氏親は駿河国東光寺（島田市）に対して、従来通り山屋敷の境までの給主諸公事を黒印で免除した（東光寺文書『戦今』六五号）。これが氏親の初見文書で、文中には「今度御宿願」と記されており、氏親の家督相続への熱望ぶりをうかがわせている。文書の日下《にっか》（日付の下）に「龍王丸」と署名して黒印を捺《お》している。氏親は当時一五歳で、元服前の幼名での発給ということでもあって、花押を使用せずに黒印を用いたのである。

また、文末に「仍執達如件《よってしったつくだんのごとし》」という奉書文言《ほうしょもんごん》がある。「奉書」とは、広く主人の意をうけて従者が出す文書（『日本国語大辞典』）のことである。氏親が誰の意を受けて、つまり奉書の主体は誰かということがこれまで検討されてきたが、現在では室町幕府と考えられており、この段階では、氏親は幕府の体制下に組み込まれていたとされている。宗瑞は文明十五年段階において、将軍義尚《よしひさ》の申次衆《もうしつぎしゅう》（取次《とりつぎ》）となっていた。その彼の奮闘によって氏親が家督を継承できたのだから、氏親も幕府と関係性を有するのは自然であったと捉えられよう。

遠江国衆の動向①——文亀以前

その後、氏親は駿河国内の安定化を図るが、明応三年（一四九四）になると遠江侵攻を開始した。氏親の家宰として、宗瑞は遠江国の三郡（佐野《さや》・山名《やまな》・周智《すち》の三郡ヵ）を攻撃している。同国には「遠江国三十六人衆」と呼ばれる武将たちが存在していた。その「三十六人衆」とは、かつて遠江に勢力を持っていたとされる国人・土豪の総称で、『桃園雑記』（幕末の嘉永頃の成立とされる。東京国立博物館所蔵）と呼ばれる史料に収録されており、『掛川市史』上巻でも踏襲されている。それによると、三六人のうち現在知られているのは一〇氏のみとされ、その内訳は初馬《はつま》の河合宗忠、西郷の西郷殿、倉真《くらみ》の松浦兵庫助、掛川の鶴見因幡、本郷（いずれも掛川市）の原氏、平川（菊川市）の赤堀至膳、原谷《はらのや》（掛川市）の孕石《はらみいし》、小山《おやま》（袋井市）の増田周防守、増田（掛川市）の松浦治郎右衛門、袋井（袋井市）の堀越殿で、彼らの多くは今川氏の遠江侵攻で従属したと伝わっている。とはいうものの、彼らの名前は今川氏の関連文書にほとんど確認されない。

また、『掛川誌稿』という掛川周辺の地誌を収録した史料にも、彼らの名前が一部確認される。この点も考慮すると、ここに登場する氏族は、今川氏の遠江侵攻時点の領主層としてよさそうだ。掲げられている地名が遠江中部くらいまでであることからすると、遠江の東の領主層のみが示されている可能性がある。なお、彼らの実名を確認することはできない。

この年から今川氏は遠江侵攻を開始したが、その前年の明応二年に宗瑞は、第二代堀越公方の足利茶々丸を襲撃していた。氏親は宗瑞と互助関係にあったため、おそらくこの攻撃にも加担していたと思われるが、宗瑞の遠江での攻撃目標は、先述の本郷原氏（原田荘〈掛川市〉）であった。それは同年以前の段階で、原頼景や遠江守護代甲斐《かい》敏光が、足利茶々丸らと交誼を結び、遠江勢力が茶々丸支援に動いていたからである。つまり、「伊豆勢力」と遠江の領主たちは、対宗瑞（＝氏親）という面において「同盟関係」にあり、共闘していたのである。この頃、前将軍の義材《よしき》派で、遠江守護であった斯波《しば》義寛（義良）が、氏親や宗瑞ら駿河勢を牽制《けんせい》する意味を込めて入国していた可能性があるので、宗瑞の攻撃もかなり徹底したものであったと想定される。

同四年以降、宗瑞は伊豆・甲斐への侵攻を開始し、翌年、氏親・宗瑞は原田荘への攻撃を継続、九月には同国山口郷（掛川市）に勢力のあった川井成信を討ち取って、徐々に今川氏の勢力を遠江中部に移していった。在地領主たちを把握し、原要害も攻撃しているが、同十年＝文亀元年（一五〇一）になると、さらに本格的な軍事侵攻を行っている。そのため遠江守護であった斯波義寛は、信濃《しなの》小笠原氏の分家・松尾（長野県飯田市）小笠原定基《さだもと》に対し、自身への合力、あるいは敵である今川氏による小笠原氏への加担要求を拒否するよう要請した（結局、この要請は機能しなかった）。氏親らの影響が遠江国内にかなり浸透したため、同国内の領主層は、斯波・今川のどちらが自身を庇護してくれるのか〝天秤《てんびん》にかける〟状況になっていった。

この年の五月、斯波氏は再び遠江国で今川氏への反発の動きを見せ始める。その際、義寛の子義達が伊豆国の土肥《とい》次郎に対し、遠江の斯波氏に合力するため、駿河へ出陣することを改めて要請している。この義達の奏者は、一時「持野」上野介寛親とされたが、それは誤読で、「狩野」寛親であると考えられる（長野県立歴史館所蔵佐藤氏古文書・土肥氏古文書）。さらに狩野寛親は土肥次郎に対し、「今秋に遠江に入国してほしい」（古文書纂一『戦今』一三六号）とも述べており、本年における今川氏との全面対決への意向を示していた。

ここまでで、数度にわたって狩野氏が登場してきた。同氏の出自は伊豆で、寛正期において宮内少輔《くないしょうゆう》が現れたように、すでに遠江守護＝斯波氏、同国守護代＝狩野氏というように遠江とも関係を持っていた。つまり、宗瑞が伊豆に侵攻してきたから彼と対立するといった単純なものではなく、遠江との関係からも対立を深めていたのである。

同年七月になって、ようやく信濃小笠原氏と斯波氏の協調体制が整い、遠江国一俣（静岡県浜松市天竜区）に小笠原貞朝《さだとも》が在陣した。貞朝は府中小笠原氏といわれており、斯波・今川双方とも交誼のあった松尾小笠原氏とは敵対関係にあった。おそらく斯波氏は、松尾小笠原氏と共同戦線を張ることが困難と判断したため、府中小笠原氏と結んだのであろう。これ以降の今川氏による斯波氏との合戦は、堀江（浜松市西区）～蔵王《ざおう》城（久野城、袋井市）にかけての、遠江南部における西から東の広範囲に及んでいる。府中小笠原貞朝が二俣に陣を敷いても南下することができず、今川勢が優勢に事を進めていたと思われる。

遠江国衆の動向②――永正期

永正期に入り、氏親は三河と通じて遠江の後方攪乱《かくらん》を企図したらしく（松平奥平家古文書写『戦今』一六〇号）、さらには三河への侵攻も開始し、同三年（一五〇六）には三河国今橋城（愛知県豊橋市）を攻撃、十一月には陥落させている。氏親が三河に侵入した背景には戸田氏と牧野氏の対立があり、氏親は田原（田原市）の戸田憲光への加勢を理由に出陣している。宗瑞や彼の使者大井宗菊は、松尾小笠原定基にこのときの状況を連絡している（早雲寺文書・勝山小笠原文書『戦今』一八一～一八三号）。

そして翌々年七月には、室町幕府第一一代将軍足利義澄《よしずみ》によって将軍職を奪われていた義尹《よしただ》が復帰した際、氏親は義尹に接近し、遠江守護職を獲得した（大館記所収御内書案『戦今』二一四・二一五号）。黒田基樹氏は近著『北条氏康の妻　瑞渓院』（以下『瑞渓院』と省略）で、かつての大塚勲氏の著書を援用して、氏親の遠江守護就任を同七年もしくは八年としている。大塚氏は『実隆公記』永正六年十一月十日条で、「今川五郎氏親送書状」と見えていること、一方、修理大夫《しゅりのだいぶ》が時雨亭《しぐれてい》文庫所蔵「小野宮殿集」奥書に「今川修理大夫氏親所望」とあって、その日付が同八年四月二十九日と確認されることから、氏親の遠江守護就任は永正七年頃かと推測していた。しかし近著『今川一族の家系』では、氏が従四位下修理大夫に任ぜられるのはもう少し後のことで、遠江守護就任は永正五年と改めた。筆者も同様に考えているため、遠江守護職の獲得はこの年に収めておきたい。

その後、十月には三河で安城《あんじょう》松平信忠とその一門の岩津氏（岩津城・岡崎市）と合戦し、氏親勢は敗北している。

永正七〜十年にかけて、今川氏は遠江斯波氏との合戦を繰り返し、斯波氏を尾張《おわり》へ退去させることに成功した。この頃には三河勢を巻き込んでの戦闘状況になっており、今川氏の味方には飯尾《いのお》氏がいた。飯尾氏は、今川氏からの要請をなかなか受容せずに代官の任命を行わなかった三河吉良《きら》氏の命で、ようやく引間《ひくま》代官となっていた。今川・飯尾両氏に対抗していたのは、引間の代官を更迭された大河内氏と、彼の背後に控えていたかつての遠江守護で、かつ尾張守護でもあった斯波氏であった。遠江守護今川氏と尾張守護斯波氏に挟まれた三河には緊張が走っていたものの、吉良氏・松平氏は動かず、今川・斯波両守護の動静を見守っていた。

同七年末に遠江へ攻め込んでいた斯波氏は、比定地がはっきりしないものの、「まきの寺」

に陣所を置いた。そこを翌年、今川勢であった伊達忠宗が放火したため、斯波勢は花平《はなだいら》（静岡県浜松市北区）に逃亡した。二月二十日夜には、井伊谷《いいのや》の深嶽《みたけ》城（同区）に入った井伊次郎の陣所や番所に対して、忠宗は忍びを使って放火している。同日未明には斯波義寛の弟義延や、彼の被官が詰めていた陣所の一部にも火を放っている。

ここで注目すべきは、遠江守護であった斯波義寛だけでなく、彼の弟義延がこの戦闘に加わっていることである。義延は、斯波氏の分国の一つ越前（福井県）に在国していた末野《すえの》氏の名跡を継いでいた。すなわち、基本的には越前に所在していたと考えられるのである。そのような彼が遠江にまで出張ってきたということは、斯波勢が遠江で劣勢だったために人的な梃子《てこ》入《い》れを図り、大河内氏や井伊次郎を始めとした在地勢力を鼓舞する意味合いが込められていたと判断される。遠江奪還を図る斯波氏による並々ならぬ決意をうかがうことができよう。

ところで、形勢が不利であった斯波勢に従っていた「井伊次郎」であるが、彼の実名は不明ながら、筆者は渋川《しぶかわ》井伊氏の当主であったと考えている。この点は『井伊氏サバイバル五〇〇年』で触れたが、渋川（静岡県浜松市北区）は、鎌倉期の井伊氏当主＝「井伊介《いいのすけ》」の本貫地であった井伊谷（同）よりもかなり北方に位置している。そのため、鎌倉末頃に分岐した井伊氏の庶流と想定される。この時点で渋川井伊氏の勢力範囲がどこまで拡がっていたのか明確でない。ただ、応永期（一三九四〜一四二八）には川名（同区）にまで領域が拡大していると考えられるから、井伊谷にも影響を及ぼしていた可能性がある。永正八年十一月になると、川名を居点としていたと思しき井伊直平が、祝田禰宜《ほうだねぎ》に文書を発給している（蜂前《はちさき》神社文書『戦今』二四五号）。祝田禰宜は蜂前神社（同区）の神官で、同社に対して井伊氏が後々、当主として文書を発給し続けることに鑑みれば、この時点で直平が、渋川井伊氏の宗教的な拠《よ》り所《どころ》であった蜂前神社に文書を発し、自ら渋川井伊氏の当主になったことを宣言したと思われる。とすると、斯波＋渋川井伊氏当主の井伊次郎 vs 今川＋渋川井伊氏庶流の井伊直平という構図を想定することができよう。

その後、永正十二〜十四年に今川氏は甲斐の武田信虎と合戦している。これは、信虎と武田氏の一門大井氏との争いに氏親が大井方として加担したためだが、その間、三遠国境でも不穏な動きがあったという。斯波義寛の嫡男義達と、大河内氏がまたもや叛旗《はんき》を翻したのだ。これに対して今川氏は、安倍山の金掘《かなほり》衆を用いて引間城の井戸の水抜き等を行って勝利し、義達は剃髪《ていはつ》、遠江から追放された。氏親はこの間、北遠江の奥山良茂に対して「山中での忠節」で同国野部郷（同市天竜区）を宛行《あてが》ってもいる。以降、氏親の死没まで問題なく遠江支配は継続され、今川氏に対する遠江領主層の従属度は上がっていった。

氏親の死

甲斐武田氏との合戦は、翌年になってようやく和睦が締結（妙法寺記『県史』三―六八五号）されたという。しかし、その和睦は都留《つる》郡＝小山田氏との締結であって、信虎とではなかったという点が重要である。その一方で、三河に向けても侵入を仕掛けていたようだ。永正初期段階で戸田憲光と今川氏は対立状況になっていたが、その後両者は断絶したわけでもなく、不可侵同盟を締結したらしい（三川古文書『戦今』三一一号）。

同十六年は比較的安定していたようで、この年には義元が誕生している。翌々年になると、今川軍は甲斐国勝山に入城し、武田信虎軍と甲斐国上条河原（山梨県甲斐市）で合戦した。今川勢は六〇〇〇人とも四〇〇〇人ともいわれる被害を出して敗走したというが（王代記・塩山向岳禅庵小年代記『県史』三―七八二・七八三号他）、これによって今川氏の被官福嶋《くしま》氏が壊滅的な打撃を受けたとされている。

大永三年（一五二三）になると、氏親による官途（＝修理大夫）＋花押で署判を加えた最後の文書が発給される（大宮司富士家文書『戦今』三七三号）。この時期、今川氏の被官由比《ゆい》氏の一族衆が、今川氏歴代の判物《はんもつ》の目録を作成している（御感状之写幷書翰《しょかん》『戦今』三七四号）。すでに氏親は病がちで、翌年から法名＋印章の文書を発するようになる。法名を名乗る＝出家するということは、彼にとって何らかの大きな問題に直面し、神仏に縋《すが》るようになったとも捉えられる。この点を考慮すると、氏親はこの年、重篤な病理に罹《かか》ったのかもしれない。

従来、氏親は懸川城主朝比奈泰凞《やすひろ》の兄とされる朝比奈左京亮泰以《やすもち》に宛てた連歌師《れんがし》宗長の書状の中で、「喬山（氏親）も十年以上前から中風《ちゅうふう》（脳卒中発作の後で現われる半身不随のこと＝『日本国語大辞典』）」とあるため、長期にわたって病気がちであったと判断されていた。「十年以上前」ということは、永正十三年（一五一六）以前に発症したということになるが、この書状の原本は残されておらず、『宗長日記』の大永七年（一五二七）に写の文章がある（岩波文庫『宗長日記』）。

しかし、前述したように永正十三年以降、氏親は三河や甲斐へと軍を進めており、特に同十五年の三河攻撃に際しては、「氏親入国」（宗長手記『県史』三―六七五号）とあり、彼自身が出陣していたようにも見える。また、役の免許や検地などの様々な文書も発しているうえに、京都の岳父中御門宣胤《なかみかどのぶたね》や三条西実隆《さんじょうにしさねたか》との書状・進物のやり取りを見ても、彼らは氏親の罹病《りびょう》を伝える記事を残していない。これらの氏親の動向には、「半身不随」という病状とするには、なんとなく違和感を覚える。

この状況をどのように判断するか、現時点では想像するしかない。政務は奉行らによって進められていれば、文書の発給もある程度はスムースに行えたのかもしれない。また京都への書状なども、取次がうまく取り繕えば、公家《くげ》衆は気にならなかったのかもしれない。さらに大永三年まで花押を据えていたことを考慮すると、「半身不随」は身体の左半分に支障を来していた可能性もある。

とはいうものの、この問題の始まりは宗長による「中風」という記載である。「中風」には「風邪を引く」という意味合いもあるという（『日本国語大辞典』）。してみると、例えば氏親は日々、咳《せ》き込んでいた状態であり、氏親に目通りした宗長がその症状を見て「十年以上前から中風」（十年以上前から風邪のような咳込む症状が脱けきらない）と表現した可能性もあったのではなかろうか。大永四年に法名を名乗る段階になって、初めて重篤な病気を患ったとも考えられよう。

第三節　氏親に関する考察

実名「氏親」について

ところで近年、「氏親」という彼の実名について検討が加えられた。それを行ったのは家永遵嗣《じゅんじ》氏であった。氏によると、主に、

a　駿河《するが》守護家である泰範流今川氏は、「範」字を通字《つうじ》としていた。

b　氏親の父義忠は、京都将軍の偏諱《へんき》「義」字と彼の父範忠の「忠」字を合成した。氏親は「義」「忠」どちらも継承せず「氏親」を名乗る。そのうち「氏」字は氏輝・氏綱などの次世代へと継承される。

c　氏親への「氏」字偏諱授与者は堀越公方《ほりごえくぼう》足利政知で、彼が「氏満」に改名して偏諱を与えて「氏親」と名乗らせた。

d　元服して「氏親」を名乗っていながら、あえてそのことを秘し、政知の死後に用いている。それは、潤童子《じゅんどうし》擁立派との提携戦略として要請されたからである。

e　「氏」字偏諱に対する執着は、今川氏よりも後北条氏に強い。

といった点が指摘されている。非常に興味深い内容であるため、以下で考えてみたい。

　a・bについてであるが、たしかに戦国期において氏親以降、当主は「範」字を用いなくなる。とはいえ、江戸期になると範以《のりもち》（氏真《うじざね》長子）・範英（後に高家《こうけ》となる直房の初名）を始めとして、嫡子・庶子ともに「範」を用いている人物が登場する。であるならば、戦国期にはあえて「範」字を使用しなかったようにも見受けられる。

　そこで改めて氏親前後において今川氏当主に近い人物で、「範」字を用いた人物を検索すると、義忠の従兄弟小《お》鹿《しか》範満《のりみつ》が目に入る（二四・二五ページ図2参照）。というよりも、彼しか存在しないのである。小鹿範満は氏親の祖父範忠の兄弟で、弟の与五郎範頼の子であった（範忠が長男）。範忠と範頼は、先述した通り「永享の内訌」で対立しており、彼らの父範政は範頼を支援していた。

　こうした経緯を見ると、「範」字は範頼が、「範政からの正当な継承者」であることをことさらに強調するため、範満に名乗らせたように見える。この点を考えるうえで、永正期に京都の公家《くげ》冷泉為広《れいぜいためひろ》が駿河へ下向してきた際、彼が書き上げた今川氏の「御一家」について触れておこう（為広駿州下向記『冷泉家時雨亭叢書62為広下向記』）。

　そこには「今川一家」と個々の人物の名の肩部に数字が記されており、「一　今川民部少輔《みんぶのしょう》」「二　瀬名源五郎」「三早雲子也　葛山《かつらやま》八郎」「四　関口刑部少輔《ぎょうぶしょうゆう》」「五　新野《にいの》」とある。この今川民部少輔等の肩部に付されている数字は、冷泉為広の認識ではあるものの、おそらく家格であろう。今川氏親の系統＝氏親・氏輝ら「今川宗家《そうけ》」に不測の事態があった場合、最初に今川民部少輔に、その次に瀬名源五郎に、という順番で家督が移されることになったと判断される。現存する文書・系図類で民部少輔を称した人物は確認できないが、彼については黒田基樹・大塚勲両氏が早い段階から注目しており、黒田氏は後に安房守を称する人物で、系譜不詳であるが瀬名一秀《いっしゅう》・堀越貞基の妹婿であろうかと理解している。

こうしたことから筆者は、今川氏当主であった範忠が民部大輔《みんぶだゆう》を称しているので、「範」字と同様、「範政からの正当な継承者」を示して範忠への対抗のために、小鹿範頼が「民部少輔」を称したのではないかと考えている。小鹿範満も「今川」を姓としたこともあった（御内書案・御内書引付『戦今』二五号）から、小鹿氏は間違いなく家格が高い。家督代行者として「範」字を用いていた範満は、「範」字を明示することで、小鹿氏が今川氏家中のみならず、対外的にも政治的に高い地位にあったことを示したのではなかろうか。

とするならば、幕府によって承認された範忠の系統は、範満よりも家格が高いことを今川家中や対外的にも示す必要が生じてくる。両者の明確な「差」を見せつけなければならないのである。そのため範忠は将軍家の「義」字を拝領し、子に「義忠」を名乗らせることで、自らの正当性を確保したのではなかろうか。義忠は文明八年に死没しており、氏親の家督継承では伊勢宗瑞《そうずい》が尽力したのであるから、宗瑞を中心とした今川「家中」が、氏親に対して「範」字とは別の偏諱を得ようと考えたと思われる。

　こうした点を踏まえると、cについての蓋然性も高くなると思われる。宗瑞らが、仮に義忠のときと同様「義」字を拝領したいと考えたとすると、宗瑞が申次衆《もうしつぎしゅう》であった段階の義尚はすでに亡く（長享三年没）、それは困難と考えた。そうすると京都以外での貴種性も考える必要が生じてくる。そこで関東足利家にも目を向けることになったのではなかろうか。

　しかし、黒田基樹氏は最近この点については否定している（『瑞渓院』）。黒田氏は、「氏」字は鎌倉時代における今川氏、さらにはその惣領家《そうりようけ》にあたる足利氏の通字であることを指摘し、足利政知（氏満）からの偏諱というのはあくまで伝承と結論づけている。これについて、筆者は黒田説もその可能性を否定できないと考えている。範国から始まった「範」字を否定するために、それよりも前の時代の人物、すなわち国氏以前の「氏」字使用ということも、十分考えられるのだ。その場合、足利氏にまで遡るのかといった点で疑問が残されるので、筆者は範国の先代の国氏に求めたと考える。現時点では二つの説を提示し、今後の課題としておきたい。

　ところで、氏親は延徳三年（一四九一）まで幼名龍王丸《たつおうまる》を名乗っていて、dにおいて家永氏は、「あえて氏親の名乗りを秘していた」とした。しかし、隠し通せるものであろうか。今川氏は足利氏の一門であり、その当主の元服となれば、やはりそれなりの規模で「お披露目《ひろめ》」されたのではないか。他所からも祝儀を持参する人物もあった可能性は否定できない。時代は下るが、武田信玄が自身の死を三年秘するよう指示したにもかかわらず、十日もしないうちに諸大名が認識していることを考えれば、当時いくら秘密にしようとしても、隠し通せるものではなかったと思う。その「お披露目」の場では、当然のこととして実名の提示もなされたであろうから、実名を用いた文書が存在しないのは、単なる史料の残存状況によるのではなかろうか。

またeに関しては近年、今川家中において「氏」字を与えられた家臣は、今川一門並みの政治的地位にあったことが明らかになってきた（黒田基樹氏・遠藤英弥氏）。となれば、家永氏は「後北条氏の方が執着」しているとしたが、今川氏の場合は家臣の実名が不明ということが多いので、その断定はむずかしく、相対的な問題の可能性もあろう。

なおbとも関連するが、家永氏は氏輝とともに伊勢（北条）氏綱も氏親によって「氏」字が継承されていく次世代と位置づけている。筆者も同様に考えており、あくまで推測ではあるが、氏綱の「氏」も氏親からの偏諱ではないかと考えている。氏綱の元服がいつなのか、明確なことはわからない。長享元年（一四八七）の誕生であることは間違いないが、当時、元服する人物たちの平均がだいたい一五歳だから、文亀元年（一五〇一）前後が氏綱の元服時期ということになる。宗瑞が氏親とともに転戦していたこの当時、伊勢氏＝北条氏の烏帽子親《えぼしおや》となるのにふさわしく、「氏」字を使用しているのは、氏親しかいないように思えるためである。この点は黒田基樹氏も近著で同様に述べており、氏はさらに氏綱の弟氏時も氏親から偏諱を受けたと認識している。なお、長塚孝氏も、c～eに関する論稿を最近上梓した。その中で特にeについて詳細に検討を加えており、筆者や黒田氏と同様、氏綱の「氏」字は氏親からの偏諱と結論付けている（「北条氏綱の偏諱受領と名字替え」）。

永正期の再検討――三河侵攻と二俣城の取立

今川氏は永正三～六年にかけて、三河にも出兵し、遠江《とおとうみ》における斯波《しば》氏との抗争を有利に展開したいと考えていた。この点を考えるために、三河・遠江両国に関するこの頃の文書と認識されていたものの年代比定を行うこととしよう。

その文書は三点で、これらはすべて、今川氏と交誼を結んでいた信濃《しなの》松尾小笠原定基に宛てた文書である。A三月二十三日付瀬名一秀書状、B三月十日付氏親書状、C三月九日付伊勢宗瑞書状（『戦今』一六九～一七一号）で、B文書には氏親の取次《とりつぎ》として一秀が登場し、その関係でAが発せられたと判断される。一方、A文書にも氏親が文書を発給する旨が記載されている。その内容がB文書に相当すると考えられるため、両者は当主発給の書状とその副状《そえじょう》（添状とも。家臣が内容をより詳しく反復するために添えた文書＝『日本国語大辞典』）と言える。さらにC文書はB文書の前日に記されており、これら三点の文書がいずれも三月に発給されている点を踏まえると、おそらく三点は同年に発せられた可能性が高いと思われる。

こうした前提で三点の文書を見直したとき、C文書に「そちらの戦いは、その後如何でしょうか？」という宗瑞による記載が見える。ということは宛名である小笠原定基が、発給された日付である三月前後に軍事行動を起こす、あるいは起こそうとしていたことが判明する。そこで永正三～六年にかけての信濃国内の情勢を確認してみると、永正六年のみ、定基が軍事行動

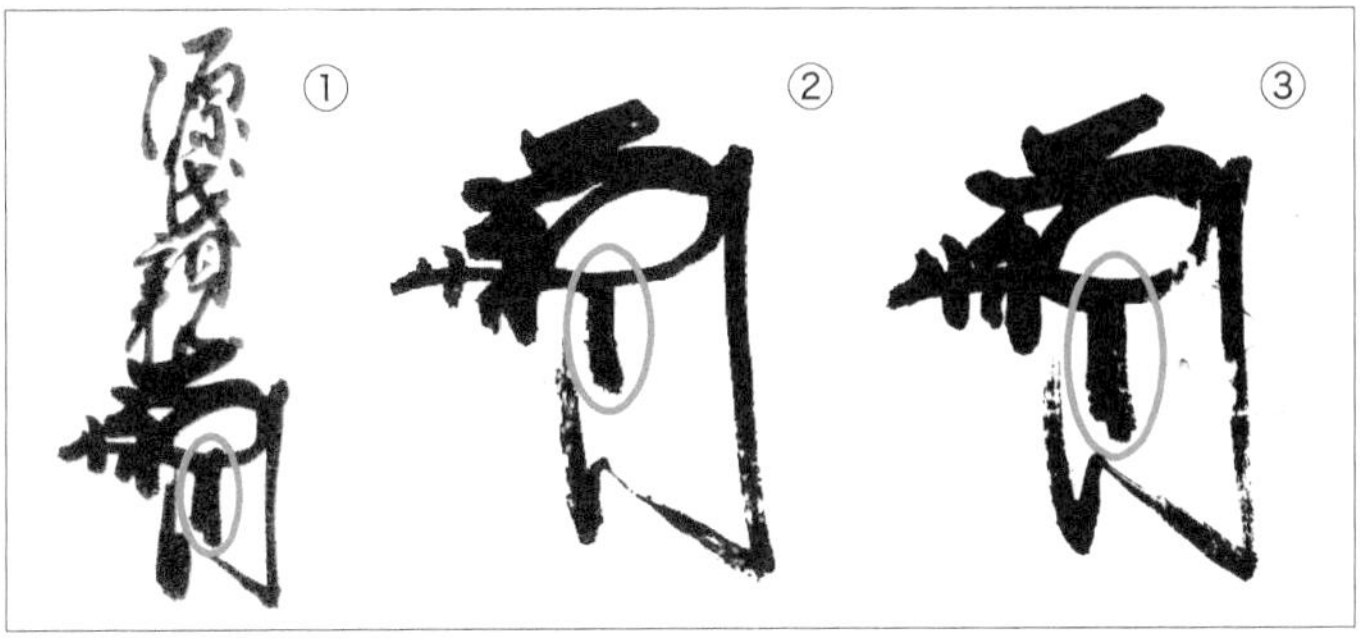

図3　今川氏親の花押

①3月10日付氏親書状（東京大学史料編纂所所蔵）、②永正5〜8年の氏親花押（『県史』3花押一覧より）、③永正5年10月18日付長楽寺宛氏親判物（長楽寺住職・景川友司所蔵、藤枝市郷土博物館写真提供）

を示していたことが判明する（『信濃史料』一〇）。となれば、C文書は同年＝永正六年の可能性が高い。

さらにここで、B文書の氏親の花押（図3－①）を確認してみた。花押は書判《かきはん》ともいい、自身のサインのようなものである。一人の人物が長期にわたって同じ花押を用いる場合もあったが、長い年月で花押を変化させることもあった。その場合は、当人にとって自他における環境等の変化、例えば近親者の死没、同盟相手の転換、長期間の使用による偽造防止、出家などをきっかけに変えている。氏親も数度にわたって花押を変化させており、『県史』三の「花押一覧」によると、最低四回は花押を変えていることがわかる。

図3－①に似た『県史』三の「花押一覧」の花押は、永正五〜八年の間に限定して使用されていた（図3－②）。その花押とB文書の花押と比較すると、図3－②の「〇」で囲った部分が大きく違っている。

どういうことかというと、B文書の場合は二筋、並んで書かれているように「太く」描かれている。一方の図3-②の花押は一筋で細い。

では『県史』三の中で、B文書の花押がどの文書と類似しているのかを較《くら》べてみると、永正五年十月十八日付長楽寺宛氏親判物《はんもつ》（長楽寺文書『戦今』二一八号、図3-③）と、（同年）十一月十六日付伊達蔵人丞（忠宗カ）宛氏親感状の花押であることがわかった。となれば、B文書は永正五年の可能性を指摘することができる（㋐）。

ところで、「花押一覧」の花押が使用されていたとされる永正五〜八年の間で、三月の文書が存在するのは同七年だけ（本間文書『戦今』二三二号）で、その文書は写である。とはいうものの、その写はかなり精巧であるため、花押を比較するのに大きな問題はなさそうだ。そこで図3-①の〇内のように「太い」のか確認すると、二筋のようにも見えるが「細い」のである。ということは、本間宛の永正七年三月段階は二筋で描くものの、細くなっていく移行期と想定される。そのため、同六年以前の花押が〇内は太いと判断される（㋑）。

してみると、氏親の花押の比較で導き出される年代比定では、㋐の可能性もあるが、㋑も考慮されなければならないということになろう。つまり、永正五年もしくは同六年のいずれかというのである。そこで、先にC文書が永正六年である可能性を指摘したことと併せて考えると、B文書は永正六年に比定するのが妥当ではないかと思われる。以上の検討から、A文書も同年に比定できることになる。

それでは、そのA文書を提示することにしよう。興味深い内容が書かれているので、訳しながら紹介していくことにする。

それ以後はさしたることもなかったので、お手紙を差し上げませんでした。お目にかかればと思っております。ところで今年のお祝いとして、太刀一腰をお贈りします。お祝いの気持ちばかりです。次に（主君の）氏親も書状でもって申し上げると思います。そちらの国（信濃国）のこと、諸々お願いいたします。はたまた私たちも、二俣城《（浜松市天竜区）》を取り立てます。そのため、別に相談いたします。細かいことは重ねて申し承ります。恐々謹言。

三月《（永正六年カ）》廿三日　　一秀《（瀬名睡足軒）》（花押）

謹上　小笠原左衛門佐《（定基）》殿

発給者の瀬名一秀については長谷川清一氏の研究がある。氏によると、一秀は従来『天竜市史』などで二俣城主を務めていたとされていたが、後に城主になったと考えられる二俣昌長や朝比奈時茂のように、二俣郷内の玖延寺（浜松市天竜区）に文書を発給していないことから、同城主ではなかったのではないかとされた。一秀は長谷川氏のいうように、城主としての可能性は低いが、「在番」として二俣城に入ったことも考えられるため、城主であったかどうか断定できない。なお、一秀の没年はこれまで永正三年以降とされていたが、本文書から永正六年三月末以降だったことも明らかとなる。

まず、ここで述べておきたいことは、A〜C文書を瀬名一秀・氏親・伊勢宗瑞から受け取っている松尾小笠原定基は、この時点で完全に今川氏の味方であったかどうかということである。当時、松尾小笠原氏と敵対していた府中小笠原貞朝に対し、遠江守護斯波氏が協調体制を要請し、文亀元年（一五〇一）七月段階で両者が共同歩調を取り始めたという状況があった（三八・三九ページ）。それに鑑みれば、史料としては現存していないものの、「敵の敵は味方」ということで、定基と今川氏は好ましい関係にあったと考えてよかろう。

本史料には「二俣城を取り立てる（原文＝「二俣城お取立候」）」とある。「取立」とは、建設・建築すること（『日本国語大辞典』）だから、二俣城の築城を意味していることになる。しかし文亀元年七月、府中小笠原貞朝が二俣に「在陣」していた。ということは、文亀元年時点で定基が在陣できる「場」、すなわち「二俣城」に似たような施設がすでに存在しており、それとは別な城を一秀が「取り立てる」と申し出たのではなかろうか。この点を考えてみよう。

今川時代の二俣城主として著名なのは松井氏である。とはいうものの、松井氏が「城主」として存在していたかは不明である。「城主」は軍事指揮権と領域内での徴税権のほか、大名の家臣等に対して領地を与える権限も持っており、加えて領内における裁判権も有していた。松井氏の場合、軍事指揮権と徴税権を持ち合わせているようなので、「城代」の方がふさわしいようにも思われるが、同氏は二俣において、……山城守―宗能―貞宗―宗信―山城守と続いたとされている。さらに松井宗信以前の「二俣の城」というのは笹岡城のことで、現在一般にいう「二俣城」は宗信の入城（＝永禄二年〈一五五九〉二月二十三日の家督継承時ヵ）以降のことと、

『天竜市史』は推測している（二五八ページ）。つまり現代に生きる我々は、笹岡城と現在の「二俣城」の二つの城を「二俣城」と考えがちであったことが明らかとなる。

　このように二つの城の存在が明確になると、一つの可能性が生じてくる。つまり、信濃府中小笠原貞朝が入って在陣していた城がじつは笹岡城で、一秀が築城した城が現在に伝わる「二俣城」なのではないかということである。これが許されるのであれば、『天竜市史』のいう松井宗信段階における現「二俣城」への入城とは時代的に合致しないが、「取立」文言からすればあり得る話と思われる。斯波氏と協調している貞朝の拠《よ》る笹岡城の「向《むか》い城」として、現在呼ばれている「二俣城」が今川氏＝瀬名氏によって築かれたと考えられるのである。こうした「二俣城」との関係性が、一秀をして『今川家譜』や『寛政重修諸家譜』の「二俣の城に住」したという表現になさしめたのではなかろうか。

図4　二俣城跡・鳥羽山城跡遠景
（浜松市文化財課写真提供）

〈本章のまとめ〉

　まずは戦国期に入る以前の今川氏について通覧した。そのうえで、〝逆賊の子〟としての立場からスタートした氏親が、宗瑞の尽力で家督を継承することができたことを改めて指摘し、その際、これまで今川氏当主が通字としてきた「範」字を捨てて「氏」字を使用したのは、「範」字を小鹿氏が使用していたことが背景にあったとした。そして、あえて高い家格を示すために将軍の「義」字を用いて義忠が登場し、彼の没後には宗瑞がその遺志を継いで、堀越公方足利政知の前名「氏満」の「氏」字使用へと繋がった可能性もあるとした。

　遠江の国衆《くにしゅう》との関係性からは、これまで勝山小笠原文書で年代が比定されていなかった氏親・宗瑞・瀬名一秀の文書を永正六年と判断し、同年に二俣城が築造された可能性についても述べておいた。また、氏親の晩年に「中風」とされる点についても改めて触れ、従来は「半身不随」のようなイメージであったが、文書の発給状況や自身の「出馬」も考慮すると、十年来の病というのはそれほどでもなく、大永四年段階で重篤化したとの想定も可能とした。

第二章　寿桂尼と氏輝

第一節　家督継承者と「家督代行者」

嫡男に定められていた氏輝

氏親の後継者は氏輝であった。生年は永正十年（一五一三）で、氏親が没した大永六年（一五二六）時点において彼はまだ一四歳で、前年十一月二十日に元服（宗長手記　上『県史』二―八八八号）したばかりであった。幼名は龍王丸《たつおうまる》で、これは嫡子に付けられる幼名であり、室町期から今川家に伝わる伝家の宝刀「龍王」に由来するようだ。

従来、彼の初見は大永四年六月十八日頃の『宗長手記　上』とされていた。それに対して筆者は、「印融記奥書写」（高野山金剛峯寺寶亀院蒐集目録四）に「永正十二年乙亥五月為龍王丸所学記之」（第一之本奥書）と記載されていることから、彼の初見は同年（生後三歳）の時点まで遡るとしたことがある。『印融記』の記主印融は、一五世紀中頃から一六世紀にかけて、南関東において布教に努め、弟子の育成や著作活動に邁進《まいしん》した僧侶であった。『悉曇《しったん》初心問答鈔』（高野山光台院蔵、高野山大学図書館寄託）にも「印融記奥書写」と同類の奥書が見える（『特別展　中世よこはまの学僧　印融―戦国に生きた真言密教僧の足跡―』）。

しかし、改めて印融について調べてみたところ、印融が駿河《するが》を訪れていた事実は確認されなかった。その一方で、永正十五年に下総《しもうさ》国小弓《おゆみ》城（千葉市）を居点として古河公方《こがくぼう》に対抗していた小弓公方足利義明の嫡男義純が、龍王丸を名乗っていた（佐藤博信氏）。これらのことからすれば、『印融記』『悉曇初心問答鈔』の奥書に見える龍王丸は、義純であった可能性が高いと判断される。とすると、初見は従来通りの『宗長手記　上』の記事ということになる。この場において訂正しておきたい。

大永五年に元服した氏輝は、「五郎氏輝」を名乗った。「五郎」も今川家の嫡男が用いる仮名《けみょう》＝通称であることから、氏輝は生まれながらの当主であったことが確認される。

大永六年四月十四日、翌々月に死没する氏親が幼少の氏輝のために、「今川仮名目録」を作成したと従来指摘されている。「現代の人々は、悪賢くなって、思いもよらない紛争が起こり、その訴訟が今川氏の法廷に持ち込まれるので、あらかじめそれに対応して、公平な判決を下すことができる裁判規範として、この法典を制定しておくのである。該当する訴訟が持ち込まれた時には、この法典の条項に基づいて判決を下すように」（今川仮名目録『戦今』三九七号）とあることからも、その可能性は否定できない。しかし、氏親の病について疑問が残されているのは先に述べた通りである。したがって、「長期にわたる」彼の病によって「仮名目録」が制定されたのかどうかについては、改めて考え直す必要性があるといえよう。

彼の初見文書は、大永八年三月二十八日付で、現時点では六通が存在している。その宛名は遠江《とおとうみ》国府八幡宮神主秋鹿《あいか》氏宛で三通、松井八郎宛で二通、匂坂《さぎさか》六郎五郎宛で一通となっており、この時点において政治的な代替わりが行われたのである。ちなみに終見資料は天文五年二月五日で、駿河に下向していた冷泉《れいぜい》為和とともに小田原で歌を詠んだ記載である。その後、三月七日頃に駿河府中に帰館し、氏輝は謎の死を遂げることとなる。

「家督代行者」寿桂尼の登場

氏輝の発給文書を通覧すると、「任増善寺殿御判之旨《ぞうぜんじでんごはんのむねにまかせ》」といった、父氏親が発給した文書を追認する文書の多いことがわかる。また、母寿桂尼による様々な〝補佐〟があったことも注目すべき点である。この点について、少し説明を加えておこう。

氏親が没した大永六年六月以降、享禄五年（一五三二）七月（同月二十九日に天文元年に改元）までの六年間、大永六・七年は寿桂尼が、同八年（＝享禄元年）三～九月は氏輝が、同年十月～享禄四年閏《うるう》五月一日までが寿桂尼、享禄五年四月以降は氏輝と、二人の発給文書はまったく重ならず、交互に出されていた（図5）。このため、氏輝が執務不能の際に寿桂尼が補佐・代行として存在していたとされている。さらに、大永六年十二月二十六日付正桂寺宛寿桂尼朱印状（正林寺文書『戦今』四二五号）には、「氏輝がすべてをお決めになるときは、そのときの状況に従う（原文＝「御やかたよろつ事を御はからひのときハ、その時のなりにしたかうへき者也」）」としているから、まさに氏輝が決定権を持つ「当主」で、寿桂尼は氏輝が当主として決

No.	年　月　日	寿　桂　尼	氏　輝	『戦　今』
1	大永 6. 9. 26	大山寺理養坊		419
2	6. 12. 26	志やうけいし		425
3	6. 12. 28	あさひな弥次郎		427
4	7. 4. 7	心月庵		429
5	8. 3. 28		松井八郎	446
6	8. 3. 28		松井八郎	447
7	8. 3. 28		匂坂六郎五郎	448
8	8. 3. 28		神主秋鹿左京亮	443
9	8. 3. 28		神主秋鹿	445
10	8. 3. 28		八幡神社	444
11	8. 8. 7		(雅)村太郎左衛門尉	450
12	8. 8. 13 (8.20享禄改元)		大山寺理養坊	452
13	8. 9. 7		久能寺院主御坊	456
14	8. 9. 15		新長谷寺千代菊	457
15	8. 9. 17		神主中山将監	458
16	享禄 1. 10. 18	大井新右衛門尉		459
17	2. 3. 19	大石寺		461
18	2. 12. 7	五とうせんえもん		465
19	2. 12. 11	めうかく寺		466
20	3. 正. 29	本門寺		467
21	3. 3. 18	千代菊		471
22	3. 6. 27	玖延寺		473
23	3. 6. 30	極楽寺		474
24	4. 3. 23	酒井惣さえもん		475
25	4.閏5. 1	華厳院		476
26	5. 4. 21		三浦鶴千代	481
27	5. 4. 21		三浦鶴千代	482
28	5. 5. 3		久能寺	483
29	5. 6. 20 (7.29天文改元)		大石寺	484
30	5. 8. 21		(江尻商人宿)	485
31	5. 9. 3		昌桂寺	487

図5　寿桂尼・今川氏輝の文書発給状況（『戦今』より）

定権を行使できない段階においての補弼《ほひつ》であったと想定することができる。

このように、氏輝が家督を継承するにあたっては、氏親の正室であった寿桂尼が当主の代行を行った。彼女は京都の公家《くげ》・権大納言中御門宣胤《なかみかどのぶたね》の娘で、生年は不詳ながら、没年月日は永禄十一年（一五六八）三月十四日である。永正十年に長男氏輝を産み、同十六年に義元を出産したとされている。大永六年六月に氏親が没すると、家督は嫡子氏輝に移譲されたが、若年ゆえに当初は寿桂尼が政務を担当したのである。その後も彼女は文書を発給し続け、永禄七年十二月までで、合計二七通の文書が確認されている。ちなみに天文期以降における彼女の発した文書は、政治的な内容を含んでいないことを付言しておく。

彼女は文書を発給する際、「歸」（「帰」の旧字）の朱印を捺《お》していた。氏親との婚姻に際して父中御門宣胤から与えられたとされ、印文「歸」は『詩経』「桃夭《とうよう》」から「嫁《とつ》ぐ」の意味であったという（永井路子氏）。彼女の発給文書には氏輝と同様、亡夫氏親（増善寺殿《ぞうぜんじ》）の文書や方針に従うことを明記している。天文元年以降、文書発給者が氏輝に一本化されることに鑑みれば、やはり本来の家督＝屋形は氏輝であり、寿桂尼は彼を〝後見〟する立場であったと判断すべきである。先代の後室で家督継承者の実母、すなわち〝当主代行者〟というのが妥当であろう。

ところで、彼女が大永六年の「今川仮名目録」の制定作業に加わったとする見解もある。しかしそれは、寿桂尼が文書発給に際して漢字仮名交じり文で記しており、「仮名目録」もそれと同様に漢字仮名交じりで記述されたからというのである。この点については有光友學氏も述べているように、いわゆる「分国法」と呼ばれる中の「結城氏新法度」や「塵芥集」なども漢字仮名交じりで書かれているので、それをもって寿桂尼の関与を認めるわけにはいかない（『今川義元』）。

また氏親在世中において、彼女は「歸」印を用いた文書を一点も発給していない。彼女は文書発給の際、「増善寺殿御判の旨に任せ」などと述べている。氏親の生存中であっても類似した文書（この場合、氏親が生存中のため、「増善寺殿」ではなく、「喬山」や「紹僖」といった表記がなされたと思われる）を発すればよかったにもかかわらず、である。これは、たとえ氏親が病気がちであったとしても、氏親が当主として存在していた以上、彼女自身が前面に立つことはなかったことを示している。

さらに、同年六月十二日付大井新右衛門尉宛朱印状（七条文書『戦今』三九九号）が漢字仮名交じりで記されていることから、寿桂尼の関与を指摘することもある。この文書が発給される以前の朱印状には、印文「紹貴」が用いられていた。それが、本文書に至って書き出し部分に印文「氏親」の朱印が捺されているのである。「氏親」印が使用されているのは本文書のみであるために結論は出しにくいが、筆者は書き出し部分に「氏親」と捺された朱印は、氏親が発給者であることを明示しているのに他ならないと考えている。となれば、氏親生存中において彼女が政治的な活動を行ったように見受けられないということになるため、「仮名目録」の制

図6　寿桂尼像（菊川市　正林寺所蔵）

定には関与していなかったと判断している。

氏輝の政策

氏輝の政策で注目されるのは、馬廻《うままわり》の「設定」であろう。「馬廻」とは、一般的に大将を護衛して戦う直轄軍のことである（『日本国語大辞典』）。『邦訳 日葡辞書』では「馬廻衆《うままわりしゅ》」と立項されており、「或る主君や大将の下の身分ある家来（武士）で、小姓よりも上位にある者」とされる。『古事類苑』（官位部四九・五〇号）では「信長公記」巻一四の、馬廻衆が天正九年（一五八一）正月朔日に安土城の西門から東門へ移動した記事と、天正二十年豊臣秀次宛秀吉朱印状が紹介されている。

馬廻の実態を伝える史料は、小田原北条氏によって永禄二年（一五五九）に作成された「小田原衆所領役帳」である。そこには九十余名の馬廻衆の記載があり、それぞれに知行地と知行高が記されている。彼らの中には、後に山中城の城将となる人物や評定衆《ひょうじょうしゅう》・当番奉行などが記される一方で、知行の多くない階層の人も提示されている。青年期などに馬廻を務め、その後に政権運営担当者へと移行していったのかもしれない。

今川氏の場合ははっきりしないが、北条氏と似ていた可能性はあったと考えられる。「馬廻」の史料はたった二点しか存在せず、それぞれの宛名は、大宮城主の富士氏（宮若宛、大宮司富士家文書『戦今』四九三号）および横山城主の興津《おきつ》氏（藤兵衛尉宛、諸家文書纂八所収興津文書『戦今』五二〇号）で、どちらも氏輝が当主として活動していた段階（前者＝天文元年、後者＝同三年）に発せられている。

「馬廻」文言がこの段階において明示された背景には、何があったのだろうか。断定できないものの、筆者は領国の不安定さだったのではないかと考えている。先述したように大永六〜享禄四年にかけて、氏輝と寿桂尼は交互に文書を発給していたが、天文元年以降になると、死没するまでの短期間ながらも、氏輝はほぼ継続的に文書を発給していくようになる。そのためこれ以前に、例えば今川宗家《そうけ》（氏輝と寿桂尼）が安泰でないと判断した一部の領主層が、不穏な動きを示し始めた。それに対抗するため、当主として君臨しようとする氏輝が、城主クラスの子弟らを馬廻に任ずることで家中の結束を固めた。こうしたことは考えられないだろうか。一つの可能性として提示しておきたい。

次に認められるのは、「三度市」＝三斎市の「設定」だろう。三斎市とは、ひと月のうちに三日開かれた中世の定期市のことで、個々の地域の経済事情で市の日程が決定されたという。おもに、寺社の門前や水陸交通の要衝地などで開かれたとされている（小学館『日本大百科全書』）。氏輝の発した文書では、江尻（静岡市清水区）で三斎市が開催されていたことが伝わっている（寺尾文書『戦今』四八五号）。江尻は永和二年（一三七六）、駿河国内にあった鎌倉円覚寺（神奈川県鎌倉市）の荘園《しょうえん》の年貢等を鎌倉に送るための湊《みなと》として機能しており（円覚寺文書『県史』二―九〇九号）、戦国期には今川氏が駿府《すんぷ》の外港として江尻湊を重視していたという（『角川日本地名大辞典 静岡県』「江尻」）。つまり、江尻は南北朝時代から「湊」として機能しており、そこに商人たちが集い、戦国時代にはすでに「市」が立っていた可能性が高いのだ。

となると、「馬廻」と「三斎市」を「設定」したというが、両者ともに、氏輝が代替わりしてから新たに設定したのかどうか、これだけでは明確でないということになる。とはいうものの、筆者は氏輝が家督であった段階で「馬廻」「三度（斎）市」の文言が現れたことを重視すべきと考える。つまり、氏輝が積極的に政務に携わっていないと、このような表記は見られないと判断されるからである。

氏輝は〝病弱〟だった？

氏輝の家督継承時、彼は同日付で六点の文書を発給していた（前掲図5）。これらは氏親が没してから二年経過した後に発給された文書であるため、この点から氏輝が病弱であったとされていた。さらにこれら六点の文書のうち、原本が残されているものが三点のみで、その三点の花押が「同じ年月日付にもかかわらず微妙に異なって」おり、その後の氏輝の花押も「部分

図7　3通の同日付今川氏輝文書の花押
（秋鹿家所蔵／静岡県立中央図書館歴史文化情報センター写真提供）

的変化が認められ一定していない」ため、当主として脆《ぜい》弱《じゃく》であったと指摘されていた（前田利久氏）。このような指摘を受け、『県史』通史編も、「恒常的な病身状態であった」（六九三～六九四ページ）と結論づけていた。そこで、改めて氏輝の三点の文書（遠江国府八幡宮〈磐田《いわた》市〉神主秋鹿宛の文書）を見直してみた（図7）。

たしかに、それぞれの花押の形状は一定しておらず、微妙な差異の指摘は可能である。しかし、この文書が発給されて以降の大永八年内における他の文書の花押形は①に近く、左端の突出部が長くなっている。大永八年時点で氏輝は一六歳。当主として未熟であることは否定できないが、すべての大名が家督継承段階において発給する代替わり安堵《あんど》等において、形状の整った花押を据えて文書を発給しているのか、若さゆえに未熟と感じられる部分はないのかなど、それらと比較して考える必要があろう。

さらに秋鹿氏に宛てた三点の文書の内容を再確認して

みると、①は八幡領であった豊田郡中泉村（磐田市）を給恩として宛行《あてが》った文書、②は八幡領であった豊田郡貴平郷《きへい》（浜松市）の地頭職を安堵するので、祭祀《さいし》を滞りなく勤行《ごんぎょう》するよう伝えた文書、③は社領における人足役を免許するので、国の安全を祈禱《きとう》するよう指示した文書、であった。なぜ、これらの文書が発給されたのかといえば、在地＝秋鹿氏サイドからの要求と思われる。とするならば、「三枚に区分して書いてほしい」というのも、秋鹿氏からの要請とすべきであろう。では、なぜ「幷」を用いたり一つ書きにするなど、一紙にまとめるようなこともせず、三枚の文書に分けて発してもらったのであろうか。何らかの理由があったと考えられるのだ。

このような疑問については、三つの可能性を指摘することができよう。一つ目は、氏輝の文書と同じような三枚の文書が過去に存在しており、それを踏襲するよう秋鹿氏が要求したというものである。また二つ目は、三点の文書を書くことで、氏輝が花押を整えようとしていた、例えば花押の「練習」というか、どのような花押を今後用いるか模索している最中であったということである。さらに三つ目は三点の文書が写であり、正文ではない、ということである。「秋鹿文書」という文書群内において、中泉村と貴平郷に関する文書は、貞和五年（一三四九）から明応八年（一四九九）までの一五〇年間は文書が存在せず、まったくの空白期である。この間、室町期において秋鹿氏が守護等から文書を受給していた可能性も否定できない。しかし氏親・氏輝・義元・氏真《うじざね》と、戦国期の文書を八点受給している一方で、武田・徳川らからの文書は残っていないことに鑑みると、文書の残存に意図的な志向も感じられる。

また、中世において花押を据えている公的な文書、特に戦国時代ではこれを判物《はんもつ》と呼んでいる。こうした判物が正文か否かを見分ける手法の一つに、文書の折り目が花押にかかっていないかどうかということが挙げられる。これは発給者への敬意で、あえて折り目を署判部に入れないようにしたということが背景にあるといわれている。すべての判物に当てはまるわけでもないので、あくまで参考程度ではあるが、そうした目で見てみると、③の文書は花押の真ん中に折り目が入っていることが判明する（図7－③）。現状、原本を確認していないために断定はできないものの、可能性の二と三などは、今後考慮に入れておく必要があるのではなかろうか。もしこの可能性通りであったとするならば、秋鹿文書三点から語られてきた氏輝病弱説というものは、やや根拠が薄くなると思われる。

ちなみに戦国期、伊予国湯築《ゆづき》城（愛媛県松山市）に河野氏という氏族があった。河野氏は、室町期には同国一〇郡の守護で、戦国期においてかつては大名とされていたが、国レベルの領域を有していたわけではないため、「国衆《くにしゅう》」と位置づけた方がよいと思われる。その河野氏の当主弾正少弼《だんじょうのしょうひつ》通直が、大永六年七月晦日付で同国内の善応寺《ぜんのうじ》に宛てて二通の文書を発している（善応寺文書『愛媛県史』一六五〇・五一号）。この二通の花押を較《くら》べてみると、若干の相違が見られるという（磯川いづみ論文「河野弾正少弼通直発給文書一覧」を参照）。通直の場合、すでに花押を据えて文書を発給し、さらに形状を少し変化させている段階での相違ということで、氏輝のような代替わり段階における形状の違いというわけではない。しかし、同日付における花押の形状の相違といったことは起こりうるとして、認識を改める必要があろう。

また、本当に「病弱」だったのか疑わしいと思わせる最たるものが、天文三・四年において甲斐《かい》国の戦国大名武田信虎と合戦をしているということであろう。天文三年七月、氏輝は甲斐国へ侵攻しており、翌年七〜八月にかけても再び同国へ侵攻、信虎が出張してきたため、駿甲国境の万沢口（山梨県南部町）で合戦を行っている。このときは北条氏が今川方に加勢もしている。両年ともに、氏輝本人の出張があったかどうかは不明である。しかし二年続けての出兵という、軍事面においても氏輝は積極的な活動をしていることが判明するのである。「馬廻」「三斎市」といった政策運営や天文三・四年の軍事行動、さらには初見文書そのものの見直しからすると、氏輝の病弱説は再考の余地があるといえよう。

第二節　寿桂尼の位置づけ

今川時代の〝島田の領主〟

寿桂尼に関して、近年あまり新たな見解が述べられるということがない。何らかの手段でもって、彼女への理解を深めることはできないであろうか。そこで想起されるのが、彼女と福《く》嶋《しま》氏との関係である。

福嶋氏は、「時期によっては」「朝比奈・三浦・岡部氏あたりと肩を並べていたと考えられる」（小和田哲男著作集2）今川氏の重臣で、「有力宿老」（黒田基樹『瑞渓院』四六ページ）とされている。加えて氏輝没後に義元と家督を争った彼の庶兄花蔵《はなぐら》殿＝玄広恵探《げんこうえたん》は、福嶋氏の出身であった。つまり、恵探の母は福嶋某の娘とされているのだ。両人の家督継承争いは花蔵の乱と呼ばれているが、同乱勃発の際、寿桂尼は「福嶋越前宿所へ行、花蔵ト同心シテ」（高白斎記『県史』三―一三七八号）といった行動を起こし、寿桂尼は義元と敵対していたとする見解（有光友學氏）も出てきた。両者の関係を再考すれば、寿桂尼の立場を理解しやすくなる可能性がある。

こうした状況を出発点として、まずは静岡県島田市の静居寺《じょうこじ》が所蔵する天文十三年九月二十六日付静居院宛福嶋十郎助昌寄進状（『戦今』七四七号）を読み下して掲げることとしよう。

駿河《するが》国伊太《いた》村のうち、大沢静居院へ寄進せしめ候田畠の事、初指《はつさし》の向田弐反、堀之内の門口壱反、このほか寺家の西門前、道より奥の田畠など、永代新寄進せしめ候、この旨をもって、勤行造営、怠慢あるべからざるもの也、仍ってくだんの如し、

福嶋十郎

天文十三年甲辰九月廿六能因十三回　助昌（花押）

静居院

本文書は、島田市博物館が二〇一七年秋の特別展『女戦国大名寿桂尼と今川氏』を開催した際に展示された（図8）。筆者はガラスケース越しではあるが、原本を確認した。すると、これまでは正文かと思っていたが、紙質等から写とした方がよいかもしれないと思い直した。とはいうものの、花押については当時のものをそこそこ忠実に描いていると判断した。

ところで静居寺のある島田は東海道の「宿」の一つで、大井川左岸にある。中世では、江戸期の島田宿よりもやや南に位置したようだが、駿河・遠江《とおとうみ》を区分した大井川流域のこの地域では、水運による荷揚げ・荷降ろしが行われ、モノ・ヒトが大井川を南北に移動する際の拠点となった。これは、東海道という東西の陸路の面においても同様である。

それとともに、東海道を西から下り、戦国大名今川氏の居点・駿河府中を攻撃しようとする

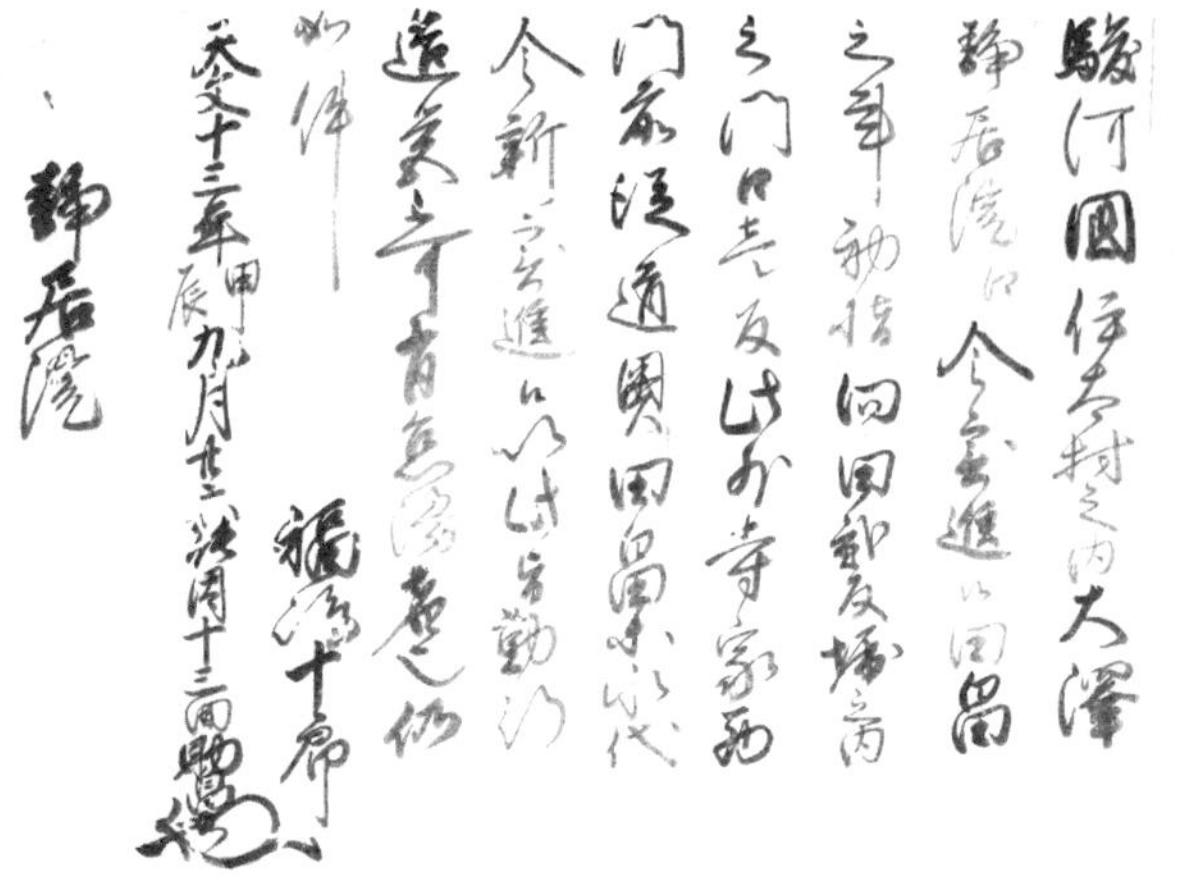

図8　天文13年9月26日付静居院宛福嶋十郎助昌寄進状
（静居寺所蔵／島田市博物館写真提供）

敵に対して、それを防御する「場」でもあった。広く知られていることだが、徳川家康が駿河に城を築いた際、大井川に橋が設置されなかったのは、大井川の渡河を容易に行わせなかったためと人口に膾炙《かいしゃ》される。これは今川氏の時代でも同様だったであろう。こうしたことから、島田周辺は今川氏にとって〝重要拠点〟〝要衝〟であったといえる。

このように駿遠国境に位置する島田は、中世において領域の拡大を目論《もくろ》む、あるいはそれに対抗しようとする武将たちによって、戦闘が繰り広げられてもおかしくない地域であった。それは、この周辺地域を治めようとする領主＝領域支配者としての「国衆《くにしゅう》」が登場しても不思議ではなかったことを意味する。現に、大井川右岸の遠江には横地《よこち》氏（菊川市横地城を居点）や勝田《かつまた》氏（牧之原市勝間田城を居点）などの国衆と想定される氏族が存在していた。

一方の駿河側にはこうした氏族が居たのかというと、見当たらないのが現状である。島田周辺には居点となるべき城も存在しないので、やはり国衆が存在していなかったとするのが妥当であろう。ちなみに相模《さがみ》国と接する駿河東部には、葛山《かつらやま》氏や富士氏・興津《おきつ》氏などの国衆があった。それに対して駿河西部の領主に関しては残存史料も僅少で、国衆として認識されるのはおそらく岡部氏程度であろう。その岡部氏が島田周辺まで領域を拡げていたようにも見えない。もともと室町期に駿河今川氏は、府中を居点とする以前において、現在の藤枝市を中心とする「山西《やまにし》」と呼ばれる地域を拠点としていた。島田周辺はその山西に近接している。そのため直轄領に近いとも考えられ、おそらく当該地域に国衆のような氏族は存在しなかったのであろう。

そのような島田市伊太の静居寺の開基として、福嶋助昌が登場する。中世の地方寺院の中には、領主クラスの人物によってその領域内に建立されたものも存在する。とするならば、島田と福嶋助昌がもともと関係があって、そのために助昌が静居寺の開基となったと想定することも可能であろう。静居寺は曹洞《そうとう》宗の古刹で、永正七年（一五一〇）の開創、福嶋助昌が寺領を寄進したと伝わっている。その後、武田氏の駿河侵攻で住職が殺害され、一時荒廃したものの、江戸初期に代官浅原氏によって再興されたという（島田市博物館特別展展示パネルより）。

福嶋助昌について

静居寺の「永正七年開創」説については、背景としての今川氏による遠江への軍事的伸張を理解する必要がある。この点を改めて簡単に記すと、氏親は明応三年（一四九四）に初めて遠江国内に侵攻した。このときの攻撃目標は原田荘（掛川市）の原氏で、その戦いは同七年十一月くらいまで続いていた。原田荘は遠江中部に位置することから、明応三～七年までの期間において、おそらく遠江東部の支配は徐々に進行していったと思われる。その後、同八年には今川氏の勢力が遠江西部にまで拡がるようになり、同国東・中部では支配を深化させていったと想定される。文亀元年（一五〇一）から合戦の場は遠江西部＝天竜川以西に移り、永正二年（一五〇五）には氏親が三河国作手《つくで》（愛知県新城《しんしろ》市）の奥平氏や、吉田（豊橋市）周辺の渡部平内次に「後方攪乱《かくらん》」を要請しており、遠江西部への本格的な軍事侵攻および領域化が始まっている。

こうした状況を見ると、永正七年段階の駿河西部および遠江東部は、合戦等が行われていたわけでもなく、ほぼ安定していたと想定される。すると、かつて義忠時代には現代の島田市周辺地域が軍事的最前線だったが、氏親時代、それも永正期になると、兵站《へいたん》基地・中継基地へと移行していたと考えられる。このように捉えると、軍事活動の円滑化のため、当該地域において人員配備等について再編成がなされたとしても不思議ではなかろう。島田市域周辺には有力な国衆も存在せず、さらに彼らが居点とするような城館も存在しなかった。そのため、氏親が福嶋助昌に伊太を含む周辺地域を与え、徐々に助昌が周辺地域を開発するなどして地域に根付き、そのうえで静居寺を建立したのではなかろうか。そのように考えれば、永正七年の開創もうなずけることとなろう。

　ところで福嶋助昌を考えるにあたり、『島田市史』上巻（四九三ページ）に「福嶋十郎左衛門尉助昌と小笠原十郎左衛門尉助昌は同一人物である」といった指摘がある。これは、福嶋助昌と小笠原助昌の花押を比較して結論づけており、かなりの説得力を持って研究者に受け容《い》れられていた。二人の助昌の場合、図9のように花押形が似ていること、仮名《けみょう》（通称）が「十郎左衛門尉」で実名「助昌」が同一であることによって、『島田市史』は同一人と解釈したのである。

図9　福嶋十郎左衛門尉助昌（左:大福寺所蔵、年欠7月9日付）と小笠原十郎左衛門尉助昌（右:袋井市 龍巣院所蔵、永禄12年壬5月2日付）の花押
（ともに静岡県立中央図書館歴史文化情報センター写真提供）

　しかし、ここで注意すべき点がある。それは、両人の花押の比較年代に関してである。どういうことかというと、一人の人物が長期にわたって同じ花押を用いる場合もあったが、長い年

月で花押を変化させることもある。そのため、一つの花押がいつからいつまで使用されていたのかについても認識する必要がある。小笠原助昌の花押は永禄十二年（一五六九）壬五月二日付龍巣院宛文書（龍巣院文書『戦今』二三七九号）しか存在しないため問題も生じようがない。一方、福嶋助昌の年代の確実な花押も、先に示した天文十三年（一五四四）九月二十六日付静居院宛（『戦今』七四七号）しか存在しない。両者を比較しても微妙であり、似ているといえば似ているし、違う人物の花押といえないこともない。

では、『島田市史』が福嶋助昌の花押をどの文書から引用していたのかを検索してみると、三ヶ日町大福寺文書に含まれる年欠七月九日付（『戦今』二〇一号）を使用していたことが明らかとなった。同書の写真には日付の「九日」が見えている。彼の発給文書で「九日」とあるのは大福寺文書のそれしか確認されないので、この点は間違いない。弥永浩二氏によると、本文書は天文年間（一五三二〜五五）頃の発給とされており、筆者もその点については異論がない。これ以外に福嶋助昌が花押を据えている文書は、年欠七月三日付（大福寺文書『戦今』二九三号）しか残されていない。ということは、福嶋の年代不明の文書を仮に天文末年＝同二十四年（一五五五）とすると、「助昌」二人の花押の年代差は最短で十四年となる。この間、似通った花押を使用していたとしても不思議ではない。しかし、福嶋の文書が年代の明記されている同十三年よりも前であったとしたら、天文十三年段階ですでに二十五年という年代差があるため、かなり長期間にわたって類似花押を使用していたことになる。

当時は謡曲「敦盛」で謡われたように、「人間五十年……」とされる時代である。その謡を好んだとされる信長を例にすれば、二四歳前後で嫡子信忠が生まれ、四七歳の段階で孫の三法師（後の秀信）が誕生している。つまり、二十五年を超えていたのであれば、次世代に移っていたとしても不思議ではなかったのである。ということはすなわち、静居院宛の福嶋助昌と龍巣院宛の小笠原助昌は、同一人でなく親子関係にあった可能性を想定することもできるということになる。親子であれば、類似した花押を使用するのも当然のこととして理解しうるのだ。

また、親子や直系の親族であれば、実名を連続して使用することもあった。甲斐国郡内《かいぐんない》（都留《つる》郡、現都留市・大月市等）地方の小山田氏の場合、永正初期において「信有」を三代続けて使用している。また、先に紹介した伊予河野氏などは、永正〜永禄にかけて、通直—通宣—通直—通宣—通直というように、「通直」と「通宣」を「入れ子《いこ》」にして継続的に使用しているのである。特に、河野氏の三代目・四代目にあたる通直・通宣の花押などは、かなり似ていることが判明する（図10）。

このように見てくると、福嶋助昌と小笠原助昌が親子であった可能性も想定しておく必要があることがわかる。従来、『島田市史』によって両人は同一人であるとされていたが、実際は両者が親子関係にあったにもかかわらず、実名が同じであったがために、二人を一人と認識して伝承された可能性が生じてきたのである。小笠原助昌の文書（龍巣院文書『戦今』二三七九号）には、小笠原・福嶋・三浦の三氏が「一類（一族）」であると記されている。類似した文言の文書は、同年月日付で小笠原与八郎の発給でも出されている（『戦今』段階では発給者与八郎を「小笠原長忠」としたが、文書で確認されるのは「小笠原氏助」〈＝黒田〉であるため、訂正する）。福嶋氏と小笠原氏が親族であったことは間違いないので、両人が一体化される要素は、早い段階から整っていたと考えられよう。

以上の点を踏まえ、次に永正七年に靜居寺を建立したと伝わる福嶋助昌が、先に史料として掲げた「十郎助昌」と同一人であったのかを考えてみよう。永正七年前後の福嶋氏一族について再確認しつつ、その段階の「助昌」について検討を加えることとする。

図10　形状が似ている河野通直・通宣父子の花押
(左：天文20年2月28日付河野通直判物、右：天文21年11月18日付河野通宣判物／神奈川大学日本常民文化研究所所蔵「二神司朗家文書」)

福嶋氏の威勢と助昌

福嶋氏が「時期によって」は今川氏の重臣として位置づけられたその「時期」というのは、永正期以前である。というのは、大永元年（一五二一）に福嶋氏は「福嶋一類打死」「駿河福嶋衆数多被為討捕」（塩山向岳禅庵小年代記・高白斎記『県史』三―七八三・七八四号）という状況になり、さらに花蔵の乱での敗北もあって、天文五年以降は頽勢《たいせい》へ向かったと判断されるからである。

この前段階における今川氏の動静を整理しておくと、永正二年（一五〇五）から同五年までの間に氏親と寿桂尼は結婚したとされている。両人の婚姻は、氏親の姉（北向殿）と正親町《おおぎまち》三条実望《さねもち》が婚姻関係にあり、それを前提にした可能性が指摘されている。文亀（一五〇一～〇四）以降、遠江守護斯波《しば》氏との戦いが断続的に展開しており、永正七年からの合戦も同十年に終息へと向かい始めた。駿河国内も安定し、今川氏は被官層に対して遠江国内に領知を与えるようになった。世情も落ち着いてきて、以降「今川文化」が開花し始めるが、永正十年には嫡男龍《たつ》王丸《おうまる》（後の氏輝）が誕生した。

当該期における福嶋氏の中で、最も威勢を誇っていたと思われる人物は、福嶋左衛門尉助春である。彼の事績を追ってみると、まず彼は、文亀元年（一五〇一）に遠江国蔵王《ざおう》城（静岡県袋井市）を攻撃しており、永正四年後半には、遠江国高天神城（掛川市）の城主となっていた（本間文書・大福寺文書『戦今』一四二・二〇〇号）。その際、彼の「名代」と思《おぼ》しき福嶋玄蕃《げんばのじょう》允範能を通じて、三ヶ日の大福寺に乱入した三河国田原戸田氏の代官斎藤氏の狼藉《ろうぜき》を停止させようと活動している。このときの福嶋範能による書状のやり取りを見ると、戸田氏の乱入を阻止してほしいと要請したのは大福寺であったようだ（大福寺文書）。とすると在地である大福寺は、助春に戸田氏との調停機能としての役を担ってもらおうとしたと判断される。大福寺の所在する三ヶ日周辺地域には、国衆として浜名氏が存在していたといわれるが、この時点で同寺は高天神城主助春の方が調停者としてふさわしいと判断したのである。これは、福嶋氏を介して今川氏による遠江の実効支配が遠三国境付近にまで浸透していたことをも示している。

このように見てみると、永正五年以前、福嶋助春が高天神城を居点として氏親の西遠方面への軍事侵攻に力を発揮し、その制圧後に福嶋範能のような人物を通じて支配権を行使していたといえよう。その支配は在地側にも承認される段階に入っていたのである。翻って駿遠国境付近に福嶋「助昌」が配置されたとすると、彼が助春を始めとする一族の軍事的・政治的なバックアップを行っていたと思われる。遠江を東西に通過する東海道の始点と終点（島田と三ヶ日）、さらに（東海道の宿ではないものの）その中間点の懸川周辺＝高天神に福嶋氏が配備されていたとすれば、福嶋氏が東海道という「大動脈」上で軍事的・政治的な活動を展開しやすくしていたと捉えることが可能となる。この点に関して今川氏被官層の反発も見えないことから、「大動脈」上の福嶋氏の配備は、今川氏当主の氏親による政策と判断すべきであろう。

となると、静居寺建立の「助昌」は、様々な側面において一族へのバックアップを行っていたと考えられ、一族にとっても氏親にとっても重要な人物であったと捉えられる。永正七年（一五一〇）に静居寺が建立されたとすると、彼が島田周辺に入ってきたのはそれ以前であろう。助昌はすでにその段階において、当時三八歳の氏親の信任を得ていたと想定され、ある程度の年齢に達していたと判断される。仮に彼の「島田入り」が三〇歳であったとすると、天文十三年（一五四四）では六四歳となる。かなりの年輩ということになり、その段階で仮名である「十郎」を称していていてもおかしくないが、すでに出家していても不思議ではなく、なんとなく違和感を覚える。

そこで改めて助昌の寄進状を見ると、「能因十三回」という文言が年月日部分に明記されているのに気付かされる。島田の故事等を収載している『伊太邑故事記』（『史料　島田風土記―大長　伊久身』島田市教育委員会　二〇〇四）によると、靜居寺は「今川駿河守能因」が開基であるとされている。「能因」との文言は法名のように見えるが、今川氏に「駿河守」は存在していない。『伊太邑故事記』の「駿河守」は、義元を「今川駿河守」と記していることからも、「駿河守護」もしくは「駿河を守護する人物」として認識していたと考えられる。つまり駿河守に冠せられた「今川」は、単純に室町期における伊太村近隣の守護が「今川」であったと認識しての記載であり、福嶋氏が今川被官であることからの誤認と判断される。さらに「十三回」との記載は、十三回忌を彷彿《ほうふつ》とさせる（本文書を写と判断した理由も、この部分に脱漏があるのではと考えているからである）。

以上のことから、福嶋能因（＝永正七年に靜居寺を建立した助昌に相当するカ）が天文元年に亡くなり、その後継と考えられる「十郎助昌」（＝次世代の助昌）が同十三年九月二十六日に、十三回忌に併せて「初指の向田二反」や「堀之内の門口一反」等を新たに寄進したと考えるのが自然であろう。ということは、先に福嶋十郎助昌と小笠原十郎左衛門尉助昌が親子関係と想定されるとしたが、ここでも福嶋能因助昌と福嶋十郎助昌の二人が混同されて、一人として認識されていたのではなかろうか。すなわち系譜的には、……福嶋能因助昌―福嶋十郎助昌―小笠原十郎左衛門尉助昌と続いた、と考えられるのである。

ちなみに福嶋氏には、明応三年（一四九四）八月十五日段階において福嶋図書助《ずしょのすけ》助春が存在していた。彼は有度郡八幡神社旧蔵大般若経の帙《ちつ》（書物の損傷を防ぐための覆い包むもの）に記された銘文（写、駿河国新風土記一一『戦今』八七号）に登場しているが、図書助は六位相当である。永正五年前後に登場する左衛門尉助春の「左衛門尉」は七位相当で、中世において官位が下がる＝六位であった人物が七位になるということはあり得ないので、『戦今』編集段階でも両者は別人と判断していた。つまり、助春も二人存在していたことは明らかである。ということは、福嶋氏の一族には同じ実名を名乗る人物が複数あった可能性があり、助昌は三代にわたって名乗りが継がれていたと想定することもできるといえよう。

福嶋氏の実名から

ここで同じ実名を用いていたと考えられる福嶋氏の、他の人物に見える実名についても触れておこう。すると、福嶋氏には「助」「春」「範」「盛」字を実名の一字に使用している人物の多いことがわかる。登場する人物を年代とともに提示してみよう（参考までに官途・受領名のみの人物も紹介する)。

【助】図書助助春：明応三年
　左衛門尉助春：文亀元年（一五〇一）～永正七年（一五一〇）
　十郎助昌：天文十三年（一五四四）
【春】左近将監春能：永正五年前後
　氏春：永正八年頃
　豊後《ぶんご》守春久：永正十四年～同十七年
　右馬助・因幡《いなば》守春興：天文十七年～永禄五年（一五六二）
【範】玄蕃允範能：永正五年前後～永正七年
　和泉守範為：永正七年前後
【盛】三郎右衛門尉盛助：永正十四年
　盛広：大永四年～同五年
※【官途・受領名等のみ】越前守／弥四郎／彦太郎／彦次郎／八郎左衛門尉／徳蔵入道／
　伊賀守（道倚とされる）／淡路守（元亀元年〈一五七〇〉）／図書（同二年）

福嶋氏の多くは、大永元年（一五二一）に甲斐国飯田河原・上条河原の戦いで討死にし、さらに天文五年の花蔵の乱で敗北して、一気に頽勢へと向かった（小和田・弥永）。そのため、ここで示した人物の多くは大永年間（一五二一～二八）以前に登場している。福嶋一族の中で天文期に実名が明記されているのは、前述の助昌と春興のみである。

ちなみに「助春」は、実名の一字に【助】と【春】両方を使用している。【春】字を用いている人物たちの多くが実名の一字目に「春」字を使用しているのは、一字授与がその要因かもしれない。それであれば、助春の子どもの代に助春から【春】字を授与されて使用する人物が登場するようになることも考えられる。加えて明応三年の「図書助助春」に関しては、元亀二年というかなり年代的に離れた段階で官途名「図書」が登場することもあり、図書助助春以降の系譜的な継続性も否定できない。

【範】字の福嶋氏は三ケ日の「大福寺文書」において、主に範能が取次《とりつぎ》として登場する。また、遠江国羽鳥庄（浜松市）関係の文書が多く残されている「飯尾《いのお》文書」（尊経閣文庫所蔵）に、範為が取次として登場する。範能・範為の二人からだけで結論づけるのは早計であるが、【範】字の福嶋氏は同家の「当主」として存在するよりも、むしろ「名代」や取次として存在していた可能性もあろう。なお、【範】字は小鹿《おしか》氏の系統が用いた通字《つうじ》であり、「今川宗家《そうけ》」にとって、本来ならば自家の通字となるべきものであった。そういった意味では政治的な地位が高いようにも思われる。しかし、それが氏親段階において「今川宗家」の被官に使用されることになったということで、【範】字は「範政からの正当な」通字から、単なる今川被官の通字に移行したと認識されたと判断されよう。

さらに【盛】字の福嶋氏は、根拠が無いため推測のみにしておくが、伊勢盛時（宗瑞《そうずい》）との関係性は考えられないだろうか。というのは、飯田河原・上条河原の戦いでの「福嶋一類」の討死に後、系図上において宗瑞の子氏綱に仕えたとの記載があって（系図は小和田著書にあり）、福嶋氏と伊勢氏＝北条氏との関係性を伝えている。加えて玉縄（神奈川県鎌倉市）北条氏となった綱成《つなしげ》は、今川旧臣の福嶋九郎を父として生まれ、氏綱娘（大頂院）の婿となったとされている（浅倉直美氏）。これも両者の関係が深かったことを示唆していよう。そのうえ宗瑞は、永正初期まで氏親とともに軍事行動を共にしていた。宗瑞が永正十六年に死没するという年代的に考慮しても、盛助などは確実に宗瑞と接点があったと想定される。

加えて、今川氏にとって「氏」字を実名の一字に使用している人物が政治的に高い位置にあったということを前提とすれば、氏春についても触れておく必要があろう。彼の発給文書は一点のみ（大福寺文書『戦今』一九九号）が確認されており、内容的には新春の挨拶で、参府後に氏親に面会する旨を幡教寺《ばんきょう》（後の大福寺）へ伝達している。幡教寺から大福寺への名称変更に関する事案は永正初期であることから、氏春の文書はそれと同じか、それよりも前の文書ということになる。永正四年前後の左衛門尉助春の軍事的功績を評価した氏親による偏諱《へんき》授与で、助春が氏春を名乗った可能性も否定できない。だが、まったく違った人物かもしれないので、これ以上の推測は控えることにしたい。

なお、永禄中・後期においては福嶋春興と小笠原氏興が登場する。小笠原氏と福嶋氏は「一類（一族）」（龍巣院文書『戦今』二三七九号）であることから、実名の一字に【興】字が見えるのは偶然ではないように思える。

氏親―福嶋氏の婚姻と寿桂尼

最後に氏親・寿桂尼と福嶋氏の関係について述べておこう。

これまで見てきたように、永正（一五〇四～二一）頃は福嶋氏が軍事的にも政治的にも氏親から頼りにされていた段階であり、まさに福嶋氏にとっては〝隆盛〟の真《ま》っ只中《ただなか》であったといえよう。同十六年になると義元は誕生するが、彼が花蔵の乱で対峙《たいじ》した福嶋氏出身の玄広恵探は、「今川系図」（『群書系図部集』二）によると、天文五年（一五三六）に没した際に二〇歳であったとされているので、それを信ずるならば永正十四年生まれということになる。最近の黒田基樹氏の説（『瑞渓院』四五～五〇ページ）によると、①誕生年は弟妹の出生状況から考えて、永正十四年よりも早かった可能性もあること、②「諸国古文書　土佐国蠧簡集残編四」《とさのくにとかんしゅうざんぺん》（国立公文書館所蔵）所収今川系図の記載から、恵探は氏親の「二男」であること、③母親は左衛門尉の女とされる（今川家譜・今川記）ため、小和田氏の従来の指摘を継承して高天神城主となった福嶋助春と判断されること、が指摘されている。

黒田氏の説は非常に興味深く、①・③に関してはその可能性を否定できない。というよりも、かなり蓋然性が高いのではないかと筆者は考えているが、②についてはやや懐疑的である。「蠧簡集」の「今川系図」における「二男」という記載の信憑性《しんぴょうせい》に、若干の疑問が残っている

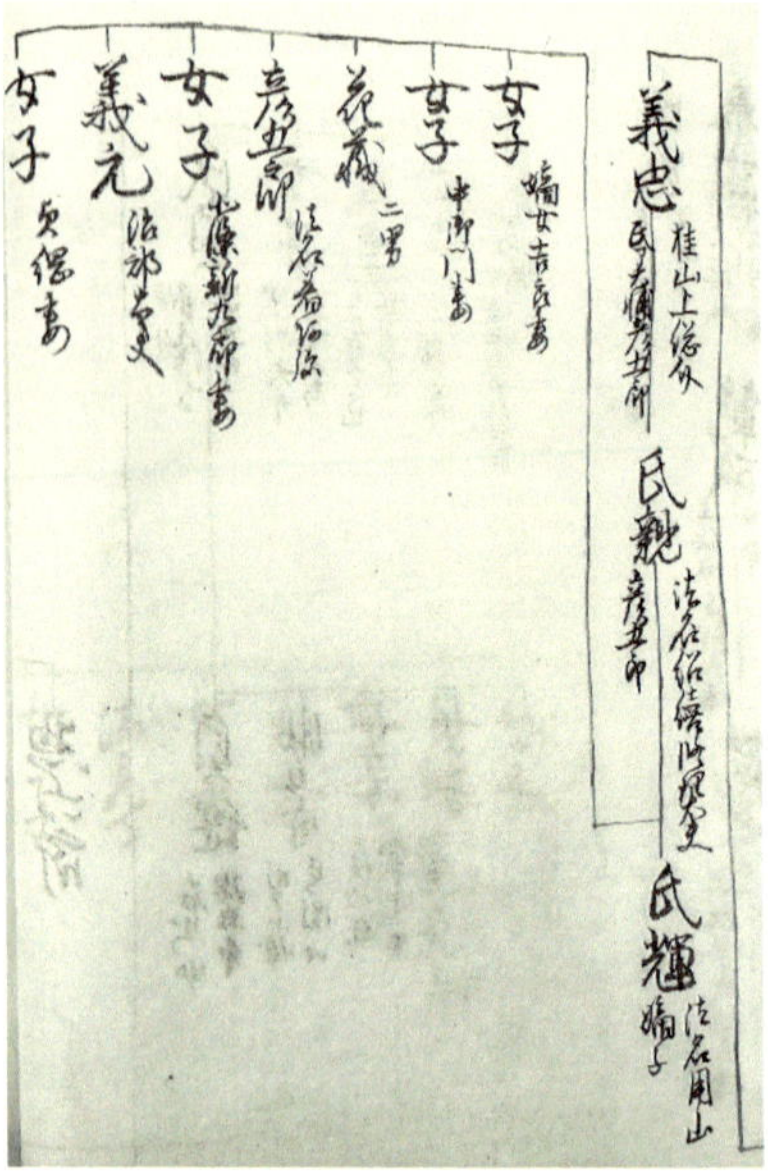

図11　「今川系図」恵探に記された「二男」という文言（国立公文書館所蔵「諸国古文書　土佐国蠹簡集残編」4冊目）

（なぜ彼のみに「二男」と記される必要があったのか）ためである。

とはいえ現時点では、恵探の母＝福嶋某の娘は、遅くとも永正十三年（一五一六）までには氏親の許に入嫁していたということは確実であったと考えてよかろう。このような状況に鑑みれば、恵探の母は、まさに福嶋氏の〝隆盛〟によって入嫁したとも考えられよう。

こうした福嶋氏娘による入嫁は、福嶋氏の「今川氏の外戚」化へと繋《つな》がることとなる。にもかかわらず永正期に入って以降、今川家内部＝被官層において、福嶋氏の外戚化について大きな動揺・反発があったとの記録は見ることができない。そのため福嶋氏との婚姻は、今川「家中」の決定事項として周知され、寿桂尼もそれを了承していたと想定される。今川「家中」の決定に従った寿桂尼の姿をみることができよう。

その一方で、当時（永正十年）駿河に下向していた冷泉《れいぜい》為広は、福嶋氏を今川氏の「御一家」と認識していなかった（為広駿州下向記『冷泉家時雨亭叢書62為広下向記』）のは注意すべきだろう。本史料が作成された永正十年は、氏親の長男氏輝が誕生した年である。そのため、仮に「二男」として恵探が誕生するとしたのであるならば、この段階ではまだ、今川・福嶋両家が姻戚となっていない可能性が高い。ということならば、「御一家」が提示された部分に福嶋氏の記載が見えないのは、ある意味当然かもしれない。

とはいえ、全体を通しても福嶋氏の名は見当たらず、この点は宗瑞が確認できないことと似ているのかもしれない。宗瑞は、「葛山八郎」が「早雲の子」として記載されていることから、下向記の破損している箇所に記載があったのではないかとの指摘（黒田）があり、筆者も同様に考えている。となれば、福嶋氏も破損部に記されていたのかもしれない。

このように見てくると、永正期において氏親と寿桂尼は、今川「家中」において福嶋氏の存在が大きくなることについて、不平・不満・不安を持っていたとは考えられないのである。むしろ遠江や三河への侵攻、さらに領国の安定化のために福嶋氏は必要不可欠で、重要な存在として認識していたように判断される。当該期の今川家にとって、福嶋氏はなくてはならない氏族＝無二の氏族であり、そのためにこそ姻族となることで、より〝一体的〟になることを望み、

「家中」もそれを容認したと思われる。

そうした氏親の路線を、寿桂尼はそのまま踏襲した。寿桂尼の文書は、氏親（増善寺殿《ぞうぜんじ》）の文書や方針に従うことを明記していたし、被官も氏親段階の家臣を引き続き用いていたと考えられる。それが従来からの指摘にもある、寿桂尼と福嶋氏を結ぶ人物としての福嶋越前守であった。

彼と寿桂尼の接点は、享禄二年（一五二九）十二月十一日付沼津妙覚寺宛寿桂尼朱印状（妙覚寺文書『戦今』四六八号）で、妙覚寺が役を免ぜられた際の寿桂尼の取次として越前守が登場する。しかし、彼自身は大永六年（一五二六）の氏親の葬儀に際し、岡部七郎二郎とともに「龕昇《がんよ》」＝遺体を納めた棺を担いで運ぶ人に任ぜられている。さらに天文十七年以前には、氏親の墓所である慈悲尾《しいのお》増善寺（静岡市葵《あおい》区）に青磁香炉を寄進している。つまり、氏親に近仕していたために彼の遺体運搬の役を任され、氏親の没後には墓所増善寺に対して香炉を奉納したのである。氏親に近い存在であったが故に、寿桂尼の近臣になったと想定されるのだ。

このように、福嶋氏を無二の氏族とする氏親の路線を踏襲した寿桂尼からすれば、花蔵の乱において「福嶋越前宿所へ行、花蔵ト同心」（高白斎記『県史』三―一三七八号）するのは必然であった。花蔵の乱で福嶋氏を討滅する方向で動いていた崇孚《そうふ》・義元とは、相容《あいい》れない関係だったのだ。

それが外交面で浮き彫りとなった。外交のパイプが従来の中御門《なかみかど》家―寿桂尼ラインから、崇孚・義元の段階では公家《くげ》・武家のトップとコンタクトを取りながらの外交へと路線を変更した。これは有光氏の指摘であったが、筆者もそれを踏襲している。寿桂尼のパイプという側面をさらに突き詰めると、福嶋範為を中御門家―寿桂尼の外交ラインに加えることも可能ではなかろうか。当初は氏親を核として寿桂尼がメインとなって京都外交に携わっていたが、〝隆盛〟を誇った福嶋氏が取次となって両人の脇を固めて京都との交渉にあたっていたのではなかろうか。福嶋氏は永享の内訌段階において、すでに京都との関わりを持っていた。つまり戦国期になると、独自の外交ルートを確立させていた可能性もある。その福嶋氏を、氏親が自らの外交路線に加えることで、より強固な京都外交のパイプを求めたとしても不思議はなかろう。

そのような福嶋氏も、天文五年の花蔵の乱で完全に威勢を失い、そこから生き残った福嶋氏は、永正期の〝隆盛〟から一気に減退した。とはいえ、天文十三年に寄進状を発給した助昌は、そのまま以前と変わらずに駿遠国境付近を領域としていたと思われる。さらに春興は、義元の三河侵攻とともに同国へと出張り、その後の氏真《うじざね》による三河支配において、吉田城あるいはその周辺と想定される城に在番し、三河撤退まで同国内に踏みとどまっていた。彼は天文二十二年三月には三尾国境の岩崎（現日進市）の「城主」になったとされ（大村家文書『愛知県史』資料編10一八六五号）、その後も今川氏の三河支配に貢献し、氏親の代から継続して今川氏を支えた氏族の一人として、永禄期の今川氏にとって重要な人物になったと位置づけられよう。

〈本章のまとめ〉

氏輝についてはあまり研究の進展が見られないものの、代替わり安堵における同日付の三通の花押を大きな根拠として彼を病弱とするのに疑問を呈した。

また、寿桂尼は改めて今川氏の「家督代行者」であると位置づけ、そのうえで再度寿桂尼を考え直すために島田市の静居寺を建立したとされる福嶋助昌に注目し、「助昌」が三代にわたって継がれてきた名乗りである可能性を述べた。そして、永正期の〝隆盛〟の中で福嶋某の娘が氏親の側室として入嫁したが、その際に今川「家中」だけでなく寿桂尼もそれを拒んだりはしなかった。福嶋氏が今川氏にとって必要不可欠の氏族と認識していたために、氏親の政策を踏襲していく寿桂尼は、花蔵の乱にあたって「福嶋氏と同心」する立場を取ったのである。

第三章　義元の時代

第一節　義元の栄華

一、家督相続から河東一乱

家督の継承～第一次河東一乱

天文五年（一五三六）二月初旬、氏輝は小田原（神奈川県小田原市）の北条家を訪問した。五日には小田原での同家の歌会にも参加し（為和集四『県史』三―一三六四号）、一ヶ月余り小田原に滞在したという。しかし帰国直後の三月十七日、氏輝が突然死没した（為和集四他『県史』三―一三六七～一三七〇号）。氏輝とともに氏輝の後継者と想定される彦五郎も同日に没しており、現在氏輝らは暗殺されたなどと様々な憶測がなされているが、死亡理由等も含めて不明なままである。

四月になると「乱が始まった」（為和集四『県史』三―一三七二号）。この「乱」は氏輝の弟梅《せん》岳承芳《がくじょうほう》＝善得寺殿《ぜんとくじ》（後の義元）と、義元庶兄の花蔵殿《はなぐら》（玄広恵探《げんこうえたん》）の間に起こった合戦で、花蔵の乱といった。この合戦にあたって承芳は、室町幕府第一二代将軍足利義晴から「義」の字と家督相続を認められた（大館記所収往古御内書案『戦今』五四二号）。承芳および太原崇孚《そうふ》雪斎は、乱の始まる以前に玄広恵探との対決を想定し、京都への交信を図っていたのである。

五月二十四日には寿桂尼が福嶋《くしま》越前守の宿所へ出向き、「花蔵ト同心」した。このとき「寿桂尼は重要な書類を持って恵探の許《もと》へ行った」（岡部家文書『戦今』五七一号）が、翌日未明から駿府《すんぷ》で合戦があり、福嶋一党は夜中に久能山城（静岡市駿河《するが》区）に籠もった。六月に入ると、玄広恵探や福嶋一門は北条氏綱の軍勢に攻められ、承芳が今川家の家督となり、八月以前に将軍義晴から授与された「義」字を用いた「義元」を名乗るようになった（妙法寺記『県史』三―一三八〇号・古簡編年一『戦今』五五一号）。

天文六年二月、義元は突然、これまでの外交方針を大きく変更し、自身を支援してくれていた小田原の北条氏綱と断交し、かつて氏親・氏輝が合戦を繰り広げていた武田信虎の娘と姻戚となり、和平を結んだ（妙法寺記『県史』三―一四二二号）。こうしたこれまでの経緯を無視した義元の行動は、氏綱の面子《メンツ》を潰す行為であった。そのため氏綱は、早くも同月下旬には自ら出陣した（快元僧都記『県史』三―一四二七号）。義元は武田氏に援軍を要請し、富士川以東で合戦が何度か繰り広げられた。そのため、これ以降の断続的な今川・北条両氏の合戦を「河東《かとう》一乱《いちらん》」と呼んでいる。ちなみに、「河東」は富士川の東を意味しており、同八年頃までの合戦を第一次河東一乱と呼んでいる。

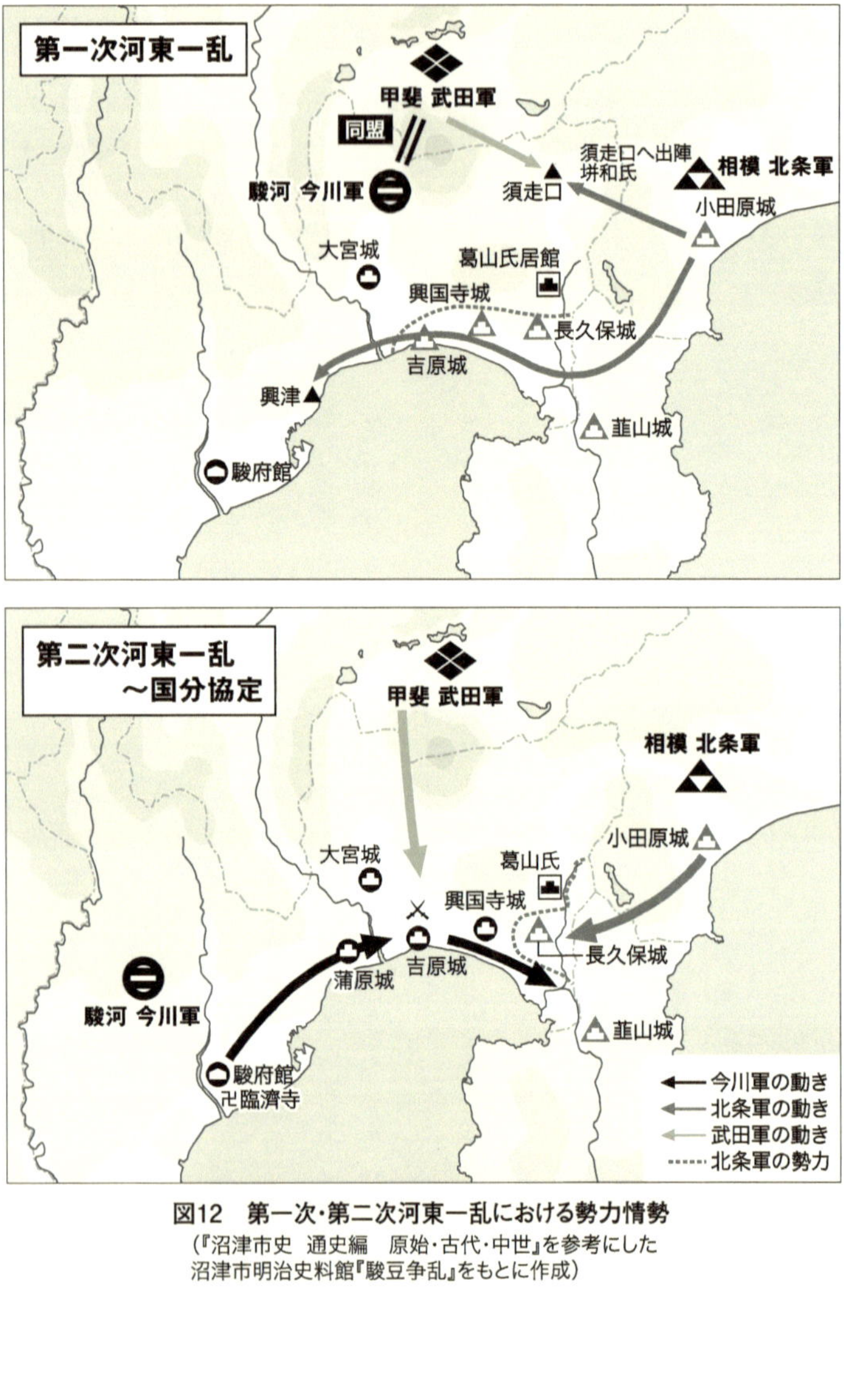

図12　第一次・第二次河東一乱における勢力情勢
（『沼津市史　通史編　原始・古代・中世』を参考にした
沼津市明治史料館『駿豆争乱』をもとに作成）

氏綱は河東をほぼ手中に収め、野辺・高橋彦四郎に三河へ移動するための料足を渡し、三河国作手《つくで》の奥平定勝・三河戸田氏・遠江《とおとうみ》井伊氏に対し、後方攪乱《かくらん》の依頼を行った。さらには遠江国の今川家御一家である堀越氏や瀬名氏に対しても挙兵を要請したと想定され、堀越・瀬名両氏はこの後、義元によって減退させられていくこととなった。今川・北条両氏の合戦は、ときに激しく、ときに膠着《こうちゃく》状態に入ったりしたようであるが、同八年閏六月朔日付で二俣城代の松井貞宗に宛てて義元が発した書状（臨濟寺文書『戦今』六二八号）には、「駿遠両国が安定するのも危機を迎えるのも、いまこのときにかかっている」と述べられている。当時、義元がかなり追い詰められていたことをうかがわせている。

それが、同年末になると花蔵の乱から河東一乱までの混迷・戦乱も終息に向かったようで、駿河一宮である浅間《せんげん》社に対して今川氏の配慮が行われ始めた。

第二次河東一乱

天文十年六月、武田信玄の父信虎が、信玄によるクーデターによって甲斐《かい》国を追放された（妙法寺記『県史』三―一五五五号他）。このクーデターに今川方で関わっていたのが太原崇孚雪斎と岡部久綱で、惣印軒安星も使者として甲府に出向いている（堀江文書『戦今』六六四号）。今川氏と武田氏との密接な関係は、同六年の婚姻による信虎―義元の舅《しゅうと》・婿といった個人的なものではなく、互いに家中全体との付き合いと想定され、そのため信虎の追放も滞りなく行われたらしい。

それ以降、義元は駿河・遠江両国の被官・寺社に対して安堵《あんど》・寄進等を行っていた。翌年八月に、義元と織田信秀が三河国小豆坂《あずきざか》で戦ったとされることがあるが（信長公記）、現在では本年における小豆坂合戦は否定されている。

同十二年四月になると、義元は富士上方（静岡県富士宮市等）の井出左近太郎に、「このたび乱が発生して最前線で走り回った」ことを賞して給地や居屋敷を与えた（浅川井出文書『戦今』七〇六号）。第一次河東一乱以降、駿東《すんとう》地域において緊張関係が継続しており、時に軍事衝突を伴う小競り合いが勃発しての本文書発給だったのではなかろうか。

その半年後の十月、義元は突如として三河国東観音寺《とうかんのんじ》（愛知県豊橋市）に禁制を発した（東観音寺文書『戦今』七二七号）。この段階における義元の三河出兵といった史料は、現在のところ確認できていない。しかし、禁制は在地側（今回の場合は寺社＝東観音寺）の要求で発給されることが明らかであるので、遠三両国の国境付近に駐屯していた今川軍が、東観音寺周辺の地域勢力（おそらく戸田氏であろう）と緊張関係に入ったため、本文書が発給されたと考えられる。

その後、駿東地域でも特に大きな問題は起こっていないが、翌年十二月に連歌師《れんがし》の宗牧《そうぼく》が京都から東国に向かった際、知音の引間《ひくま》（静岡県浜松市中区）を治めていた国衆《くにしゅう》の飯尾《いのお》乗連《のりつら》を訪ねたところ、蒲原《かんばら》（静岡市清水区）で城番をしているため不在、との連絡を受けたという。宗牧はその後、駿河を経由して翌年伊豆に向かったが、その途中で彼が今川領国と北条領国との境目を船で渡ろうとしたときには、今川勢がかなりの重武装で乗船していたと記されている（東国紀行『県史』三―一七一六号）。

こうした緊迫した情勢からか、天文十四年三月になると、聖護院門跡道増が東国へ下向してきた（為和集五『県史』三―一七三〇号）。彼の下向は、室町幕府第一二代将軍足利義晴による河東一乱の停戦を要請する一方、後奈良天皇の般若心経《はんにやしんぎよう》の奉納（曼殊院文書『山梨県史』山梨5下二六一二号）が目的であったが、特に前者に重きを置いていたようだ。両者間の和睦について、幕府はかなり精力的に行動していたらしく、四月初旬に道増は甲府に赴き、今川・北条両者間の仲介として信玄に出張ってもらおうとしていたが、彼は伊那出陣を前にしていたために断られてしまった。同月後半には、今川氏被官の飯尾乗連が幕府の内談衆（所領関係の訴訟の審理・記録などをつかさどったもの。引付衆《ひきつけしゆう》のこと＝『日本国語大辞典』）大館晴光に対して贈答品の礼を述べるとともに、奉公衆進士晴舎《はるいえ》のまもなくの上洛《じようらく》を伝えている（古簡雑纂一一『戦今』七七四号）。五月には尾張《おわり》の織田信秀が、幕府の使者による東国下向のため、尾張の路次に便宜を図ったと晴光に伝え（成簣堂《せいきどう》古文書大館文書『愛知県史』中世補遺一六九号）、六月になると近衛《このえ》稙家《たねいえ》が今川・北条の和談の申入を行っている（東海大学図書館所蔵文書『戦今』七七五号）。

こうした聖護院道増、奉公衆進士晴舎、将軍の義兄で前関白の近衛稙家といった、将軍義晴を核とする幕府方による説得が両者にもたらされたものの、説得は結局失敗する。関東に下っていた道増は駿河国に戻り（為和集五『県史』三―一七四〇号）、七月中旬には彼も京都に戻っていった。こうした経緯の後、同月二十三日に義元は臨済寺に寄ってから翌日の明け方に駿東地域に向けて出陣し、善得寺に入った（同『県史』三―一七四三号）。

義元は、七月二十六日に須戸《すど》中里（富士市）の多門坊に禁制を出し（多門坊文書『戦今』七七六号）、信玄と連絡を取り合って、八月十日に善得寺で両者が会見するという方向で話が決まったらしい。翌日、両者は善得寺で対面、血判の起請文《きしようもん》が交わされた（高白斎記『県史』三―一七四四号）。義元はその後、駿河国吉原、伊豆国三島にまで攻め込んだ（第二次河東一乱）ところで信玄が仲裁に入って、北条氏によって抑えられていた駿河の河東地域を取り戻すことに成功した（妙法寺記『県史』三―一七四八号）。

戦況は当初、一進一退を繰り返していたようだが、今川方が有利だったとされている（『県史』通史編）。十月十日になると、鶴岡《つるがおか》八幡宮に氏康が戦勝祈願の願文を奉納している（鶴岡八幡宮文書『戦今』七八二号）ことから、戦況はあまり変わらなかったらしい。十五日には信玄が講和を開始しており、北条方の窓口である桑原盛正の許を板垣信方・駒井政武（後の高白斎。以下、「高白斎」で統一）らが訪れ（高白斎記）、二十二日に停戦となった。その翌々日には調停者信玄の許に誓詞が届けられたが、信玄の手許《てもと》には義元・氏康だけでなく関東管領山《かんれいやまのうち》内上杉憲政の起請文もあったという（高白斎記『県史』三―一七六三号）。

十一月には義元と晴信が自筆の誓書を交換している。この内容は、①当初、氏康が境目の城を築造して、氏康が勝手に攻めてきたこと、②今回の和平を義元が破れば、信玄は駿河に向けて出陣する、③信玄は氏康を捨てて義元に同意していること、の三ヶ条（同）であったが、同日付で信玄は二俣城代の松井貞宗に、別の書状を認《したた》めている（諸国古文書　土佐国蠹簡集残編《とさのくにとかんしゅうざんぺん》六『戦今』七八三号）。そこには、北条と今川が血縁で、両者の対立は寿桂尼の意向に沿わないこと、長久保城攻撃の長期化は、敵・味方に甚大な被害を及ぼすこと、それに伴って北条領が他領主の草刈場と化し、氏康死没後の所領減少の可能性を述べ、それゆえにこそ信玄が奔走したと記載されている。信玄によるこの書状は、義元がこの和睦を不満に思っていたためで、松井に取り成してもらおうと考えていたらしい。

このようにして第二次河東一乱も終わりを迎え、駿東地域は今川氏の領域となった。北条氏が講和したのは、同年九月に武蔵河越城（埼玉県川越市）が第四代古河公方《こがくぼう》足利晴氏、先述の山内上杉憲政、扇谷《おうぎがやつ》上杉氏の当主朝定によって攻囲されたためである。氏康は駿東地域よりも河越城を優先させたとみられ、駿東を手放すことを了承し、翌年、同城を攻撃していた三氏を降《くだ》して河越地域の安定を図ったのである。

義元家督継承段階での疑問

まずは天文十四年までの通説を述べてきた。ここまでにおいて気になる点がいくつかあるので、まとめて示しておこう。

最近、黒田基樹氏が『瑞渓院』において、天文五年二～三月における氏輝による小田原訪問は、彼の妹（氏親の三女）で、後に小田原北条氏第三代当主となる氏康に嫁いだ瑞渓院殿と氏康の婚儀があったためとの推測を述べている。これまでは、前年における甲斐への出張に対する「お礼」と推測されることもあった。しかし、たしかに単なる「謝礼」で、なぜ氏輝がわざわざ小田原まで出向いていたのか疑問だったので、従来の発想よりも説得力があると思われる。

その一方で、同書において黒田氏は、義元が寿桂尼の子ではなく、庶流だったのではないか、との仮説を提示した。氏の考察は、氏輝を始めとする子女の出自や生年を再確認しており、その中で義元が寿桂尼の子とすると、年代的に符合しない可能性があるとしたのだ。非常に興味深い指摘であるが、現時点で筆者はまだ、全面的に首肯できないでいる。というのは、彦五郎と義元が年子であった可能性は否定できないし、何よりも義元が庶流であったという史料が皆無ということが重要である。とはいえ、義元へのこうした基礎的な疑問は、今後も丁寧に解明されなければならないと考えている。

天文五年六月に北条氏綱の援助を受けて家督となった義元だが、八月以前にようやく「義元」と名乗って文書を発している。この間、二ヶ月ほどの空白があるが、領国を迅速に治めることを優先するならば、その時期においても文書を出し続けていた方が望ましかったはずである。花蔵の乱において、すでに彼は印文「承芳」の黒印を用いて禁制を発していた（慶寿寺文書『戦今』五四七号他）ことを見れば、文書を出さなかったのには何らかの理由があったとも考えられる。その点ははっきりしないものの、室町幕府第六代将軍足利義教が法体から還俗《げんぞく》して家督を継承する際、髷《まげ》を結うために髪が生えるのを待ったということが語られている（今谷明『籤《くじ》引き将軍足利義教』講談社選書メチエ、二〇〇三、一七七〜一七九ページ）ので、それと同じような背景があったのかもしれない。

また、花蔵の乱によって「国が二分」したとされているが、この後、義元が発給している代替わりの安堵状を見てみると、駿河国内の武将たち、例えば由比《ゆい》・興津《おきつ》・岡部・三浦・井出の各氏に対して感状や安堵状が発せられていることがわかる（御感状之写幷書翰《しょかん》等『戦今』五七〇号他）。一方、遠江の領主層に対する文書がまったく確認されていないことも看《み》て取れる。ということは、遠江の武将たちは駿河今川氏の内訌《ないこう》を静観していたとも考えられよう。つまり、二分された「国」とは今川領国全体を指しているのではなく、駿河そのものであったと判断できるのである。

花蔵の乱による「家中」分裂

さらに国が二分したということは、おそらくそれまで氏親から継承されてきた氏輝・寿桂尼と福嶋氏が築き上げてきた「家中」も分裂したという点も認識すべきであろう（有光友學氏）。今川氏当主を支えていた「家中」が二つに分かれたということは、乱の終結後、氏親・氏輝・寿桂尼段階よりも、「家中」の人数は当然のことながら少なからず削減されることになり、改編を迫られることとなる。花蔵の乱後に駿河国内で感状や安堵状を受給した氏族のうち、井出氏を除いた領主は永享の内訌段階で、「内者《うちのもの》」もしくは「国人《こくじん》」として登場していた。そうした氏族は永享段階ですでに有力な存在であったから、時代が下って寿桂尼段階までの「家中」の構成員であった可能性もあろう。

そのような氏族の中で、矢部氏が確認できないという点が気にかかる。矢部氏は永享の内訌段階で、すでに駿河国内の氏族として幕府の人々にも認識されていた（満済准后日記《まんさいじゆごうにっき》）。そのためであろうか、氏輝が家督として活動していた天文二年七月には、管領細川氏と書状をやり取りする際の窓口の一つとしても機能していた（御内書案坤『戦今』五〇一号）。しかしその後、京都だけでなく他の大名との外交活動に同氏の名は確認できなくなり、天文二十三年（一五五四）以降、土豪層として登場するだけとなっている（大久保俊昭氏）。とすると、矢部氏が政治的な立場を失墜させることになった何らかの事象が存在していたと考えられよう。

あくまで可能性であるが、それこそが花蔵の乱による「家中」の削減とその後の改編だったのではなかろうか。三浦氏や岡部氏らと同様、永享の内訌時点で有力氏族だった矢部氏も、氏輝段階まで「家中」の構成員としてある程度の高い政治的な地位を保っていたものの、花蔵の乱で敗北してその地位を奪われてしまい、今川氏の政権の上層部から外されることになったとも考えられるのである。断定的に扱うことはできないものの、恵探派には福嶋一族のほかにも有力氏族が存在していたことも想定されるため、提示しておくこととしたい。

同様のことは、斎藤氏にも当てはまる。斎藤氏が有力氏族であったかどうかは不明であるが、同氏は氏親が〝逆賊の子〟であった段階ですでに丸子《まりこ》（静岡市駿河区）に居宅を構え、連歌師宗長の庵《いおり》を結ぶことのできる氏族であった（宇津山記『県史』三―三五三号）。同地は斎藤加賀守安元の「先祖よりの宿所」であったとされ、小鹿範満《おしかのりみつ》が家督代行となったおりには、氏親が当初、小川《こがわ》（焼津市《やいづし》）の法永長者長谷川氏《ほうえいちょうじゃ》に匿《かくま》われ、その後、丸子に移っていた（同）。そのため、小和田哲男氏は斎藤氏を「親龍王丸派《たつおうまる》」と表現しており（『駿河今川一族』）、筆者も同様に考えている。

その安元は、永正十四年（一五一七）になると福嶋三郎右衛門尉盛助・同豊後《ぶんご》守春久らとともに、氏親を大旦那として駿河国有度郡八幡宮（静岡市駿河区）を再興している（八幡神社所蔵棟札銘写『戦今』三〇三号）。斎藤氏と福嶋氏が氏親を軸に活動していたことをうかがわせるが、花蔵の乱後、安元の後裔《こうえい》かどうか不明ながらも、斎藤四郎衛門が所領を没収されている（岡部家文書『戦今』五七二号）。さらに、その後は『為和集』や『言継卿記《ときつぐきょうき》』に斎藤氏は確認されるが、政治的な立場で活動をしているようには見えない。

斎藤氏も「家中」の構成員であったかは不明だが、氏親逼塞時に彼を経済的に、もしくは身体的にも助けたというのであれば、斎藤氏も氏輝段階までは、一応政治的に高い地位に属していた可能性はあろう。それが花蔵の乱で地位を失墜させ、「家中」から外れたとしても不思議ではないと思われる。

このように花蔵の乱を契機として、氏親～氏輝段階までの「家中」の人数が減少し、構成員にも変化が見られることとなったと捉えられよう。

分裂後の「家中」と第二次河東一乱

また、花蔵の乱の際に小田原の北条氏綱から支援を受けつつ家督を継承した義元が、なぜ外交方針を変更して武田氏と和睦したのかは不明である。しかし、これまで述べてきたように、氏輝以前の路線と義元の方向性に違いがあったらしいことが、「家中」の削減・改編にも見え隠れしていたようだ。これまでも有光友學氏が指摘していたように、両者の京都外交にこの点が顕著に見られたといえよう。

寿桂尼の実家であった中御門《なかみかど》家は、京都の公家《くげ》の中では「下位の名家」（有光友學氏）で、同家と寿桂尼のラインから成る外交のパイプは、義元―崇孚雪斎の持つ近衛・将軍義晴といった公家・武家のトップと直接結ばれた太いパイプと比較すれば、彼女の立場は相対的に下がらざるを得ない。さらに、氏親段階における姻族としての北条家との結びつきも、義元が家督を継承した段階では薄れつつあったとも考えられる。義元―崇孚雪斎を中心とした改編後の新たな「家中」は、氏輝段階までの様々な方策を覆しながら動き始めたということだろう。

そのような今川「家中」は、天文十四年に将軍義晴の停戦命令を無視したことで、第二次河東一乱が勃発した。このとき、なぜ義晴が今川・北条両氏に停戦を求めたのかはわからない。義晴は、天文三〜七年にかけて大内・大友両氏の和睦と上洛要請を行い、請文を受給したことがあり、今度も停戦令に従うと判断したのかもしれない。というのも、義元には自身がかつて「義」字を与え、家督継承を有利に働かせたこともあり、義晴からすれば「恩」を与えた立場であった。対する北条氏は、すでに二代目の当主氏綱が天文十年に没したものの、彼の継室＝三代目の当主氏康からすれば継母にあたる人物は、関白近衛尚通《ひさみち》の娘であった。近衛家は当時、将軍家と姻戚関係となっていたから、氏康の継母と義晴の室は姉妹という関係にあった。つまり、氏康からすれば将軍義晴とは義理の伯（叔）父・甥《おい》の関係であったため、「近親」と認識された可能性がある。将軍義晴にとって、義元・氏康は「近しい関係」であることから、停戦を受け容《い》れると判断したのかもしれない。ちなみに使者として両人の許を訪れている道増も近衛尚通の子であるため、氏康とは義理の兄弟ということになる。

なお、第二次河東一乱の停戦・和睦にあたり、山内上杉憲政が起請文を提出しているが、これは彼が直接同城を攻撃していたからと考えるべきであろう。この年、山内・扇谷上杉両氏と第四代古河公方足利晴氏が武蔵国河越城（埼玉県川越市）を攻撃しているが、同城の攻撃は今川・北条両氏の停戦直前のことであった（黒田基樹『関東戦国史』）。今川方からすれば「後方攪乱」として合戦に加わってもらったように捉えられそうだが、両上杉氏と晴氏による河越城攻撃であるにもかかわらず、憲政だけがなぜ起請文を書くのかというのも疑問が残される。

駿東地域には享徳・文正（一四五二～六七）頃、扇谷上杉氏が関与していたことは判明していたが、その後も含めて山内上杉氏が所領を有していたなどといったことは確認されていない。

そのため、憲政軍が長久保城攻撃に何らかのかたちで加わっていたことによる起請文の記載と判断した方がよかろう。とすると、このたびの起請文では、いわゆる合戦後の「国分《くにわけ》」がなされたであろう点を重視すべきだろう。明確なことは述べられないが、山内上杉氏の「領域」という観点からすると、かつて伊豆国を抑えていたということを考慮すべきなのではなかろうか。つまり、「国分」だからこそ駿東地域の所属の確定に併せて、伊豆国における山内上杉氏の権益の確保などが図られたとも考えられないだろうか。今後の課題としたい。

二、三河での攻防

義元、三河へ

かつて筆者は『戦今』を編集するにあたり、義元の無年号文書の年代比定を行ったことがある。その後、糟谷幸裕氏が『今川氏年表』において天文十五〜永禄三年（一五四六〜六〇）を執筆するにあたってその点をいくつか改め、年代を比定し直した部分がある。その指摘を筆者が再度確認し、首肯可能な部分を参考にしながら、以下、述べていこう。

義元は領国の東部を安定化させたうえで、天文十五年になると三河への侵攻を本格化させることになる。六月、早くも三河の長興寺・龍門寺・伝法寺（いずれも愛知県田原市）に宛てて、軍勢による狼藉《ろうぜき》停止を命ずる今川氏の制札が下された（長興寺文書『戦今』八〇一号）。すでに周辺地域には今川氏による襲撃が予想されていたようで、そのための対応策として三ヶ寺が今川氏から制札を発してもらったのだろう。このときの今川氏の主なねらいは「西三河」の平定にあったらしい（松平奥平家古文書写『戦今』八〇六号）。

八月以前の段階で、太原崇孚雪斎は牛久保（愛知県豊川市）の牧野保成と連絡を取り（松平奥平家古文書写『戦今』八三八号）、引間（静岡県浜松市中区）の飯尾乗連や井伊谷《いいのや》（同市北区）の井伊次郎など国境付近の者たちに、三河国西郷谷（愛知県豊橋市）に着陣すべきことを伝えた。それとともに、戸田宗光・同宣光かと思《おぼ》しき二名が今橋城（吉田城、同市）に入ると、兵粮《ひょうろう》の商買＝現地調達がむずかしくなるため、尾奈《おな》（静岡県浜松市北区）や日比沢《ひびさわ》（同区）まで兵粮を届けると述べている。

九月になると、牧野保成が太原崇孚雪斎・朝比奈泰能《やすよし》・同親徳《ちかのり》に対して、自身の希望する知行割など五ヶ条を申し入れてきた（同『戦今』八〇六号）。一条目には、今橋・田原制圧後には、城と領域＝豊川以西の旧戸田氏の知行地を安堵してほしい、今川氏が西三河をまとめたうえで、もしまた今橋・田原の制圧が終わっていれば、伊奈（愛知県豊川市）は本知＝もとから知行していた所領なのでもちろんのこと、豊川以西の知行を安堵してほしいとある。二条目には戸田氏が帰参する可能性について触れ、三条目には長沢松平氏が敵対した際の跡職も欲している。四条目には長沢松平氏が味方になった場合について触れているが、結局その後に長沢松平氏は

図13　幕末の吉田城（豊橋市美術博物館写真提供）

今川方に叛《はん》したため、この条項は削除されることになった。最後の五条目は出馬の確認で、西郷への軍事行動が確認されたら質物（兵粮カ）を渡すとあった。

牧野が提出した五ヶ条の条目と、それに関して今川氏が返信するまでの間の十月、松平広忠の右筆岡部慶度《けいたく》が、すでに駿河衆＝今川勢によって今橋が攻囲されているものの、「今日まで」それほどの攻撃は行われていないと述べている（古案三州聞書『戦今』八一二号）。本文書の日付が十月三十日。その時点で「今日まで」としているので、攻囲が始まってすでに数日経過していたことをうかがわせる。

今橋の戦いには犬居（静岡県浜松市天竜区）の天野景泰も参戦していた。彼は、十一月十五日の辰刻に今橋城の外構えを乗り崩し、不暁に宿城（武士や商人たちの居住区域を含む外郭）に乗り込んで頸《くび》を七つ挙げた（天野文書『戦今』八一四号）。今橋城の陥落は明確でないが、糟谷氏によると十五日からそれほど日を置かない時期と考えられるという。

天文十五年末に崇孚雪斎は、野々山甚九郎に細谷（愛知県豊橋市）代官職等の宛行《あてがい》を約し、野々山は翌年二月に義元から同職を承認された（野々山文書『戦今』八一五・八二二号）。六月には大旦那としての義元と、それを奉じる崇孚の名が見える神輿《みこし》が造立され、七月になると義元は天野景泰に、三河の医王山（岡崎市）の普請が早々に仕上がったことを賞し、近日中の出馬予定を伝えている（天野文書『戦今』八三〇号）。義元は着々と西進していったようであるが、その際に義元は山家三方衆《やまがさんぽうしゅう》の一翼を担う作手（新城市《しんしろ》）の奥平氏も医王山砦《とりで》の普請にかり出すことができていたらしい。八月になると、奥平定能《さだよし》と叔父久兵衛尉（系図では「貞友」）に山中（岡崎市）を新知として与えている（松平奥平家古文書写『戦今』八三六号）。この山中は松平氏の所領である。九月には同所の山中七郷に対して、前年の合戦以前の借物に関して、「敵筋」であったものは返すには及ばないとし、まずは今年の年貢を必ず弁済するよう命じている（同『戦今』八三九号）。

これと併せて義元は、田原（田原市）にも侵攻を開始した。九月の田原本宿の合戦では、天野景泰の被官二〇名が弓矢や鑓《やり》・刀で怪我を負っている（古案三州聞書但聞書集所収『戦今』八四〇号）。これは崇孚から義元に披露され、後日感状が発せられた（天野文書『戦今』八四一・

八四五〜八四七号)。このとき、松井惣左衛門・御宿藤七郎にも感状が出されたようだが(記録御用所本古文書八上・御宿文書『戦今』八四三・八四四号)、御宿宛の文書は義元の花押が通常のものとまったく違っており、本文書については疑問視されている。

小豆坂合戦

天文十七年正月、作手の奥平定勝の弟久兵衛尉が今川氏に謀叛《むほん》を起こした(松平奥平家古文書写『戦今』八六〇号)。そのため、定勝は子の仙千代(定能)を人質として差し出すことで知行が安堵された。前年、久兵衛尉は知行として形原《かたのはら》を与えられていながらの謀叛であったため、同地は定勝のものとなった。久兵衛尉が攻撃したのは吉田であり、今川氏にとって、まさに東三河の重要拠点であった。そのため、国衆である奥平氏からすると、仙千代を差し出して従属に近いかたちでなければ今川氏から許容されなかったのではなかろうか。

二月になると本田縫殿助《ぬいのすけ》に、「年来知行している」ことを理由に伊奈(愛知県豊川市)と前芝湊(豊橋市)などが与えられた(摩訶耶寺文書『戦今』八六三号)。前々年に牛久保の牧野保成は、「伊奈は本知」(松平奥平家古文書写『戦今』八〇六号)であるとして、今川氏に返却を申請していた。にもかかわらず今川氏は、牧野からすれば本知に押領を続けている本田氏を、そのまま知行主として承認したのである。今川氏にしてみれば、ここで下手に牧野の希望通り伊奈を返却して在地を混乱させ、本田氏に恨みを買うよりも、現状を維持しておいた方が無難と判断したのかもしれない。

二月末頃であろうか、織田信秀が小田原の北条氏康に書状を発信した。これは氏康の文書（古証文六『戦今』八六五・八六六号）から判明するのだが、信秀は勢いに乗じて今川氏を挟撃しようと考えたらしい。しかし、氏康はそれに応じなかった。第二次河東一乱の和平にあたっては甲斐の武田信玄も関わっていたため、手切《てぎれ》＝条約の破棄をすると、今川だけでなく武田氏とも合戦に及ばなければならなくなる。そのため三月十一日付で氏康は返信を認めるだけに留《とど》めておきながらも、そこでは今川氏から疑い続けられていると現況を嘆いていた。

そのような織田氏と今川氏は、ついに三月十九日、小豆坂（岡崎市）において激突した。いわゆる小豆坂合戦である。糟谷氏も触れている通り、この合戦には、西郷弾正左衛門尉・松井惣左衛門・朝比奈信置・岡部元信に宛てた感状が残されていて（記録御用所本古文書十一『戦今』八六八号、以下『戦今』の文書番号のみ提示。八七〇・八七三・一一〇六号）、今川氏が勝利したとされている。そのため信秀は、子の信広を安城《あんじょう》に留め置き、帰国していったとされる（三河物語）。

十二月になると、義元は大村綱次に対し、一昨年から続く田原攻めに関する感状を発した（御家中諸士先祖書『戦今』八八四号）。特に大村は去年から今年にかけて、田原城への付城《つけじろ》に詰めていたとある。小豆坂合戦が勃発した三月以降、これといった大きな合戦があったわけでもないにもかかわらず、この時点で突然、大村宛の感状が発給されたのには、何か理由があったように思われる。例えば、大村が丸々二年にわたって田原攻めに加わっており、将来的に在地で問題が起こった際に、従軍の事実を承認させるなどのために、こうした感状が発せられた可能性もあろう。

最大版図に向けて――安城奪取から尾張侵攻

翌年三月になると、今川氏からすれば岡崎（愛知県岡崎市）の守備を任せたことになっていた松平広忠が死没した（『愛知県史』中世三―一六八〇号）。死因ははっきりしないが、今川氏はこの急な事態に驚いて、急ぎ岡崎を領域下に治める必要性に迫られることになった。それでもこの時期における今川氏の関連文書は、田原（田原市）・小島村（豊橋市）など、東三河のものが多い。これは、今川氏が岡崎の安定化を図るというのは西三河に進軍することであったから、東三河の戸田氏を早急に支配下に置くことが前提とされたのである。そのため、ある意味当然であった。糟谷氏は、この時期における田原周辺の今川氏の文書が、安堵や寺領目録の作成などとなっていることを受け、田原制圧を考えている。たしかにこれ以降、緊迫したような文書は見えず、同二十年七月には「田原本意」（今川一族向坂家譜『戦今』一〇一八号）という文書が発せられているので、天文十八年三月以降、田原周辺が安定し始めた可能性が高い。

九月に今川氏は吉良《きら》（西尾市等）へと侵攻を開始し、渡や筒針（いずれも岡崎市）・中嶋（西尾市）を攻撃した。吉良はすでに東条と西条の両吉良氏に分裂しており、このときは西条吉良氏当主の「御屋形様」が不穏な動きを始めており、その背景には外戚にあたる後藤平大夫の奸謀があると今川勢は推察していた（士林証文『戦今』九〇七号）。この史料は崇孚が書いた矢文とされており、矢文自体、一時その信憑性《しんぴょうせい》を疑われたこともあったが、現在では存在自体の可能性は高いと考えられている。その後、西尾の城下にある無量寿寺に対して崇孚・飯尾乗連・前紀伊守らの連署になる禁制も発せられているため、この段階における吉良侵攻は、崇孚雪斎が中心となって行われた攻撃と捉えられる（無量寿寺文書『戦今』九〇九・九一〇号）。なお同寺に宛てられた禁制は二通存在するが、そのうちの一通には、乗連が当初花押を据える予定であったものの、荒河（同市）に在陣することになってしまったため、花押が記されていない（九一〇号）。

同じ頃、義元は幡鎌平四郎が荒河在陣中に安城を攻囲するため桜井（安城市）へ出向こうとしたところ、敵と出会ったために合戦となり、粉骨を尽くしたと賞している（徳川黎明会所蔵文書『戦今』九一二号）。本文書は十月十五日付で、幡鎌が荒河に在陣していたのは九月十八日とあるので、安城への攻撃が九月下旬から十月上旬にかけて徐々に広まっていったことがわかる。二十日には吉良の端城における戦闘も行われていた（御家中諸士先祖書『戦今』一〇五〇号）。

十一月になって今川氏は安城城を落とし、同城を守備していた織田信秀の子信広を捕縛、彼と織田氏の許にあった広忠の遺児竹千代（後の徳川家康）との人質交換を要求した。これによって家康は駿府へ移されることになったというが（三河物語）、近年では天文十六年の織田信秀による安城攻略で家康が織田氏の許へ人質として提出されたのであり、戸田氏によって家康が掠奪《りやくだつ》されて織田氏の許へ移送されたわけではない、こうした事実はなかったとの見解が出されている。

天文十九年三月になると、今川勢は衣城（豊田市）で麦薙を行ったところ、東条吉良氏が合力として出陣してきたという（三川古文書『戦今』九四一号）。これは、宛所に「東条殿」とあるため、東条吉良氏の同心と判明するが、半年ほど前に西条吉良氏との一体化を図っていた義安が、「東条殿」として見えていたことになる。五月には篠原永源寺（同市）にも制札が発給されているが（永澤寺文書『戦今』九四四号）、当寺は尾張国に近いこともあり、徐々に今川勢が西進してきたことを認識した永源寺が、今川氏に対して制札を発してもらったということであろう。これには今川軍の「勢い」を感じることができる。

その「勢い」が文書にも反映されていたのだろうか、越中国菩提心院（富山市）日覚の書状によれば、今川勢は駿遠三の三ヶ国六万の軍隊で攻め込んできたと記されている（本成寺文書『戦今』九七五号）。六万という数値は誇張であろうが、それほどの「勢い」だったのだろう。織田信秀は三尾国境でそれに耐え、那古野近辺には今川勢などは存在していなかったという。何しろ今川氏に従っていた駿河東部の国衆葛山《かつらやま》氏元は、八月の時点で家臣の植松藤太郎に対し、尾張出陣のために今年から毎年一〇〇〇疋《ひき》ずつ宛行《あてが》うこととしているし（植松徳氏所蔵文書『戦今』九五九号）、九月下旬になると、義元は亀田大夫に対して「今度の進発について、立願として重原（愛知県刈谷市）のうちの一〇〇貫文地を新たに寄進する」とも述べている（勢州御師亀田文書『戦今』九六六号）。「立願」は尾張出兵の戦勝祈願と判断されることから、それだけ準備に余念がなかったと思われる。尾張国内でも、九月には雲高寺（瀬戸市）に宛てて今川氏の制札が下されているため（雲興寺文書『戦今』九六三号）、三尾国境は一気に緊張に包まれた。

この今川軍の尾張侵攻には、遠江二俣の松井宗信も参陣していたが、彼の軍功によると、苅屋（刈谷市）に入城した際、織田軍が出張ってきて往復の通路を遮断したとある。宗信はこれを阻止しようと幾度となく織田勢と戦ったものの、宗信に従っていた同心衆や親類・被官ら多くの者たちが戦死したという（諸国古文書　土佐国蠹簡集残編六『戦今』一六一五号）。十二月には丹波隼人佐に対し、六月以来、福谷《うきがい》城（みよし市）に在城して忠功に励んでいるため、沓掛《くつかけ》（豊明《とよあけ》市）等の尾張国内の地を還付されたり、近藤右京亮《うきょうのすけ》の知行地はここ数年の当知行を認めて近藤に渡されている（里見忠三郎氏所蔵手鑑『戦今』九八九号）。

近年の研究成果と信秀の〝三河制圧〟

天文十五年九月に発せられた牧野康成（後の保成。以下、「保成」で統一）の条目写（松平奥平家古文書写『戦今』八〇六号）の裏書には、崇孚雪斎と懸川城主朝比奈泰能、および同親徳の三名の連署がある。それによると、松平清康の弟信孝および三河国緒川（愛知県刈谷市）水野氏に関わりのある安心軒が「在国」しているときに、義元の判物《はんもつ》が下される予定とある。信孝と緒川水野氏は、当時家康の父にあたる松平広忠と敵対していた。その両人に関係する人物が「在国」のおりに義元の判物が発せられるということは、両人は今川氏と協力して広忠を攻撃しようとしていたと考えられる。さらに、牧野氏と今川氏が接近していたのも、長沢松平氏が広忠と近い関係にあったと想定されることから、長沢松平氏を降してしまえば、牧野氏は長沢を自領とすることが可能となると踏んでのことであった。

今川氏による西三河平定は、こうした背景で始まった。このような関与の仕方は、氏親が牧野・戸田両氏の紛争に関与して出兵した永正期のそれと変わりはない。他の領主への〝支援〟を前面に出しながら、侵攻を開始するのである。こうした広忠や長沢松平氏が今川氏から討伐される対象として存在していたという点が明らかになったことであり、資料の読み込みから解明された、まさに近年の研究成果といえよう。

ところで今川氏は、このときの広忠との合戦、さらには同時に進行していた田原の合戦に勝利したのであろうか。現在、文書から考えられているのは、前者の場合、「敵筋」である人物の返弁に及ばずとされており、さらに今川氏に対立している広忠が、十月に織田方とされている松平忠倫の殺害を褒賞している（譜牒餘録後編巻十七『戦今』八五一号）ことから、九月中には勝利していたと思われる。しかもこのときと考えられるが、尾張織田信秀が安城城（安城市）を落としたと北条氏康が述べている（古証文六『戦今』八六六号）。今川氏と信秀は連携して広忠を東西から攻撃したのだろう。広忠はこれによって後に今川氏に従ったのである。

一方の田原だが、松井宗信の軍功を見てみると、味方が〝敗走〟していたのをよく支え、敵が城内に入り込んできたのを防いだ（諸国古文書　土佐国蠹簡集残編六『戦今』一六一五号）とある。加えてこれ以後も戸田氏が抵抗を継続していることから、田原合戦は敗戦であったと考えられている。この田原合戦は従来、今川氏が勝利して戸田氏が滅亡へ、とされていたが、戸田氏自体はその後も継続していたこともあり、誤りであったことが判明した。これも近年の研究成果である。

田原での合戦を述べていた松井宗信の軍功に関する文書は、ほかにも重要な情報をいまに伝えている。文書を丁寧に読み込んだことでもう一点、研究成果が挙げられたのだ。それは、天文十五年に今川氏と共同戦線を張っていた松平信孝と織田信秀が連携し、大平・作岡・和田の三城（いずれも岡崎市）を築造・修築したため、宗信は医王山を堅固に守ったというのである。この話を担保するように織田信秀の噂が京都で広まっており、今川勢が撤退して信秀が三河一国を抑えていると、越中国菩提心院の日覚が弟子の楞厳坊《りょうごんぼう》・厳隆坊の話としてまとめた書状に残している（本成寺文書『戦今』九六五号）。また、同十六年における信秀による安城城（安城市）攻略もあって、この時点における信秀の威勢はかなりのものであったと想定される。そのため、信孝・信秀連合軍による西三河攻撃は事実であったと判断されている。松平広忠を軍門に降らせることに成功した今川氏にとって、松平信孝および織田信秀の転身は、西三河を容易に安定化させることのできない困難さを再認識させたと思われる。

ただ、信秀が三河一国を抑えているというのは誇張であろう。現在のところ天文十六年以降、三河国内で織田氏の文書はまったく確認されていない。これは文書の残存状況によるのかもしれないが、天文十八年に三河・尾張国境で今川・織田両氏が対立する状況に陥っても、織田氏は三河に文書を残していないのである。ということは、織田氏は三河国内に文書を発することのできる状態ではなかったことを示している。となれば、「三河一国を抑えた」というのはあくまでもプロパガンダと想定される。糟谷氏のいう「喧伝《けんでん》」は、まさに正鵠《せいこく》を射ていると言えよう。

なおこのとき、信秀は上洛していたとされるが、他の史料からは確認されない。「三州平均」＝三河を平定したというのは織田側の「便宜《びんぎ》（手紙）」から日覚が知らされたことなので、信秀による京都への「情報操作」の可能性も考慮すべきである。先述の氏康の文書に「岡崎を抑えた」「今川氏にも今橋（吉田）の地で良《よし》とした方がよい」とあるため、三河というより「岡崎以西」もしくは「西三河」と認識すべきではなかろうか。

合戦にまつわる文書の見直し

今川氏の三河侵攻における織田氏との直接対決でよく知られているのが、小豆坂合戦である。

ただ、これまであまり指摘されていないことだが、この合戦に関して残されている感状（戦功のあった者に対して、主家や上官から与えられる賞状＝『日本国語大辞典』）は、ほとんどが写として残されている。現在のところ、岡部元信宛の文書（岡部文書『戦今』一一〇六号）のみ正文とされている。しかし、筆者が『戦今』を編集する段階において、文言に違和感を覚え、検討の余地ありとしておいた。それは、かつて下村效《いさお》氏が、久保田昌希《まさき》氏と筆者に対して私的に述べたことでもあったためである。改めて内容を見てみよう。

文書は前半と後半に分かれており、前半は、小豆坂合戦において味方が難儀していた際、途中で取って返して敵を突き崩したことを賞している。これについては問題ないと判断している。問題は後半で、合戦時の出立《いでたち》が「筋馬鎧」と「猪立物」であり、次の「因茲敵令褒美」の解釈が不明ではあるが、「敵方＝織田勢も褒《ほ》め称《たた》えていた」ということのようだ。この後の文章は、以後において今川領国でこの出立をするのは許さない、文句を言う人物がいたら禁止させる、と述べている。となると、「因茲敵令褒美」を含めた解釈としては、「敵も褒め称えるような出立であったので、今後こうした出立をすることが許されるのは岡部元信のみとし、それ以外の人物がこのような恰好《かっこう》をすることは許容しない」ということなのだろう。「出立」という表現は「身ごしらえ、扮装《ふんそう》」（『日本国語大辞典』）といった意味だろうが、褒賞として武将の外見を規定するといった感状も、筆者が知る限り本文書だけで、ほかに見たことがない。したがって本文書は、正文として使用できるかというと、保留とせざるを得ないのである。

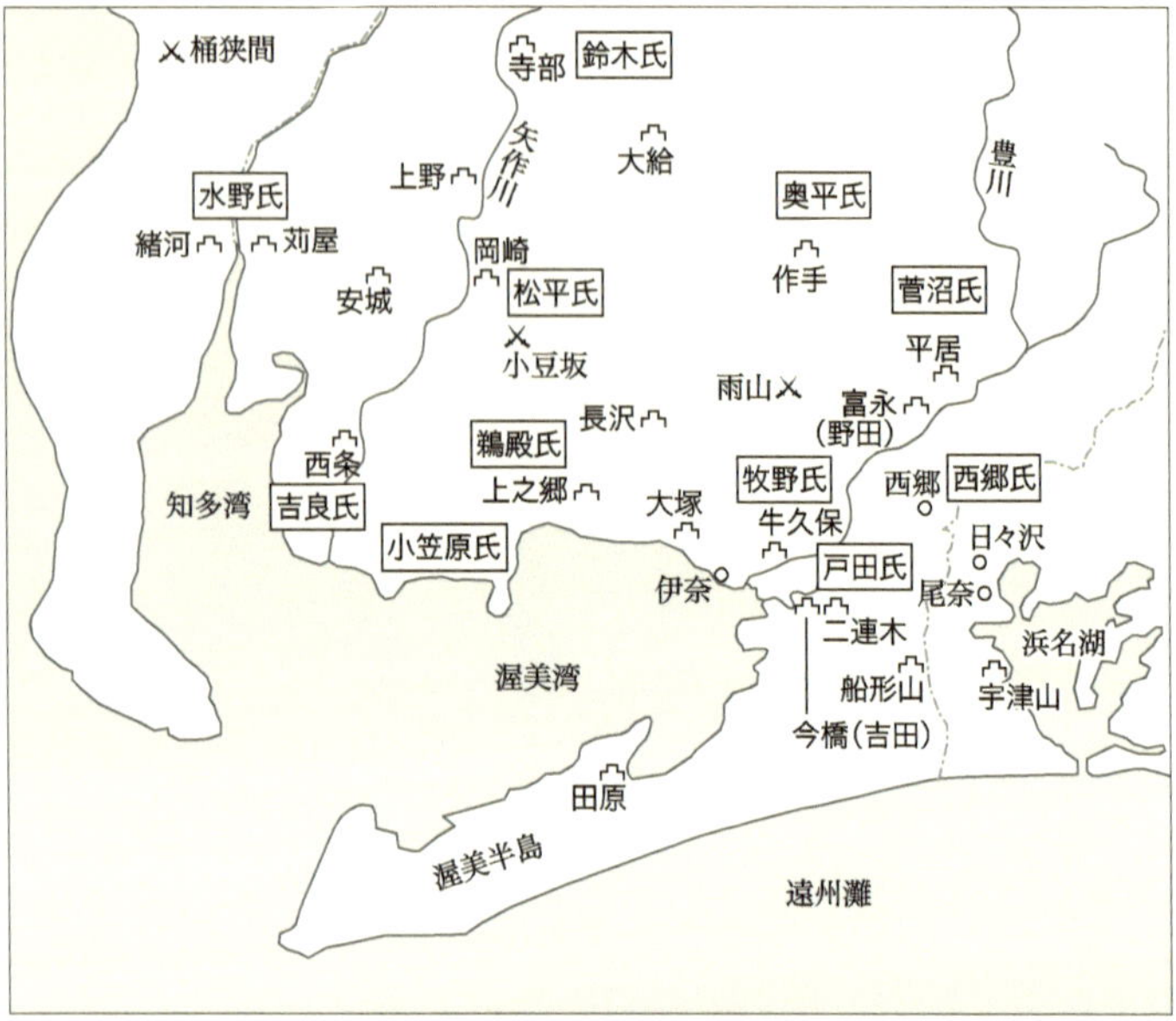

図14　三河・尾張の国衆勢力図

（山田邦明「三河から見た今川氏」〈『静岡県地域史研究』7号〉をもとに一部加筆・修正して作成）

一方、残りの三通は文言において、通常の感状と変わりはない。ただ、小豆坂合戦は江戸初期の編纂《へんさん》にかかる『三河物語』にも記載があるように、近世においては早くから知られた合戦である。感状は武将としての武功を示すものであったから、小豆坂合戦のみならず、現在においても偽文書も多く残されていることは否定できない。そのため写が残されているからといって、本当に当時の文書が写されたのか、注意を要する。ここで見える西郷・松井・朝比奈の各氏は、今川氏との関係も深い人物であるため、現時点では問題はないと判断しているが、今後も丁寧に読み込む必要があろう。

このほか安城合戦も両氏の直接対決として著名である。ここでの合戦では、弓気多七郎次郎が十一月八日に安城城大手の一木戸を焼き崩している（三川古文書『戦今』九二六号）。彼はその後、上野（愛知県豊田市）に向かっているが、おそらくその上野攻撃にあたって犬居の天野景泰が、井伊谷（静岡県浜松市北区）の井伊次郎とともに崇孚雪斎の指示で、後詰《ごづめ》として安城に残された（布施美術館所蔵文書『戦今』九二二号）ということだろう。これらの史料から安城攻略後に部隊を二つに分け、一方は上野に向かい、もう一方が安城に残って織田氏の逆襲に備えていたことが判明する。攻撃にあたって部隊を分けることは、戦時においてあたり前に行われたことである。文書に「分隊」の記載はないものの、こうした進軍のための分隊には注意しておく必要があろう。

天文十八年から尾張方面に版図を拡大し始めた今川氏であったが、西方への侵攻にあたっては、三河国内の安定が当然のことながら求められた。そのおりに今川氏に叛旗《はんき》を翻した氏族として、吉良氏がいた。このときの吉良氏の当主「御屋形様」が誰に相当するのか、といった問題があった。近世に作成された『三河物語』や『今川記』『松平記』による齟齬《そご》がかなり確認されながらも、これまでは「義昭」とするのがほとんどであった。これに対して小林輝久彦氏が詳細な検討を行い、この段階では義安が「御屋形様」であると結論づけた。筆者は、現時点では小林説が妥当と考えるため、これ以降の西条吉良氏は義安と判断したい。

なお、義安はこれ以前に東条吉良持広の娘婿となっており、矢文（士林証文『戦今』九〇七号）が発せられる以前に西尾城（愛知県西尾市）に入っているから、義安が一時、両吉良氏をまとめようとしていたことを指摘しておきたい。ただ、注意しておきたいのは、天文十九年においても、「東条殿」が合力したという表記である。もともと西条吉良氏であった義安を、このときあえて「東条殿」と記していることになるのだ。この点についてやや疑問が残されている。

それともう一点気にかかることとして、矢文に書かれていた渡と筒針の地名が挙げられる。特に渡は、天文十六年九月、松平広忠とその叔父信孝が合戦した場であることが知られている。その合戦に吉良氏が関わろうとしていたのである。詳細については他日を期したいが、現時点において筆者は、吉良氏がこのとき、信秀と結んで今川氏と対峙する姿勢を示したと考えており、吉良氏による今川氏への謀叛は「三回」あったと想定している。

天文十九年十一月十三日、義元は天野孫七郎に宛行状を発給した（浅羽本系図一九『戦今』九七九号）。ちなみに内容や文言からすると、同じ写であっても譜牒餘録巻四に収録されている文書の方が、意味を解しやすい（『新修豊田市史』6三〇七号）。天野は佐久間九郎左衛門を切ったことによる恩賞として、家康の知行している大浜（碧南市《へきなん》）のうちから五〇〇〇疋を得たとされている。佐久間は広忠が没する原因となった人物とされており、その報復が成功したことを受けて家康の所領から恩賞が支払われたのであろう。

ただ本文書が発せられる前年の十月、天野に対して石川忠成・阿部大蔵の連署による知行宛行の文書が発給されていた（同『戦今』九一三号）。このことは今川氏だけでなく、当時「国衆」としての立場にあった松平氏内部にも「家中」が存在していたことを伝えている。したがって、義元は松平氏の、というよりも松平「家中」の決定事項を以後において承認したに過ぎなかったということになる。さらにいえば、当主が不在であっても「家中」が安定していれば「国衆」の領域の安定に繋《つな》がったことも明らかとなろう。

三、今川氏「家中」の実態

今川・織田同盟と今川「家中」

当時の戦国大名や国衆には「家中」が存在し、大名と有力家臣らとの合議によって政治的・軍事的な方向性を決めていた。これは近年の研究によって明らかになったことである。これまで幾度となく今川氏の「家中」というものについて述べてきたが、実態については触れていなかった。それは、史料が極めて少なく、最近筆者が論文をまとめたくらいで、これまで検討も加えられていなかったためである。ちょうどこれまで述べてきた天文十九年から翌年にかけて、今川氏と織田氏との間で一時和睦が結ばれていて、その和平に今川氏の「家中」も関わっていた。今川・織田同盟に関する文書を見直しつつ、今川「家中」について指摘しておこう。

まずは次の文書（訳文）を見ていただこう。

土岐美濃《みの》守頼芸について、彼が入国することは尾張の織田備後《びんご》守信秀に相談するように。しかるに現在、再び（同盟が）破綻しないように「年寄中」と相談し、平穏であることが非常に喜ばしい。将軍家の御内書《ごないしょ》はこのようになっています。併せて取り成してください。なお、使僧が申し伝えます。謹言。

（天文二十年）七月五日　（近衛稙家）（花押）

飯尾豊前守（乗連）□□（とのカ）

（近衛文書『戦今』一〇二三号）

この文書は、天文十九年後半から始まった今川と織田の和平に関する文書のうちの一点である。本文書が発せられた天文二十年、ここにあるように和平が一応成立した。本文書と同日付で、ほぼ同文の文書が崇孚雪斎と懸川城主朝比奈泰能に出されている（同『戦今』一〇二一・一〇二二号）。この同盟は、「政情の安定を望む足利義藤（のち義輝）、土岐頼芸の復権をはかる六角定頼、今川・織田両氏の「堺目」となった尾張国鳴海《なるみ》（名古屋市緑区＝筆者註）地域の被害を避けようとした山口左馬助の仲介で実現」（小川雄氏）したものの、その後すぐに破綻した。

宛名は引間城代の飯尾乗連である。飯尾氏はもともと三河吉良氏の引間荘代官として引間に入り、今川氏の許で徐々に力を付け、天文年間前半頃には乗連が近隣を抑えていた。彼は天文十三年十二月中旬以降、蒲原《かんばら》城（静岡市清水区）に在番しており、その際に将軍義晴の内談衆大館晴光に宛てて書状を発している（古簡雑纂一一『戦今』七七四号）。京都との外交に携わるとともに、吉良氏との関係もあって三河の領主層との取次《とりつぎ》も行ったと考えられている。

その彼に対して近衛稙家が織田信秀と連絡を取り、和平が再び破綻しないよう〝年寄中〟と相談をしてほしい、と要請している。稙家は、この段階ではすでに関白・太政大臣《だじょうだいじん》を辞していたが、自身が将軍義稙から偏諱を授かるなど、将軍家と深い結び付きを持っていた。そのような彼から、直接今川氏の被官である飯尾乗連に文書が発給されたのである。乗連にしてみても、稙家からの書状の発給は意外であったかもしれない。何しろ家格からすれば、まさしく公家のトップからの書状だったわけだ。いずれにしろ稙家からは、「年寄中と相談」するようにとのことで、和平受諾のために今川氏内部の〝衆議〟の開催を稙家が要請した、ということを示している。

本文書は、これまで今川氏が紛争を続けてきた織田との和睦についてのことであるから、当主義元の独断による決定というわけにはいかなかったのではないか。そのため、おそらく有力被官が集まり、方針を決定するようになるということだろう。重要なのは、この衆議の存在を稙家も認知していたことで、だからこそ「年寄中と相談」するようにとの書状を送ったのだろう。今川氏の内部の機構として、〝衆議〟は明らかに存在・機能していたのである。なお「年寄中」内部の相談だけで、織田氏との「和睦」を行うとは考えられず、相談の「場」には当然、当主義元が同席していたであろう。重要な案件の解決には、他の大名と同様、大名と「家中」

による〝衆議〟が行われたと判断されるのである。

また、この「年寄中」と同義と判断されるのが「諸老」であろう（松平奥平家古文書写『戦今』九九二号）。その文言が見える文書の内容・背景は山田邦明氏の著書に詳しいが、要は在城衆による牧野領内の押領であった。天文十九年末、長沢城の在城衆が牧野領のうちの万疋を押領しようと目論《もくろ》み、義元から判物を受給することができたという。牛久保を居点としてきた牧野保成の使者定成からその話を聞いた崇孚雪斎は、「初耳で驚いている」「朝比奈親徳は牧野氏を軽んじることはなく、〝諸老〟も悪し様に扱わない」と保成に述べたとされる。この悪し様に扱わない「諸老」が、先の「年寄中」なのだろう。「老」はいわゆる「乙名《おとな》」で、譜代の長老のこと（『日本国語大辞典』）を指していたと思われる。

このように、織田氏との和睦に関する問題と長沢城在番衆に関する問題という二件について「年寄中」＝「家中」が登場していた。前者はまさしく外交問題そのものであり、後者は牧野氏という国衆にまつわる問題も含まれるので、外交的な側面もあったと思われるが、今川領国内の問題ということもあって、内政的な面もあったといえる。「家中」は内政・外交といった問題＝重要案件を扱っていたと捉えられよう。

「家中」のメンバー

その構成員はおそらく以下の通りとなろう。すなわち、「年寄中と相談」してほしいと飯尾乗連が先の文書に記されているため、乗連は年寄中の一人だったとしてよい。また、彼とほぼ同文の文書を受け取った崇孚雪斎・朝比奈泰能も年寄中として問題ない。さらに、悪し様に扱わないとした「諸老」が記された文書には、「朝丹無疎意候」と崇孚雪斎が述べているため、朝比奈丹波守親徳も構成員と想定される。加えて親徳と談合したり、牧野保成に助言する（松平奥平家古文書写『戦今』九九三号）とも述べた葛山氏元、本事案を最初に受理し、親徳に「存分中」した（同『戦今』九九一号）三浦氏員も構成員の可能性がある。

乗連については先に述べたので省略し、それ以外の人物の政治的な立場について、少し記しておこう。崇孚雪斎は、かつて今川氏の「大名権力の代行者」とされ、一時期義元の「軍師」とされた人物である。たしかに義元が家督を継承した段階では、義元の「教導役」として主導的な役割を担ったと思われるが、この段階に至ってもその地位が揺るがないものであったのか、不明である。とはいうものの、京都妙心寺派の総本山妙心寺の第三五世住持にも就任しており、近衞家・将軍家との関係だけでなく、京都との太いパイプはこの時点にお

図 15　崇孚雪斎像（臨済寺所蔵）

いても健在であった。

朝比奈泰能は懸川城主で、備中《びっちゅう》守を称していた。彼は氏親の生存中（永正十五年〈一五一八〉七月）に、中御門宣胤《のぶたね》の孫女を妻としていた（宣胤卿記『県史』三―六八〇・六八四号）。これは、寿桂尼を介した今川氏との「準一門」化が図られたものであり、義元・崇孚雪斎とは別な京都外交ルートを担ったと考えられる。また年代的には不明ながらも「里見家永正元亀書札留抜書」（国立公文書館所蔵文書『戦今』二七四四号）には「朝比奈備中守」の名が確認され、同家が東国へのパイプ役としても機能していた。時代が下って永禄十年以降、朝比奈泰能の後継者泰朝は、越後上杉氏との交渉にも登場する（歴代古案二『戦今』二一七四号等）。懸川系朝比奈氏には、京都だけでない外交担当者としての活動が期待されていたのかもしれない。

また朝比奈親徳は、松平元康が永禄二年五月十六日に発給した定書に確認され、徳川家康の「指南」の立場にあった人物である（桑原羊次郎氏所蔵文書『戦今』一四五五号）。本文書には「各」といった文言も見え、これが先述した岡崎松平氏の「家中」の存在にあたるであろう。この段階における岡崎松平氏の家中の構成員については不明ながら、榊原氏・天野氏・酒井氏・青木氏・石川氏（浄妙寺文書『戦今』一三六五号）、阿部氏（桜井寺文書『戦今』一一三七号）などの有力者が挙げられる。おそらく親徳は、彼らに対しても「指南」の立場であったと想定されよう。さらに、元康を中心とする松平諸氏への「指南」も担当したとも考えられることから、三河と深い繋がりを持った人物であったと判断されよう。

続く葛山氏元は、駿河東部に居点を持つ今川氏に従属した国衆葛山氏と判断される。今川氏の御一家葛山八郎の後裔と思われ、弘治三年（一五五七）には駿河府中において屋敷を構えていた（言継卿記『県史』三―二四九一号）。とすると、氏親の段階において、氏親叔父宗瑞《そうずい》の子を養子として迎え入れていたうえ（為広駿州下向記）、前出「里見家永正元亀書札留抜書」にも「駿州かつら（葛）山也　堀之内殿へ」と確認されることから、小田原北条氏や東国への一外交ルートとして機能したと言えよう。

三浦氏員については不明な点が多いものの、彼は天文二十二年に越前・美濃国境の石徹白《いとしろ》の宿坊である桜井坊に宛てて宿坊契状を発している（石徹白神社文書『戦今』一一一七号）。これは、彼が在地の宗教状況を把握しており、彼の文書が効果的に働くと宿坊側が判断したため、発給されたと考えられる。彼の後継者と想定されるのは次郎左衛門尉氏満であり、氏満は朝比奈泰朝とともに永禄十年以降の上杉氏との交渉に登場する（歴代古案二『戦今』二一九七号等）。そのため、氏員の段階でも「外交」に携わった可能性がある。

以上のように見てくると、「外交」は衆議の構成員の一要素と推測される。となると、親徳と同様に家康の「指南」の立場にあったと判断される関口刑部少輔《ぎょうぶしょうゆう》氏純も、「年寄中」の構成員と考えてよかろう。その氏純は、弘治三年に岡部太郎左衛門（実名不詳）とともに「見物」と称して上洛（言継卿記同年正月二十二日条『県史』三―二四九八号）し、それに併せて堺（大阪府堺市）の天王寺屋（津田）宗達の茶会に参加している（天王寺屋会記〈宗達他会記〉『戦今』参考28)。

さらに氏純の兄と思しき氏縁は天文五年前後、今川領国下に所領を持って駿河に下向してきていた冷泉《れいぜい》為和と歌道の師弟関係となり、冷泉家の不知行地の正常化に関する訴訟での「取り纏《まと》め」(為和判歌合集紙背文書『戦今』五六四〜五六八号)を行っていた。遡って関口氏は室町期、身分的には将軍家の「近習《きんじゅ》」でかつ「走衆《はしりしゅう》」の役職を務めていた今川氏の御一家で、さらには「文安年中御番帳」などでも名前が記されている奉公衆でもあった。武家のみならず、公家や商人といった幅広い層と接点を持ち、すでに独自の外交パイプを備えていたと考えられる関口氏は、やはり「年寄中」のメンバーにふさわしいと思われる。なお最近、浅倉直美氏が関口氏について、再度整理している(「天文〜永禄期の北条氏規について」)。

こうして見たとき、氏輝段階で失脚したと判断した矢部氏も、やはり細川氏との外交に携わっていたこともあるので、「家中」と考えてよいのかもしれない。加えて、関口氏純と京都・堺まで同道していた岡部太郎左衛門も、「年寄中」の構成員であったのかもしれない。史料的に裏付けが取れないので、あくまで可能性ではあるが……。

第二節　領国西方の維持

一、甲相駿三国同盟

甲斐との同盟

天文二十年になると、徐々に三河方面も落ち着いてきたのか、同国内の寺領を安堵する文書は確認できるものの、それほど大きな問題に今川氏が悩まされることはなかったようだ。その一方で、甲斐《かい》の武田氏との交流も活発になっていた。というのも、同年七月二十六日に武田氏の使者が「御前を迎える」ために駿府《すんぷ》に到着したというのだ（甲陽日記『山梨県史』資料編6中世3上〈県内記録〉）。これはどういったことなのだろうか。

天文十四年の第二次河東一乱《かとういちらん》以降、北条氏も含めて今川氏と武田氏は、この段階まで大きな問題があったようには見えない。同十五年に甲斐下向を希望した三条西実澄《さんじょうにしさねずみ》の行程では、途中、駿河《するが》府中を通過しているし、翌年には冷泉為和《れいぜいためかず》が湯治のために甲府へ出向いている（為和集）。路次における不都合もなかったようなので、両者間の問題はなかったと判断される。さらにその点を裏付けるように、同十八年八月には、信玄が中道往還が通過する古関《ふっせき》・梯《かけはし》（いずれも山梨県甲府市）・芦川（同笛吹市・市川三郷町）の各郷に対し、駿河からの合力衆の荷物については、義元の印判で伝馬を出すように命じている（諸州古文書五『戦今』八九九号）。

天文十九年に駿河に下向していた駒井高白斎は、正月二十三日に義元だけでなく氏真《うじざね》とも会見し、同晦日に帰国の途に就いた。このとき今川氏の使者も同行するが、その使者の中には三浦内匠助《たくみのすけ》正俊の姿があった（以下、甲陽日記）。

そのようなとき、天文六年に義元と婚儀を結んでいた信玄の姉（定恵院殿《じょうけいいん》）の病状が重篤化し、同十九年六月に死没した。これによって甲府に出向いた今川方の使者は、朝比奈泰能《やすよし》・一宮出羽守・高井兵庫助であった。両者の同盟関係を継続していくうえでは、改めて何らかの措置を施すのが望ましい。そうした状況での「御前を迎える」行為であった。翌年四月二十九日には武田氏館において、新たに御台所の柱立《はしらだ》てが行われた。これは、嫁入りに際して新居を築造していることを示していた。

天文二十一年二月、高白斎が婚儀の調整のために駿河へ派遣されたが、その際、義元の起請《きしょう》文《もん》の案文が渡され、四月には信玄の起請文が今川方に渡されたという（同）。同月八日に一宮出羽守が、来る十一月に義元の女＝嶺寒院殿（嶺松院殿とも）を確実に甲府へ送ることが記された義元の書状を高白斎に渡している。

そして十一月になると、四月の時点の約束通りに嶺寒院殿が甲斐へ向かうことになり、十九日に輿《こし》を出迎えるために甲斐の人々が駿河へ入った。二十二日に嶺寒院殿は駿河府中を出立《しゅったつ》して興津《おきつ》（静岡市清水区）に宿泊、翌日には内房《うつぶさ》（静岡県富士宮市）、二十四日には南部（山梨県南部町）に到達した。二十五日には下山（身延町）、二十六日には西郡、そして二十七日午後七～

八時頃、甲府の穴山家に到着し、深夜一時頃にこの婚儀によって建てられた新居に移った。翌日には同行してきていた三浦正俊が信玄と対面しているが、三浦自身は十二月六日に駿河へと帰っていった。

甲相駿三国同盟の締結

天文二十二年二月、義元は「今川仮名目録追加」二一ヶ条を制定した（中世法制史料集第三巻『戦今』一一三〇号）。二〇条目には有名な「自分の以力量、国の法度を申付、静謐《せいひつ》する事なれは」とあり、自身の力次第で領国を抑えるという自信のほどを示しながら、今後の方向性を打ち出している。また誰による制定なのか、いつ制定されたのかも不明な「定」一三ヶ条（「訴訟条目」といわれる）も、このころ義元が作成したと考えられている（同『戦今』一一三一号）。

そのような年の初めの正月十七日、今度は北条氏康の使者が武田氏の許を訪れた（以下、甲陽日記）。間を取り持ったのが郡内《ぐんない》の小山田信有と宮川将監《しょうげん》で、彼らは氏康の起請文を持ってきていた。その起請文は、甲寅の年＝天文二十三年に晴信の娘黄梅院殿が氏康の嫡子となった氏政の許に入嫁することを約するといった内容だったという。これに対して信玄は二月二十一日に、氏康の申し出を了承する内容の起請文を返した。三月十七日には北条氏の使者として南条氏（綱良カ）が甲府を訪れており、五月二日には信玄が桑原盛正に対し、武田勢への加勢の

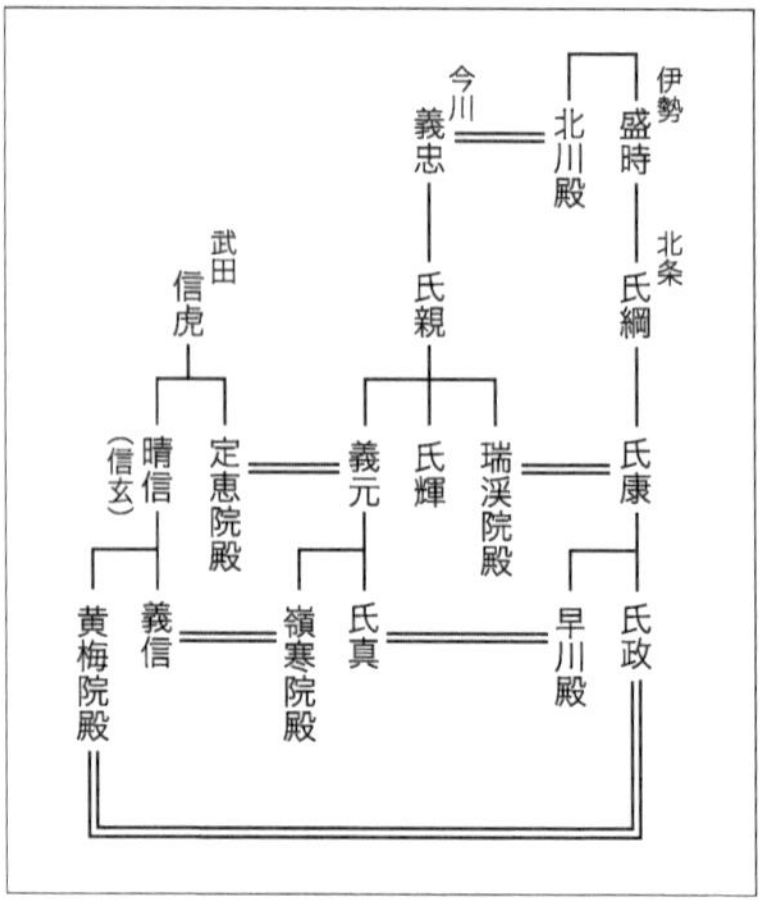

図16　甲相駿三国関係略系図

必要はないとの書状を送っている。

その後、武田・北条間の音信は途絶えているようだが、翌二十三年九月二十六日、両者の婚姻を申し合わせているとの記載のある文書が発給されている（大日方文書『戦国遺文』武田氏編四一四号、以下『戦武』●●号と略す）。そのために「速やかに本意に達するよう」談合したいとあるので、日付の九月二十六日からそう遠くない時期に、両者の婚姻が設定されていたと思われる。しかし、実際のところは十二月に黄梅院殿が入嫁したという（以下、勝山記〈『山梨県史』資料編6〉による）。その際には小山田信有が蟇目《ひきめ》役（破邪の役目）を担い、伴の騎馬が三〇〇〇騎、すべての人数は一万人だったとされている。

こうして残るは今川・北条間での婚姻ということになった。「残るは」と述べたが、実際は天文二十三年七月のことであるため、武田・北条間の婚姻よりも早い段階で行われた。『勝山記』によると、伴の人々の装いはきらびやかで、これまでにないくらいの見物人の多さだったとされる。小田原を発した蔵春院殿を三嶋（静岡県三島市）まで今川勢が迎えに出て、氏真の許へ入嫁していった。このおりの七月十六日、西浦（沼津市）の舟方中や松下三郎左衛門らに対し、北条氏は祝言のための「御用」を課した。物資＝銭六六七貫と紙八駄を西浦から清水（静岡市清水区）まで運搬するようにという指示とともに、「大事之荷物」であるため、御領所である西浦に在郷している北条氏被官が直接船に乗り込み、清水まで出向くよう命じている（大川文書『戦今』一一七三号）。政略的な婚姻でもあり、些細《ささい》なミスも許されなかったと思われ、細かな点にまで気を配っていたと思われる。

定恵院殿の死没と婚姻の問題

天文十九年に駒井高白斎が駿河府中から甲府へ戻る際に、今川氏被官で「氏真の守衆《もりしゅう》の筆頭」（菊地立元氏所蔵文書『戦今』六二〇号）であった三浦正俊が同行していた。このとき彼が甲斐へ向かったのは、彼が氏真の守衆の筆頭ということからすれば、氏真に関する事案が今川・武田両氏間に上っていたからと考えるのが自然であろう。氏真は天文七年生まれであり、この時点で一三歳となっている。早ければすでに元服していてもおかしくないが、今川氏関連の史料にそのような記載はまったく見られないので、氏真はまだ元服していなかったであろう。

しかし、同二十一年に嶺寒院殿が甲府に輿入《こしい》れした際にも正俊が甲府へ同行し、婚姻が済んでから帰国の途に就いたという記載がある（甲陽日記）。義元の子は、『寛永諸家系図伝』のような江戸初期に作成された系図では、氏真と嶺寒院殿のほかに確認できない。『寛政重修諸家譜』になると、市ヶ谷萬昌院の開祖長得と牟礼壱岐守勝重の室となった女性が加わっているが、いずれにしろ人数はそれほど多くなかったといえる。これらのことに鑑みれば、正俊は氏真だけでなく嶺寒院殿の傅役《もりやく》でもあったのかもしれない。

両国の婚姻については、定恵院殿の病気がきっかけと思われるが、穿《うが》った見方をすれば、高白斎が来駿した天文十九年正月以前に彼女の病気が明らかになっていたのではなかろうか。というのは、第二次河東一乱以降この段階に至るまで、高白斎が記した日記（甲陽日記）に駿河関係の記事はまったく確認できないのである。高白斎以外の人物が駿河を訪問していた可能性もあったかもしれないし、それは史料の残存状況に拠《よ》るのかもしれない。しかし、駿河の関係史料からも甲斐からの訪問といった記載は天文十九年正月の記載まで見られないことからすると、高白斎の訪問は正月以前に定恵院殿の具合が悪くなり、同盟を維持していくための談合が持たれたのではなかろうか。

そのために今川・武田両氏間の改めての婚姻が考えられ、氏真の守衆頭人《とうにん》であった正俊が派遣されたのではなかろうか。このときすでに定恵院殿の病気が芳しくなかったことを前提とすれば、同盟の関係者、というよりも当事者の一人となり得る人物として、氏真の名も出ていたことも考えられよう。

ただその場合、氏真の許へ信玄の娘が嫁ぐという選択肢はなかったのではないか。というのは、後に甲相駿三国同盟の際に氏政の許に嫁ぐこととなる信玄長女とされる黄梅院殿は天文十二年生まれで、同十九年時点では八歳という幼少であった。氏真がこの年一三歳で、年齢的には彼女が最もふさわしかったと思われるが、少々微妙な年齢である。その一方で義元には娘＝嶺寒院殿がおり、信玄には義信がいた。嶺寒院殿がいつ誕生したのかはっきりしないが、同十年生まれとの説もあるようだ（『戦国大名閨閥事典』）。義信は氏真と同年の誕生とされるから、こちらの方が年代的にはちょうどよい。こうした背景があったとも考えられよう。

北条氏の問題

これによって今川・武田の同盟は継続することとなった。とはいうものの、両者の同盟強化について北条氏はどのように考えていたのだろうか。そのあたりを直接伝えるような史料は残されていないものの、特にこの案件を大きく問題視しようとは思っていなかったようである。というのは定恵院殿が没し、さらに嶺寒院殿の輿入れの話もすでに決まった後の天文二十年七月二十六日、信玄は午後二時頃に甲府で北条氏の家臣遠山綱景と対面し、「烏帽子落之由」を聞いている（甲陽日記）。遠山は北条氏の「外交担当者」の一人として甲府を訪問したと考えられる。当時の外交担当者は、自らの主家と交渉相手としての大名や国衆《くにしゅう》たちと、「調略」や「和平」「手切《てぎれ》」などを行うことからも、かなりの政治手腕を持っていなければならなかったはずである。そのような外交担当者である遠山が、今川・武田の婚姻について特に批判めいたことを述べていないことを見れば、両者の婚儀はすでに北条も了承していたとすべきだろう。黒田基樹氏の『瑞渓院』では、「北条家と武田家との婚儀」の「話がすすめられて」おり、「史料では確認できないが、北条家と今川家との婚儀の話も同時にすすめられていた」としている。となれば、天文二十一年の嶺寒院殿の輿入れは、可視的な意味で糟谷氏の言う「いわゆる三国同盟の起点」とする指摘は正しいものの、潜在的には同十九年以前から模索されていたと考えられよう。天文十七年に織田信秀との書状のやり取りで、氏康は今川氏から不信・不審の眼で見られていることを嘆いている（古証文六『戦今』八六五・八六六号）が、それを払拭する意味でも、北条氏からすれば早い時期での同盟＝互いの人質の提出等が望ましかったのではないかと思われる。

ただ当然のことながら、第二次河東一乱が沈静化した天文十五年に至るまで合戦を続けていた彼ら三者間において、同盟の話が一足飛びに進むわけではなかったであろう。そのためにこそ長期にわたる準備期間が必要であったと思われるが、それだけでなく不測の事態もあったのではないか。その「不測の事態」が遠山から高白斎の聞いたという「烏帽子落」という文言と思われる。この言葉に関しては特に辞書類に記載はなく、これまであまり指摘されてきたこともなさそうだ。ただ単純に文字から想像すると、「烏帽子を落とした＝外した」ように思われる。その文言だけだと「出家する」といったイメージも払拭できないが、元服させることを「烏帽子を着せる」というので（『日本国語大辞典』）、それとは逆の意味で捉える方がよいと思う。すると、元服させていた人物を「隠退」させるようなイメージに感じられる。

そこで改めて北条氏内部で「隠退」に関わるような事態に陥っていた人物が存在するか確認すると、新九郎氏親が目に入る。彼は天文六年生まれで幼名を西堂丸、同二十年末もしくは同二十一年初頭頃に元服して新九郎氏親を名乗ったとみられ、翌年三月二十一日に死没したという（黒田『瑞渓院』一五五～一五七ページ）。どうやら死没は明確なものの、元服についてはまだはっきりしていないようだ。とするならば、一つの可能性が考えられよう。つまり、大名による元服等の慶事の多くは年末に行われているようなので、天文十九年末に一四歳で西堂丸へ烏帽子を着せる＝元服させる日程などが決まったものの、罹病《りびょう》などで今後嫡子として活動することがむずかしいと北条家内部で検討されるようになった。そのため、同二十年七月に烏帽子落＝隠退させることもあり得ると遠山が高白斎に伝えた、と考えられるのである。議論の俎上《そじょう》に載せるため、あえてここで指摘しておきたい。

なお、今川・北条間の婚姻がいつ頃から模索され始めたのかについては不明である。しかしこれまで見てきたように、天文十九年正月の段階で武田・今川間の婚姻＝同盟の強化を了承していたと思われることから、この段階ですでに三者間で三国同盟に関して方向性が示されていたのではなかろうか。武田氏においては定恵院殿の、北条氏においては新九郎氏親（天用院殿）の死没もあって、一時頓挫して同盟の実現に時間がかかってしまったが、三大名が現状を見極めた結果、長期にわたりながらも締結に至ったのである。

同盟の一番の受益者

三国同盟の締結は、今川氏が西方へ、北条氏が上野《こうずけ》あるいは下総《しもうさ》等の北方・東方へ、武田氏が信濃《しなの》といった北方へ、それぞれ背後を気にすることなく派兵できるようになるというのがメリットであった。これに加えて当時の軍事同盟は、同盟を結んだ大名同士で軍事的な協力を行うことが義務づけられていた（丸島和洋『戦国大名の「外交」』）。それを効果的に活用したのは信玄であると思われ、その舞台は川中島合戦であった。

川中島合戦は武田氏方の記録では第一次（天文二十二年）～第五次（永禄七年）まで断続的に行われたとされる。信玄は第二次合戦時（天文二十四・弘治元年）において、越後長尾氏と膠着状態が続いたため、閏十月十五日に義元を中人《ちゅうにん》＝仲介者として登場させ、和睦後に撤兵している（勝山記）。この際、なぜ義元が中人になったのかというと、

①両氏と軍事的に同等レベルであること
②北条氏は上野国において上杉氏と抗争状態にあったため、北条が介入すると紛争が拡大するだけで、停戦に結びつかないこと

が挙げられる。さらに、これは可能性として提示しておくだけにするが、

③越後長尾氏の当主は景虎（後の謙信。以下、「謙信」で統一）で、この段階ではまだ「上杉」の名字も継承していないのみならず、守護職も得ていない。そのため、「駿河守護」を代々継承していた今川氏の立場が効果的と考えられたのではないか

ということである。この点については、今後の検討課題である。

なお、同合戦に今川氏が加勢していたことは文書からも判明する。すなわち、弘治三年六月二十二日付井出盛重宛義元判物《はんもつ》にも「甲州の合力として、富士下方の人数（軍勢）を差し遣わした」とある（浅川井出文書『戦今』一三三七号）。富士下方の軍勢が派兵されたのは、やはりこの地域が甲斐国に近かったためでもあったのだろう。

ところで、義元は同盟が完全に成立した天文二十四年から永禄三年の桶狭間《おけはざま》合戦で横死するまでの間、現在文書で残されている限り、武田・北条両氏に対して軍事協力を要請したことはなかった。それでも『甲陽軍鑑』に桶狭間合戦の詳細な記事が残されていることから、武田軍は今川軍に合力しており、北条軍も参陣していた可能性が高いと考えられている。たしかに文書に残されていないからといって、義元から武田・北条に対して軍事要請がなかったとは言えない。しかし後に述べるように、特に信玄は氏真の参陣要請を巧みに躱《かわ》しているように見える。

桶狭間合戦を含め、何度となく行われた三河における合戦で、もし義元が信玄に軍事協力の要請を行っていながらも、氏真段階と同様に参陣していなかったとするならば、それは完全なる同盟違反である。義元が違反を追及する文書を発していないのも事実であるが、信玄は桶狭間合戦後に「佞人之讒言《ねいじんのざんげん》」（機嫌をとるようなことを言う人の中傷＝『日本国語大辞典』）を気にする文書を発している（岡部家文書『戦今』一五四七号）。つまり、信玄にとっての「佞人之讒言」が今川領国に多数存在しており、「讒言」が飛び交う状態になったのも間違いない。

しかし、それよりも以前の天文二十四年九月、信玄は木曾義康に対して、織田・斎藤は現在義元の敵であり、信玄自身は義元に「入魂（親密）」になっていることを知っているか、と尋ねている（諸家文書写『戦今』一二三一号）。これは、信玄が「私と今川は同盟関係にあるのだから、織田・斎藤に従うことを止めるように」という、いわば脅迫めいたことを伝えたようなものである。一面では本文書から今川氏に軍事協力をしていたようにも思えるが、表現としては消極的というか、直接的な軍事協力＝援軍の派遣ではなく、間接的な協力といえる。見方によっては、今川氏への協力というよりも、信玄自身の交渉を有利に進めるためだけの文言とも取れるのである。

こうしたことから筆者は今川氏の参陣要請に対し、信玄は積極的に従ったとは言い難いと考えている。

二、三河安定化のために

松平一族と「本家」吉良氏の謀叛

領国の東方で軍事同盟が着々と進行していた段階で、西方、というよりも松平氏に関していくつか問題が起こり始めていた。天文二十年（一五五一）八月、義元は佐々木（愛知県岡崎市）

の松平忠就に対し、兄忠倫の跡職を宛行《あてが》った（蓮馨寺保管文書『戦今』一〇三〇号）。忠就は、尾張《おわり》にあった数ヶ所の知行を捨ててまで今川方に無足の奉公をしていた中で、同十八年、山口内蔵と同意して忠節に励んだという。その安城《あんじょう》の陣中において忠就は、跡職一円を所望していたものの、当時岡崎で力を持っていた阿部大蔵によって一部の返還に妥協せざるを得なかったようだ。

また十二月になると、青野（同市）松平氏の忠茂に対し、飯尾《いのお》乗連《のりつら》・二俣扶長・山田景隆が血判の起請文を認《したた》め、義元もその後に同様の安堵をしている（東条松平文書『戦今』一〇四九・一〇五三号）。内容は兄甚二郎の跡職を与えることで、このとき甚二郎は逆心を企てていたため、家中の松井忠次・山内助左衛門尉が忠茂を擁立したのである。このため忠次も今後、忠茂の同心として奉公するよう命じられている（同『戦今』一〇五四号）。この段階では「敵同意」（一〇五三号）としか記されておらず、その「敵」が誰なのか、明確でない。しかし甚二郎がその後に尾張へ奔《はし》った（同『戦今』一三〇二号）ことから、織田氏であると想定されている。

天文二十一年になると、義元は松平忠茂に対し、彼の被官が大給《おぎゅう》城（豊田市）における合戦で挙げた戦功を賞している（同『戦今』一〇九七号）。さらに翌二十二年になると、岡崎の阿部大蔵と酒井清秀が、桜井寺（岡崎市）の山での伐採について、岡崎城の糟屋備前守と山田景隆から制札が下されたと同寺に伝えている（桜井寺文書『戦今』一一三七・一一三八号）。領国の最西方において、今川氏の城代クラスの被官らの活動を見ることができる。しかも、同年九月四日には義元が尾張に向けて出馬している（甲陽日記）。

　このような問題を孕みながらも、今川氏は三河国衆・寺社に対して安堵・宛行《あてがい》等を行っていた。そうした中、天文二十二年に義元は菅沼伊賀守に対し、前々の知行分と新知を宛行った（浅羽本系図三三『戦今』一一五四号）。ここで注目されるのは、野田菅沼氏の織部丞らが反今川方で、先年今川氏に逆心を企てたこと、対して奥平八郎兵衛尉が今川氏に訴えたことである（同）。

　菅沼氏・奥平氏は、いわゆる「山家三方衆《やまがさんぽうしゅう》」と称される氏族が著名であるが、野田菅沼氏は、桶狭間合戦後の早い段階から家康に従っているので、今川氏に対立する姿勢は潜在的に持っていたのであろう。また奥平八郎兵衛尉は、他の史料で確認されないものの、仮名《けみょう》の「八郎」を重視するならば、やはり山家三方衆の一氏族であった作手《つくで》奥平氏の庶流とも考えられる。両氏のみならず、山田邦明氏の分析によると、吉田の牧野氏も様々な問題を抱えていたため、東三河にも紛争の火種は散らばっていたことがわかる。

　その「火種」はときおり燻《くすぶ》っていたようで、翌々年二月、鳴海《なるみ》（名古屋市緑区）の山口教継が今川方に転身したため、信長が星崎根上（同市南区）のうちで、山口に同心した者たちの諸職をことごとく闕所地《けっしょち》にしたという（徳川美術館所蔵文書『戦今』一二一〇号）。とはいうものの、この年＝弘治元年三月になって慶事が催された。家康が元服したのだ（朝野旧聞裒藁）。五月には天野康親ら五名の連署で、淵上（岡崎市）大工の小坊師に対して大工跡職を安堵している

（安藤文書『戦今』一一二六号）。

九月になると、義元は原田三郎右衛門尉と簗瀬《やなせ》九郎左衛門尉に対し、鱸《すずき》兵庫助（信重カ）が小渡《おど》（豊田市）に砦を築いて反発した際、美濃《みの》岩村（岐阜県恵那市）衆と広瀬右衛門大夫が八日に帰陣し、阿摺《あすり》（豊田市）衆は鱸と一戦を遂げたという。七日・八日にも合戦があって、粉骨を尽くしたとしている（和徳寺文書『戦今』一一二九号）。七・八日の合戦の場は「明智」とあるが、これは地理的に考えて、現在の恵那市明智町の明知城近辺であろう。つまり、美濃遠山氏の領域での合戦と考えられるので、三美国境を越えるほど、今川氏の勢力が拡がりつつあったといえる。だからであろうか、信玄が近接する南信の下条氏に対して、この段階の信玄自身の立場は義元に「入魂（親密）」であると伝えている（諸家文書写『戦今』一一三一号）。なお本文書からは、尾張織田氏のみならず、美濃斎藤氏も今川氏と敵対していることが明らかとなる。

そのようなときに西条に入っていた吉良《きら》義安が、またもや今川氏に叛旗を翻した。十月二十三日、義元は吉良一族の荒河某に対して、当主義安の弟長三郎を人質として尾張国緒河《おがわ》（愛知県東浦町）の水野氏の許へ送り、苅屋水野氏の軍勢は西尾城に入ったという（江川文庫所蔵文書『戦今』一一三五号）。これらの首謀者は大河内と冨永与十郎であるとも記されており、その後、義元は西条庄内をことごとく放火して報復している（走湯山縁起二冊のうち「走湯山什物」『戦今』一一三六号）。近隣の寺院には禁制が発せられ（無量寿寺文書・願照寺文書『戦今』一一三七・一一三八号）。これによって西条吉良氏が事実上衰滅したとされる。

そのような段階で、閏十月に義元の代替わり以前には教導役で、「家中」のメンバーでもあった崇孚《そうふ》雪斎が死没した（清見寺所蔵頂相賛『戦今』一二四〇号）。

三河一国の叛乱へ

弘治二年になると、情勢は一気にきな臭くなった。二月になって義元が戸田伝十郎に対し、上野城（豊田市）に必要なもののために黄金・代物を用立てたことを賞し、三河国下条に知行を宛行った（三州戸田文書所収文書『戦今』一二六三号）。上野城はこの年に味方に属したとされる（横山智則氏所蔵文書『戦今』一三九三号）。二月の時点で戸田が上野城のために黄金等を用立てたのだから、それ以前に当時、上野城を任されていた酒井忠尚が今川方に降っていて、そのために何らかの費用が掛かって戸田に要請がなされた可能性があろう。

一三九三号文書の宛名である足立勝正は、このとき岡崎から上野まで後退してきたが、それでも粉骨を尽くしたことを賞されている。岡崎から足立が移動せざるを得なかった理由については不明だが、「火種」の一つが再燃したのかもしれない。これがきっかけになったのかはっきりしないが、同月、小坂井郷《こざかい》（豊川市）に禁制が発せられた（川出文書『戦今』一二六四号）。牛久保（同市）では牧野氏一族で内紛があり、民部丞が叛旗を翻した（大恩寺文書『戦今』一二六五号）。とはいうものの、今川氏は早めにこの叛乱《はんらん》を鎮圧することができたらしい。

だが同月二十日、青野松平氏の忠茂が保久《ほっきゅう》・大林（いずれも岡崎市）で討死にするという事態が発生し（東条松平文書『戦今』一二六七号）、二十七日には彼の跡職が嫡子の亀千代（家忠）に安堵された。その後、桜井（岡崎市）松平氏の家次と知行相論が起こり、かつて当主の座を逐《お》われ、尾張へ奔っていた忠茂の兄で亀千代の伯父甚次郎が、三尾国境付近に現れたという噂も流れた（同『戦今』一三〇一・一三〇二号）。義元は青野松平氏の家中の動揺を避けるためか、改めて甚次郎の赦免はあり得ないことを宣言し、亀千代には名代である松井忠次の異見に従うよう要請している。二月二十九日に義元は、今川分国中の門別勧進を求めた熊野新宮《しんぐう》（和歌山県新宮市）の庵主に対して、現在、自身が三河に出陣している最中であるため、国の騒擾《そうじょう》が収まったら領承すると回答している（熊野新宮本願庵主文書『戦今』一二七一号）。義元は単に松平氏の抗争と認識せず、三河は義元自身が急ぎ対応を迫られるほどの厳しい情勢になっていると考えて自らの出馬を仄《ほの》めかしたようだ。

一方、義元から亀千代の「名代」と位置づけられた松井忠次は、三月に信長が荒河（愛知県西尾市）に侵攻した際の野寺原において一戦を遂げ、頸一つを討ち取ったことを賞されている（東条松平文書『戦今』一三〇三号）。織田氏が東条松平氏内部の紛争に関わり、一方の今川氏は、東条松平氏の家中を掌握してその代表者を名代と任じつつ、幼少の家督に跡職を承認して名代たちが家督を守《も》り立てるよう配慮している。

五月になると、義元は秦梨城《はたなし》（岡崎市）の粟生永信に対し、奥平市兵衛や松平彦左衛門ほか五人を討ち取ったとして感状を発している（武家雲箋『戦今』一二八五号）。八月には千両口《ちぎり》

（豊川市）や作手《つくで》筋（新城市）においても合戦が勃発し、能勢甚三・小笠原孫二郎に対しても感状が発せられている（御系譜類記上中下・紀伊小笠原文書『戦今』一二九六・一二九七号）。能勢・小笠原両人宛の感状には、どちらも四日に千両・作手で戦闘があったとされているので、すでに合戦は単発で起こるのではなく、同時多発的に発生し始めたと言ってよい。先述のように、義元が対応を急がなければならないことは間違いなかったと思われる。

五月に粟生氏が討ち取った人物から戦禍が拡散したのかは不明だが、十月に入ると奥三河（三河国北東部における山間部の総称）に戦線が移り、山家三方衆の一氏族であった田峯《だみね》（新城市）菅沼氏で内紛が起こった（記録御用所本古文書十一・三川古文書『戦今』一三一七・一三一八号）。といっても、当主であった定継は昨年＝弘治元年から今川氏と敵対していたところ（浅羽本系図三三『戦今』一三四八号）、九月になって再び叛旗を翻したらしく、一方、弟の定氏は林左京進に内通して今川方に移ったうえ、大野砦（同市）に詰めて「山中過半」を今川の領域下にしたとして、黒田村（同市）等を還付されている。一三一八号の宛名には定氏と行動を共にした八右衛門尉も見えているが、彼の実名は不明である。しかし「今度両人馳《は》せ参《さん》じ」とあるため、弘治二年のこの段階で、定氏とともに今川方に降ったと考えられる。

十月になると、作手奥平氏でも当主定勝の子息定能《さだよし》が逆心したことを受けて、定勝に宛てた義元の文書が発せられている（松平奥平家古文書写『戦今』一三一〇号）。ちなみに、定能の逆心は春＝正月～三月には露見していたようで（同『戦今』一三三八号）、奥平氏の親類たちは定能を高野山（和歌山県高野町）に追放したうえで、定勝を「谷可引入」＝再び当主にと願っていた。これを受けて義元も、その懇望に免じて定勝を赦免したという。糟谷氏の言うように、「ここでも家中の意向が家の帰趨《きすう》を決している」。今川氏による青野松平氏・田峯菅沼氏・作手奥平氏への対応は、一貫して家中の意見を尊重し、そのうえで当主に安堵の文書を発するようである。

かつて筆者は、この弘治二〜三年にかけて行われた東三河における今川氏と三河国衆等との断続的で、地縁的結合による紛争を「東三忩劇《とうさんそうげき》」としたことがあった。「忩劇」（松平奥平家古文書写『戦今』一三二〇号）という史料文言が用いられており、東三河中心に争乱が起こっていたと考えたためである。しかし今川氏の文書を通覧すると、この騒擾は東三河のみならず西三河でも惹起《じやつき》されており、さらに地縁的な側面だけではなかったことが明らかになってきた。加えて年代的にも、弘治二〜三年に限ったものではなかったことも判明するので、仮称するのであれば、弘治〜永禄期の「三河忩劇」とするのが妥当であろうか。

争乱の終結

翌弘治三年の前半においては、三河国内も少し安定していたらしい。牛久保領内における白山先達職を財賀寺（愛知県豊川市）が十ヶ年以来、奪取していると桜井寺が訴え、それを判決した文書（桜井寺文書『戦今』一三二三号）が残されているだけである。前年末から訴訟は行われており、結局桜井寺の勝訴となった。

六月になると、奥平定勝は彦九郎定能を成敗したとして賞され、日近郷《ひぢか》（岡崎市）を宛行われた（松平奥平家古文書写『戦今』一二三八号）。日近は、かつて今川氏に謀叛を起こした同久兵衛尉の所領で、久兵衛尉自身は内々に成敗されるべきでありながらも、逃げ延びてなお抵抗し続けていたらしい。そのうえ同名の与七郎も二度にわたって逆心しており、彼の諸職は作手領内の分割されている所領であったから、定勝の計らいに任されるようになった。なお八月晦日、懸川城主で「家中」の構成員でもあった朝比奈泰能が没しており、その跡は子息の泰朝が継いでいる。

十月、義元は三浦元政に対し、西尾（西尾市）の在城料三〇〇貫文分を宛行っている（三浦文書『戦今』一三六一号）が、その在城期間は二、三ヶ年とされていた。吉良氏が居点としていた「西条城」の名称が変化して「西尾城」となったのか、それとも今川氏が別の場所に西尾城を築造したのか、はっきりしない。ただ、弘治元年十〜閏十月にかけて吉良義安が攻撃された際、当初苅屋水野氏の入城した場所が「西尾城」であった（江川文庫所蔵文書『戦今』一二三五号）。その後、西条庄内はことごとく放火された（走湯山縁起二冊のうち「走湯山什物」『戦今』一二三六号）とありながらも、城の記載がまったく存在しないため、城を残して城下＝根小屋等が焼き尽くされたのではなかろうか。とすると、今川氏は西条吉良氏が居点としていた城に入ったと考える方がよいと思われる。なお同月、牛久保の牧野右馬允《うまのじょう》にもどこの城なのかは不

図17　西尾城跡。二の丸で確認された丸馬出しを形成している堀を含む全体写真（西尾市教育委員会写真提供）

明ながら、在城期間五年のうちで、彼自身に関する様々な噂が出てきたら糺明《きゅうめい》を遂げるなどの五ヶ条の法度が下されている（牧野文書『戦今』一三六三号）。

本年の十二月、義元は尾張国鳴海東宮大明神（名古屋市緑区）の禰宜《ねぎ》二郎左衛門尉に対して神田を安堵した（成海神社文書『戦今』一三七五号）。そこには近年、他の禰宜による押領に難儀させられているので、それを許さず、在城衆がその旨を理解して固く申しつけるとある。この記載から、鳴海城に今川方が在番していたことが判明する（糟谷氏）。

弘治四年（一五五八、二月二十八日に「永禄」に改元）正月、河合源三郎が逆心し、いずれかの城に敵を引き入れた（早稲田大学荻野研究室所蔵文書『戦今』一四〇七号）。彼は三月になっても菅沼定継を誘って伊東貞守の屋敷を攻撃してきたという。これによって貞守は二月の段階で、同名の源三の有していた跡職をすべて新給恩として宛行われた。ということは、伊東源三が河合源三郎に同心していたことを想定させる。

二月下旬の時点で、寺部《てらべ》城（豊田市）の鱸日向守が、今川氏に対して逆心を企てた（今川一族向坂家譜『戦今』一三八三号）。その際、誰が入っていたのかは不明だが、広瀬城（同市）も日向守の仲間に加わったようだ。その日向守が、一度は寺部城を逐われたものの奪還（原文＝「重而令入城」）、四月に入って能見（岡崎市）松平氏の重茂《しげもち》や被官らが合戦で討ち取られてしまった（譜牒餘録巻四十『戦今』一三九〇号）。息子らの討死にによって重茂の父重吉《しげよし》は、寺部領内で一〇〇貫文の地を宛行われている。寺部城攻めは同月二十四日に行われ、広瀬・岡崎（いずれも岡崎市）・上野（豊田市）から軍勢が集まった。ちなみにこの寺部城攻めは家康の初陣とされ（三河物語）、今川方であった足立勝正の弟甚尉が鉄炮《てつぽう》に当たって討死にしている（横山智則氏所蔵文書『戦今』一三九三号）。今川氏の合戦史上、初の鉄炮使用が確認された文書である。

五月になると、名《な》倉舟渡《ぐらふなど》橋（設楽《したら》町）において合戦があり、奥平松千代・同定勝が義元から感状を発してもらっている（古文書写・松平奥平家古文書写『戦今』一四〇〇・一四〇一号）。その際の相手は「岩村（岐阜県恵那市）衆」と記されており、今川氏は美濃国の兵と戦っていた。

閏六月に入ると、由比《ゆい》光綱・長谷川以長・朝比奈親孝《ちかたか》といった今川氏の老臣たちが奥平定勝に対して、舟戸橋合戦での後詰《ごづめ》や、源二郎による二度にわたる抜きん出た戦功を賞した。さらに定能の赦免について、親類中の者たちが牛久保へ人質を出すと心血を注いで申し上げてきたので、御津《みと》（愛知県豊川市）の大宮（雲カ）寺あたりで定能を出家させていればよいので安心するように、と述べている（松平奥平家古文書写『戦今』一四〇二号）。

この名倉舟渡橋合戦をもって、今川氏の対三河国衆合戦＝三河忩劇は終息に向かったようだが、閏六月二十日には朝比奈泰朝が大樹寺に宛てて書状を発している。そこには「岡崎雑説」が無事に収まって喜ばしいこと、その一方で秋には泰朝自身も出陣することを記している（大樹寺文書『戦今』一四〇三号）。併せて「面上をもって申さしむべし（直接会ってお話しする）」とあるので、彼が岡崎に向けて西上しようとしていたことが明らかとなる。

天文～弘治の義元

ところで『甲陽日記』の天文二十二年九月四日の「向尾州ニ義元御出馬」という記事は、これまであまり注目されていなかった。しかし本史料は、（年未詳）九月五日付義元宛佗（他）阿弥陀仏＝体光上人書状（清浄光寺文書『戦今』一一二八号）に関連すると思われる。本文書には冒頭に「御祝儀」、文中に「向尾州御進発」とあり、有光友學氏は「祝儀」から判断すれば天文二十三年の甲相駿三国同盟の成立を意味すると推測されるが、「尾州進発」からは翌二十四年とも判断できるとして、年代比定を保留された（「一通の今川義元受領文書」）。それを受けて、筆者は『戦今』編集の際に「尾州進発」を重視し、天文二十四年かとしておいた。しかし、『甲陽日記』の九月四日という日付と本文書の日付は一日しか違っておらず、さらに「祝儀」は天文二十一年から二十三年にかけて顕在化している三国同盟での婚儀全体とすれば、同二十二年に年代比定をしても問題なかろう。ということであれば、遊行寺《ゆぎょう》の体光は、すでに今川・武田・北条三氏による同盟を把握して「祝儀」という文言を使用したということになる。それとともに義元がこの段階で、自身による尾張へ出馬することも認識していたと判断される。

その一方で、天文二十四年＝弘治元年八月に今井狐橋（静岡県富士市）で合戦があったとされており（天野文書他『戦今』一二二五〜一二二七号）、それらの感状や書状が残されている。一二二五号文書のみ正文とされ、残り二点は写である。この合戦は、じつは天野氏関連の文書でしか確認できていない。天文二十三年、甲・相・駿の三国間の婚姻が完全に成立し、同盟締結が滞りなく完了したことを視野に入れると、その翌年に三者が競合しそうな駿東《すんとう》地域において、三大名が紛争を起こすとは考えにくい。さらに、これまで述べてきたように、天文十九年頃から三国同盟の談合がなされてきた可能性を考えれば、その間も三者間でこの駿東地域において戦闘行為があったとは考えられない。三点の文書の信憑性ははたして如何ほどのものであろうか気になるところであるが、大塚勲氏によると、正文とされる一二二五号文書も疑わしい文書として提示されている（「今川義元発給の天野文書」）。となると今井狐橋合戦は、もしかすると存在自体がなかったのかもしれない。

なお、弘治四年（永禄元年）の寺部合戦が起こる以前の三月時点で、尾張国科野原（愛知県瀬戸市カ）で合戦があったという（伯耆《ほうき》志八『戦今』一三八八号）。夜討ちをかけたり、「謀略」でもって頸五〇余りを討ち取ったとして、船越五藤次が義元から感状を得ている日付が四月朔日なので、合戦はそれ以前と想定される。ただ、この時点における今川氏の尾張出張が、本文書以外で確認されない点が気に掛かる。さらに、今川氏だけでなく多くの戦国時代に発せられた感状で、記載されている討ち取った頸の数は、ほとんどが一桁である。本文書のような五〇という数値の場合、「討ち取った数」として提示されることはあっても、「頸の数」というのはほとんど見たことがない。極端に数が多くて違和感を覚えるため、現時点では本文書を疑問視せざるを得ない。

三河国衆の掌握

野田菅沼氏は天文二十二年に、田峯菅沼氏は弘治二年に分裂し、野田菅沼伊賀守と田峯菅沼定氏が今川氏に従った。つまり、両氏ともにそれ以前から内部分裂の可能性を秘めていたということであるが、ここで注目されるのが林左京進の存在である。林は野田菅沼氏の織部丞等が今川氏に対して謀叛を起こした天文二十二年段階において、今川氏に従った伊賀守の相談相手として登場する人物である（浅羽本系図三二『戦今』一一五四号）。さらに、田峯菅沼定氏は林に内通して今川氏に移ったという（同『戦今』一三四八号）。とすると林左京進は、野田菅沼・

田峯菅沼の両者に対して異見を加えることのできる人物で、終始今川方として行動していたと考えられる。

彼の初見ははっきりしないが、設楽町の伊豆神社の所蔵になる天文五年極月三日付棟札銘に、旦那菅沼伊賀守定盛とともに林左京進の名が登場する（『戦今』五八〇号）。天文五年と同二十二年という一七年間の開きがあるため、両者が同一人であるかは微妙である。しかし、どちらにも菅沼伊賀守が登場することから、同一人もしくは父子の可能性は高いと思う。してみると、五八〇号文書のような記載からすれば、林左京進という人物は菅沼氏の家中を代表する人物で、先に見た松井忠次のような「名代」にもなり得る人物と想定してもよさそうである。国衆として存在していた野田・田峯の両菅沼氏を掌握するため、義元は林左京進を代表とする家中を把握し、もともとの当主を否定して兄弟らを新当主に任じていたと思われる。

弘治三年に義元から朱印状を受けた牛久保の牧野右馬允（牧野文書『戦今』一三六三号）の実名について、「成守」（三川古文書『戦今』一一四六号）と記されているものも存在するが、成定の誤記だろう。その彼の在番した城が西条城（西尾城、愛知県西尾市）とされることがある。牧野氏に在番法度が下された某城と同じ月に、三浦氏の在番する西尾城の文書が発せられていたということがその根拠となるようにも思われるが、現時点で確証となる史料は存在しない。牧野氏の入ったとされる西尾城は、あくまで可能性としておくべきだろう。

以上、天文～永禄元年にかけて、今川氏と三河国衆との紛争状況を見てきたが、名倉舟渡橋合戦以降、たしかに今川氏の関連文書に国衆等との合戦は見えなくなる。また、永禄元年から義元の嫡子氏真が、駿遠地域に限定されるものの、文書を発給するようになった。天文十五年に三河に侵攻して以降、断続的に合戦が起き、義元自身も出馬するほど厳しい情勢下にあったが、同国内における不安定要素をようやく取り除き、領域内の整備に取り組むことができるようになったのである。

その後、永禄元年八月十六日には御油宿《ごゆ》（豊川市）に対して義元が伝馬掟《おきて》を定め、宿の負担軽減を図っている（林文書『戦今』一四一七号）。内容的には、かつて天文二十三年に規定していたものの、それが遵守されていなかったために再度、一里一〇銭の公定料金を支払わない者は、たとえ公方《くぼう》の御用であっても伝馬を供出することは不要としている。翌永禄二年五月になると、家康が「各」＝岡崎の老臣たちに対し、七ヶ条の定書を発した（桑原羊次郎氏所蔵文書『戦今』一四五五号）。「各」とは松平家中のことで、その家中の決定に家康が従わない場合は、今川氏の取次《とりつぎ》＝朝比奈親徳《ちかのり》と関口氏純を通じての上訴を認めている。この道筋を付けたことも、ある意味、機構整備の一環とも捉えることができよう。なお家督を継承して間もない家康、というより岡崎松平氏も、他の三河国衆（青野松平氏や菅沼・奥平氏など）と同様、家中の決定に従わなければならない当主として存在していたことも明らかとなる。

これ以外にも、桜井寺と財賀寺の間で再び起こった白山先達職の相論では、またもや桜井寺の勝訴で終わっているが、その際の裁判制度は「もっとも整備された姿を示してい」たとされる（糟谷氏）。三河における様々な整備が徐々に進み、領国内の安定化が図られ始めたと思われる。

三、桶狭間合戦

義元の死とその後の三河

その後も織田氏との小競り合いのようなものは、三河・尾張の国境付近で起きていたらしい。奥平定勝と菅沼久助は永禄二年十月十九日、大高城《おおだか》（愛知県名古屋市緑区）へ軍勢と兵粮を入れようとした際、織田方と合戦となったという（松平奥平家古文書写・浅羽本系図三三『戦今』一四七八・一四七九号）。大高城は、今川氏からすれば最前線の城である。ちょうど大高城への軍勢・兵粮入れに先立つ八月には、大井掃部丞《かもんのじょう》に対し、駿河国内において滑皮（鞣《なめ》し革《がわ》＝なめした皮革〈『日本国語大辞典』〉）二五枚と薫皮（燻《くす》べ革＝松葉の煙で地を黒くいぶし、模様を白く残した革〈同〉）二五枚について、「急用により」来年購入すべき分を集めるよう命ぜられている（七条文書『戦今』一四七〇号）。

永禄三年三月、今川家御一家の一人と考えられる関口氏純が、伊勢外宮（三重県伊勢市）の作所三神主に宛てて文書を発した（古文書集八『戦今』一五〇四号）。内容としては、萱米料《かやまい》についてであったが、その後半部分には、義元が近日尾張と三河の境目に出立するとも記されていた。

一方、京都では五月八日に義元が三河守に、氏真が治部大輔《じぶだゆう》に任ぜられた口宣案が作成され（瑞光院記『戦今』一五二二号）、氏真は同時に従五位下にも叙されたという（歴名士代）。

その後、義元は尾張に向けて出陣する。一般的には五月十二日に駿河を発し、十七日には沓《くつ》掛《かけ》城（愛知県豊明市）に入り、翌日の夜に家康等によって大高城へ兵粮が入れられたとされ、十九日に義元が桶狭間合戦で敗死する（信長公記等）。あまり知られていないが、この行軍とは別に、田峯の菅沼久助は武節（豊田市）筋に進行していたとされる（浅羽本系図三三『戦今』一五八七号）。義元が携えていた太刀は戦利品として信長の手に渡り、現在は京都市の建勲《たけいさお》神社に伝わっており、「義元左文字」の名で重要文化財に指定されている（『戦今』一五三六号）。

図18　大高城絵図
（広島市立中央図書館所蔵「諸国古城之図」）

なお、朝比奈親徳は桶狭間合戦

の直前に鉄炮に当たり、負傷してしまって義元横死の現場に居ることができず、生きながらえてしまい、面目を失ったと述べている（妙本寺文書『戦今』一五六八号）。

義元の死は様々な方面に大きな影響を及ぼしたが、氏真の守衆頭人である三浦正俊は早々に動き始めた。すなわち敗戦直後の二十二日、いずれかの城に在番している松井貞宗の許に書状を発し、彼の子息宗信の安否確認が取れていないが、城の防備や人質については油断なく行うよう、内々に申し入れている（諸国古文書　土佐国蠧簡集残編《とさのくにとかんしゅうざんぺん》六『戦今』一五三七号）。また、氏真自身も天野景泰に対し、景泰が拠っている城をしっかり守るように指示する一方、やがて自身も出馬すると述べている（天野文書『戦今』一五三九号）。正俊はこれにも副状《そえじょう》を発給していたようだ。

義元の死後、今川氏の最前線であった鳴海城（名古屋市緑区）に入っていた岡部元信は、六月上旬頃までそのまま城に残っていたが、氏真の命で退城するにあたり、籌策《ちゅうさく》＝計略でもって苅屋城（刈谷市）の城主水野藤九郎らを討ち取り、城内を放火している（岡部文書・岡部家文書『戦今』一五四四・一五四七号）。一五四七号文書では、信玄が元信に宛てて大高城と沓掛城は「自落（城兵が逃亡するなどして落城すること）」したが、鳴海城では大変な働きをしたと賞賛する一方、元信が二、三年甲斐国内にあった縁をもって、氏真と親密になれるよう働きかけてほしいとしている。

同月十二日、氏真は鵜殿十郎三郎に昨年十月の働きと、五月十九日における大高口での戦功を賞している（鵜殿系図伝巻一『戦今』一五四六号）。本文書が氏真による三河国衆宛の初見文書であるが、昨年十月の働きとは、おそらく大高城への兵粮入れと思われ、十郎三郎はそのまま同城に在番していたのではなかろうか。続いて同月十六日に、やはり三河国衆で、いずれかの城に入っていた簗瀬九郎左衛門尉に対し、その城を二度にわたって攻撃してきた奥平久兵衛尉・鱸九平次等を討ち取ったと記されている（簗瀬文書『戦今』一五四八号）。

九月になると、牧野氏の家中である岩瀬雅楽助《うたのすけ》に対し、氏真は貸し付けた米銭や永代買・年期買地等について、徳政や年期の延期を停止する文書を発した（皆川博氏所蔵文書『戦今』一五八四号）。

十一月一日、原田三郎右衛門と簗瀬九郎左衛門が八《や》桑《くわ》（豊田市）を攻撃し、城廻りの小屋を放火したうえ、敵四、五〇人を討ち取ったことを氏真が賞している（藩中古文書一『戦今』一六〇七号）。なお敵が誰であるのかは不明であるが、六月の時点で簗瀬の家中の者が「敵地へ移ることがあったら」（簗瀬文書『戦今』一五四八号）とあって、家中の分裂の可能性が考えられていたこと、また一五四八号文書の段階では敵＝織田氏であることから、織田と考えるのが穏当であろう。しかし、翌年閏三月の時点で家康と起請文のやり取りが確認されることから、早くも家康が調略を開始した可能性も、ゼロではないと思われる。今後も史料の精査が必要であろう。

桶狭間合戦への理解

まずは簡単に桶狭間合戦前後の情勢を述べた。ここで桶狭間合戦に関する一般的な理解を示しておこう。

義元が永禄三年五月に尾張へ出兵した目的について、かつては上洛説が語られたものの、現在では非上洛説が主流となった。その非上洛説は、

・久保田昌希氏による、西三河支配の安定化を目的とした、その背後を狙った尾張攻撃説（「戦国大名今川氏の三河侵攻」『駿河の今川氏』三　一九七八）

・長谷川弘道氏による、尾張のみならず伊勢・志摩への制圧志向説（「永禄三年五月の軍事行動の意図」『戦国史研究』三五　一九九八）

・小和田哲男氏による、尾張への領土拡張説（『今川義元』ミネルヴァ書房　二〇〇四）

・有光友學氏による、かつて尾張那古野にいた那古野今川氏の支配領域の奪還・回復説（『今川義元』吉川弘文館　二〇〇八）

・藤本正行氏による、尾張国内の橋頭堡《きょうとうほ》と位置付けられる鳴海・大高・沓掛各城の封鎖解除後における積極的な確保志向説（『【信長の戦い①】桶狭間・信長の「奇襲神話」は嘘だった』洋泉社新書y　二〇〇八）

であった（平野明夫「桶狭間の戦い」渡邊大門編『信長軍の合戦史』）。

義元は、天文十九年に尾張方面へ兵を進めた際には、周到な準備を整えてから出陣している

（植松徳氏所蔵文書・雲興寺文書『戦今』九五九・九六三号）。その一方で、永禄三年五月以前の状況を見直してみると、大高城への兵粮入れや皮革製品の確保を行っているので、合戦そのものの準備を行っていると判断することはできよう。しかし、仮に上洛するのであるならば、かつて自身が上洛していたこともある義元ならば、拠るべき京都の公家《くげ》や寺社等に連絡していたはずである。

さらに尾張全域という領土を拡大したり、同国内での旧那古野今川氏の支配領域を奪還するのであれば、尾張の背後にあたる美濃に対し、何も調略を図っていないのは疑問である。信玄が天文二十四年九月、織田・斎藤は現在義元の敵であることを伝えていたが（諸家文書写『戦今』一二三一号）、東美濃の遠山氏に対しては駿河国内の臨済宗寺院臨済寺（静岡市葵《あおい》区）のネットワーク（小笠原春香氏）を利用すれば、連繋《れんけい》することは可能だったと思われる。加えて尾張国内の国衆に対しては、鳴海城の山口左馬助のみ調略が図られていたようで、他の国衆への調略がまったく見えないことも重視すべきであろう。

そのため筆者は、上洛説はもちろんのこと、尾張・伊勢・志摩への領域拡大説、旧那古野今川氏領域の奪還説に対して、首肯できないでいる。残る西三河安定のための尾張攻撃説と橋頭堡確保説については、どちらも妥当であると考えているので、あえてどちらか一方を選択する必要はないと思っている。

また、合戦当日における信長の攻撃についても諸説存在する。かつては信長による「迂回《うかい》急襲」説が語られていたが、これは日本陸軍参謀本部による「お墨付き」が背景にあっただけで、実際は違っていたというのである。それに真っ向から対峙《たいじ》したのが藤本正行氏で、彼は「正面攻撃」説を唱えた。これに対して黒田日出男氏は「乱取《らんどり》状態急襲」説を掲げ、「乱取り（掠奪）」を行っていた今川軍に紛れて織田軍が攻めてきたとした。さらに、橋場日月《あきら》氏や渡辺文雄氏は「正面攻撃・迂回攻撃併用」説を提示し、信長は軍を二つに分け、一隊は中島砦から今川軍「前軍」を正面攻撃し、もう一隊が背後に迂回して本陣を襲ったとしている。

このほか、織田・今川両軍の兵力差についても疑義が出されているが、この合戦について筆者は、

①文書で桶狭間合戦について、具体的に述べたものが存在しないこと

②『信長公記』首巻や、その他後世の記録・地誌類等の内容については、信用できる部分とできない部分があることを前提に諸説の発信者も論述しているが、その峻別《しゅんべつ》が主観に走っているように感じられる。そのため、こうした状態のまま他氏を批判し、史資料を見直して検討しても、実態は判明せず無意味ではないか

と考えているため、それらの議論からは距離を置いている。とはいうものの、いくつか検討可能な部分もあるため、以下で提示していくこととする。

桶狭間合戦に関する二、三の考察

筆者は近年、ようやく合戦の目的が上洛ではなかったという「非上洛説」が市民権を得たと感じている。その「非上洛説」を補強する新たな説が、木下聡氏から提示された。氏によると、①「三河守」は誰でも用いるのに障害がない＝武家社会で格下に位置づけられるものであったこと、②氏真が「治部大輔」になったのは朝廷による任官ではあるが、自身が与《あずか》り知らぬところでなされた叙任であったこと、と結論づけ、義元の三河守任官も義元が企図したものではなく、駿河で今川父子に世話を受けた公家が、その御礼として自発的に手続きをした、と判断した。「三河守任官の背景からも否定される」と述べており、首肯すべきと考えている。

また行軍の人数について、今川軍が二万余とも四万五〇〇〇とも記されることがある。筆者は、信長がいざ攻撃を仕掛けようと思った目前で今川軍を見たとき、「攻撃目標である義元の周りがこの人数ならば、信長自身がいま引き連れている人数で攻撃することが可能」と判断したことが重要、とだけ考えている。つまり、信長の攻撃時にあまりに人数が多いと、攻撃する信長軍の士気は確実に下がってしまい、攻撃力が鈍ることになるだろう。奇襲攻撃であれ正面攻撃であれ、信長軍が今川軍を目の当たりにしたときの状況を認識すべきだろう。さらに田峯の菅沼久助は、義元本隊の行軍とは別に、武節方面へ向かっていた（浅羽本系図三三『戦今』一五八七号）。ということは、例えば引間《ひくま》で軍隊を分けて、義元本隊がそのまま引間から吉田へ向かい、菅沼を含む別働隊が井伊谷《いいのや》―長篠―武節方面（現在の国道二五七号など）へと進軍した。その合計人数が二万余なり、四万五〇〇〇なりという数字だったとしてもおかしくないと思われる。数値が記されているからといって、その数値通りではない場合があるということも視野に入れるべきと考えている。

このほか筆者は、義元が乗っていたとされる「塗輿」からも同合戦について指摘が可能と考えている（「「塗輿」から桶狭間合戦を読み解く」）。そこでは、中世における「乗輿《じょうよ》の制」を再認識すべきであるとして提示した。その制度は、許可された国持大名のみ輿の使用が許されていたというのである（二木謙一『中世武家の作法』）。永禄三年以前の合戦では、今川氏が乗輿していたとの記載は一切確認できないことから、同年の桶狭間合戦段階で今川氏は初めてそれが許されたと判断できる。そのうえで、すでに乗輿が許可されていた遠江《とおとうみ》・尾張守護であった斯波《しば》氏と同等のレベルになったことを、視覚的に多くの人々に認知させたとした。しかも斯波氏は、仮に乗輿していた場合は西↓東に向かう軍の中で輿を使用しており、東↓西へと向かうときは〝敗軍の将〟としての姿であった。今川氏はそれと違い、遠江・三河領民を始めとする多くの人々が、〝東↓西へと向かう輿に、悠々と乗った人物の行列〟を初めて見たことになったと思われる。加えて、斯波氏が仮に乗輿していたと想定の可能な永正十三年（一五一六）からすると、永禄三年（一五六〇）までにはすでに四〇年余り経過しており、遠江・三河で乗輿した人物を視認することは、これまでほとんどなかったと考えられる。したがって、その行軍の視覚的効果は大きく、人数を含め、当時の人々を驚愕《きょうがく》させたであろう。

これらを踏まえ、筆者は遠江・尾張守護であった斯波氏を意識した、両国在地の人々へのデモンストレーションとした。遠江・三河に対しては十分な「軍事的パフォーマンス」として、さらに尾張に対しては信長が織田弾正忠家で、当家が尾張守護代の庶流であったため、織田氏と今川氏の家格の違いを見せつけて今川氏への抵抗を軽減させようとしたと考えている。

今後も様々な資料・情報等を認識したうえで、柔軟に検討していくべきであろう。

改めて永禄三年の状況は

永禄二年に皮革を扱っていた大井掃部丞は、「急用により」皮を集め始めたが（七条文書『戦今』一四七〇号）、その「急用」の詳細は不明である。ただ、同月には今川氏の被官朝比奈輝勝が大高城に在城を命ぜられ、「下長尾」の地を宛行われている（諸国古文書　土佐国蠹簡集残編三『戦今』一四七四号）。さらに義元は、岡崎の酒井忠次の持仏堂賢仰《けんごう》院について、軍勢の陣取や諸役を免除している（致道博物館所蔵文書『戦今』一四七五号）。糟谷氏は、「岡崎松平氏の宿老格を直接把握することで、家中の統制を企図するもの」と推測しており、妥当な見解と捉えられる。しかし、こうした軍備の充足という経緯を見てくると、本文書もその一環で発せられた可能性もあろう。現に、これまでの概説書の類には、本文書が翌年の桶狭間合戦の「準備」として発せられたとするものも存在する。最前線の城における軍備と併せて、本国における皮革の集中、兵站《へいたん》基地・中継地としての岡崎における軍勢の陣取など、義元は徐々に三河安定後における三尾国境の安定化へとシフトしてきたようにも見える。「弘治年間に混迷を極めた三河の支配再建に義元が専念」（糟谷氏）した結果、次の段階へとステップアップを始めたと思われる。

ちなみに朝比奈輝勝が宛行われた下長尾は、『戦今』編集段階では静岡県川根本町としており、『愛知県史』織豊1でも傍注で「遠江国」とされていた。しかし考えてみると、大高城が尾張国ということからすれば、その近隣の地を宛行う場合も想定すべきだろう。こうした発想から三河・尾張国内で検索したところ、三河国内（蒲郡《がまごおり》市内）に下長尾の地が存在していた。候補地としては当該地もあり得ると判断されるので、現時点では不明としておくのが妥当だろう。

桶狭間合戦後の六月十六日、氏真が簗瀬九郎左衛門尉に宛てて文書を発している（簗瀬文書『戦今』一五四八号）。そこにおいて「両度」という文言が存在する。その「二度」という回数は、桶狭間合戦後、すぐに簗瀬の入る城を二度攻撃してきたのか、それともそれ以前も合わせて二度目なのかは不明である。しかし、鵜殿に対する感状＝一五四六号が永禄二年・三年の二回の軍功に関してのものであること、織田軍が五月十九日の桶狭間合戦以降、ひと月の間で今川氏の抑えていた城を二回も攻撃できたのか、やや疑問が残ることから、桶狭間合戦以前に一度、同合戦後に一度と考えるべきと思われる。

さらに本文書で注目すべきは、簗瀬の入る城を攻撃した際、奥平久兵衛尉の名が確認できることである。久兵衛尉は当主定勝の弟で、弘治三年段階で「欠落」していた（松平奥平家古文書写『戦今』一三三八号)。それが、桶狭間合戦時の某城を攻撃するメンバーとして登場したということは、彼の「欠落」先が尾張織田氏方であったということを想起させる。同文書には鱸氏の名前(九平次・兵庫助)も見えるが、彼らは寺部の鱸氏の一族の可能性もある。寺部の鱸氏も今川氏と対立している時期があるため、三河忩劇における国衆内部の反今川勢力は、やはり織田氏と結びついていた可能性が高いということになろう。

ところで、永禄元年から駿遠で文書を発給し始めた氏真は、おそらく義元から、段階的に家督を継承されるようになっていたと思われる。そのため、この不慮の事態に遭遇し、彼は六月から桶狭間合戦を文言に含めた感状と、ある意味〝強制的〟に行われた「代替わり安堵」を出し始めた。それらの中には、同合戦の被害状況を伝えるものも存在する。鎌田原《かまたはら》(静岡市駿河区ヵ)等を当知行として安堵された平野鍋松は、父輝以が討死にしており(今川家瀬名家記『戦今』一五六〇号)、二俣城代の松井宗信も討死にしてしまい、家督は宗恒に移されている(諸国古文書　土佐国蠹簡集残編三『戦今』一六一五号)。平野の場合、「鍋松」という記載からすれば幼名と判断される。氏真と同様、同合戦において当主＝父親が死没し、元服前の「次代の当主」が家督継承せざるを得なくなったのだろう。被官層も「強制的な代替わり」が行われたと判断される。

このほか興味深い点として、桶狭間合戦後の東三河において、突然岩瀬氏の文書が多く確認されるようになる(皆川博氏所蔵文書『戦今』一五八四号等)。岩瀬は鵜殿氏・奥平定勝・菅沼定《さだ》盈《みつ》、その他東三河の国衆クラスの諸将に対して貸付を行っていたらしい。糟谷氏は彼を、「駿府（静岡市）において酒屋を営むなど、広範に経済活動を展開する有徳人」と位置づけた。彼の父親は和泉入道（三川古文書『戦今』一五八九号）、子は小次郎（士林泝洄巻五十五『戦今』一五八八号）という。なぜ、この頃岩瀬氏に対して氏真の文書がかなりまとまって発給されたのか。一五八四号文書のように徳政回避の文言が確認されることから、敗戦による今川領国内部の経済の悪化、および今後惹起されると予想される債務返還の滞納や強制的な破棄などに対し、経済に聡《さと》い岩瀬氏が素早く行動を起こしたためにこれらの文書が残されたと思われる。経済に聡い岩瀬氏の、保身のための行動ゆえであったと捉えられよう。

以上、永禄三年の桶狭間合戦前後の状況を述べてきた。糟谷氏は「桶狭間の敗戦は、義元や松井宗信ばかりでなく、甚大な人的損失を領国にもたらした」と述べているが、これは筆者も同様に考えている。

ただもう一つ、忘れるべきでない点が残されている。それは、弘治元年閏十月に太原崇孚が、また同三年八月に懸川城主朝比奈泰能といった「家中」メンバーが没していたことも、「人的損失」という側面では拍車をかけていたと考えられるのである。つまり、「家中」の構成員であるいわゆる「宿老」クラスが相次いで没した場合、彼らと同レベルの人物が次の段階で登場しないと、政務・軍務など様々な面で滞ってしまうことになる。朝比奈泰能の息泰朝は、『言継卿記《ときつぐきようき》』（弘治二年九月～翌年三月）にその名を見せるのが初見である（『県史』三―二四八七号）。

ということは、文化的にお披露目《ひろめ》されたばかりの約一年半後に、政治的にも家督としての活動を求められたことになるのだ。

このように見てくると、桶狭間合戦の前後において、今川氏の家中が〝強制的〟に若返ることになったと捉えることができよう。

ちなみに同合戦における義元の討死には、家康にとってどうだったのか。家康は五月二十二日の時点で浅井道忠に対し、「今度の忠節により、約束の旨を扶助」するとしている（譜牒餘録後編巻二十九『戦今』一五三八号）。これが桶狭間合戦での忠節ということは明らかであるが、具体性に欠ける。六月には崇福寺、七月九日には山中法蔵寺（いずれも岡崎市）に禁制、さらには寺領を安堵している（崇福寺文書・法蔵寺文書『戦今』一五四一・一五五三・一五五四号）。これが今川方としてなのか、それともすでに今川氏から離叛《りはん》しての行動なのか、いま一つはっきりしない。とはいうものの糟谷氏は、山中の地が父広忠の頃に闕所となり、その後今川氏によって作手奥平氏に宛行われていたため、奪還には期するものがあったと推測している。この点を踏まえると、三河国内の国衆として存在していた岡崎松平家にとっては、帰国するきっかけをもらったという思考があったことは否めないであろう。

〈本章のまとめ〉

花蔵《はなぐら》の乱後に義元が発給している代替わりの安堵状は、遠江の領主層に対する文書がまったく存在しないため、同国の武将たちは静観していたと思われる。第一次河東一乱では北条氏の後方攪乱もあって遠江の領主層も一部、反応を見せたものの、それほど大きな影響を与えたようには見えない。それよりも第二次河東一乱では、将軍足利義晴が精力的に和睦を勧告してきた。だが結局それは失敗に終わっている。

天文十五年以降における義元の西三河方面への軍事投入にあたっては、松平信孝＋緒川水野氏対松平広忠・長沢松平氏の対立に介入したことから始まった。義元は前者に注力していたから、当初家康の父広忠とは対立関係にあり、義元が広忠を攻撃したとき、義元は織田信秀と連携していたことも明らかになってきた。ただ近年、この段階の信秀の勢力は三河を席捲《せつけん》するようなことが指摘されるものの、織田氏の文書が三河に見えないことに鑑みれば、安城から岡崎など西三河ぐらいまでの支配だった可能性を述べておいた。また、天文十七年の小豆坂《あずきざか》合戦については、感状に写が多いことから、今後注意して見ていく必要性があることを指摘した。

また、今川氏の「家中」について触れ、「家中」の条件として、外交権を有する人物が選出されていた可能性を提示した。さらに「家中」の構成員かどうかは不明ながらも、氏真の守衆頭人であった三浦正俊が嶺寒院殿の輿入れに関与しているのは、彼女の傅役でもあった可能性もあるとした。

甲相駿三国同盟については天文十九年頃には構想が始まっていたことを指摘し、武田氏内部で定恵院殿が、北条氏内部においては新九郎氏親（天用院殿）が死没してしまったために同盟の実現に時間がかかったと述べた。その軍事同盟を効果的に活用したのが信玄で、義元は西進するための背後の守備を重視していただけで、直接的な軍事協力＝援軍の派遣が信玄からは見られなかったのではないかとした。なお、これまであまり注目されてこなかったが、天文二十二年九月にも義元は尾張に向けて出馬していたことも指摘した。

さらに、弘治元年の今井狐橋の合戦が存在しなかった可能性を提示し、この段階における義元の眼差《まなざ》しは西三河を中心に据えられていた点についても触れた。しかし、同年から三河は一気に混乱の渦に巻き込まれた。義元はその状況を打破するため、国衆の家中の代表となるような人物と直接音信を結び、家中を把握することで国衆を押さえる方針であったと思われる。この頃の三河の騒擾は一国規模に拡がっており、かつては「東三忩劇」としていたが、それよりも大規模で、年代的にも弘治二〜三年に限られていなかったので、天文〜永禄元年の「三河忩劇」とするのが妥当と判断した。なお、永禄元年の名倉舟渡橋合戦における今川氏の勝利で三河忩劇は一段落したらしい。

桶狭間合戦については、従来義元の「三河守」任官が尾張侵攻にも関連していたとされていたが、これは直接関係がないことを紹介した。同合戦での敗北は、氏真が段階的に義元から家督を継承していく予定であったにもかかわらず、〝強制的〟に三河も含めた今川氏の全領域の家督者に据えられることを強いており、国内の諸領主も代替わりを〝強制〟された。弘治年間から宿老クラスが相次いで死没したこともあり、家中の〝強制的〟な若返りが行われたとした。

第四章　氏真の生涯

第一節　〝通説〟今川氏真

家督継承から永禄前半の氏真

戦国期最後の今川氏当主氏真《うじざね》については、丁寧に提示しておきたい。というのは、彼はいろいろと誤解されていると考えるためである。彼に関連する人物は、織田信長・徳川家康・武田信玄など、いわゆる領国を拡大してゆく大名がほとんどである。一方の氏真は、彼らに〝駆逐〟されて〝没落〟する存在として登場している。これまでのいわゆる一般的な通史でいえば、氏真はいわば「脇役」でしかなかったのである。

そのため、彼の実像というものはあまり明確でないといえる。そこでこの場において、彼に関する文書等から特に基礎的な検討を加えつつ、改めて解明してみようと思う。まずは、彼の生涯について述べておこう。

彼は、天文七年（一五三八）に義元の嫡男として生まれた。幼名は龍王丸《たつおうまる》、仮名《けみょう》は五郎で、これは氏親・氏輝と同様、代々の今川氏当主が称する幼名・仮名であった。しかし、元服したのはいつかといったことは明らかになっていない。同二十三年七月に、一七歳で北条氏康の娘

＝蔵春院殿（早川殿）と結婚する。
永禄元年（一五五八）から駿河《するが》・遠江《とおとうみ》両国に文書を発給し始めた。これ以降、義元の在世中は三河国に対して義元が文書を発給しているため、新たに領域となった三河を義元自身が掌握し、さらに南尾張《みなみおわり》にも影響を及ぼすことを企図していたと考えられる。

しかし、その計画は永禄三年の桶狭間《おけはざま》合戦における義元の討死にによって崩れ去ることとなった。義元を失った今川氏は、急ぎ氏真を中心とした政権運営を開始しようと動き始めるが、翌年四月になると松平元康（徳川家康）が離叛《りはん》、さらに武田氏・北条氏との甲相駿三国同盟の維持のため、今川氏は東方へも軍を進めなければならなくなり、三河国内が混沌《こんとん》とした状況となった（三州錯乱《さんしゅうさくらん》）。

図19　伝今川氏真像
（個人蔵／渡部良治撮影／馬の博物館写真提供）

そうした状態は永禄五年になっても継続していたが、駿遠両国においては、まだそれほど緊迫した状況に陥っていなかった。しかし、同年末になると三遠国境の国衆《くにしゅう》井伊氏の当主直親が、家康に通じて謀叛《むほん》を企てたとして粛清が行われたという。同六年になって遠江国内において引間《ひくま》（静岡県浜松市）の飯尾《いのお》氏、二俣の松井氏（同市天竜区）、犬居の天野氏（同区）などが挙兵し、今川氏から離叛し始めた。断続的なこの戦闘を、研究者は史料文言から「遠州忩劇《えんしゅうそうげき》」と呼んでいる。

遠州忩劇に苦しめられた今川氏は、同九年四月にようやく国衆たちの離叛をほぼ食い止めることに成功した。しかしその前年の十月、氏真の妹嶺寒院殿の婿である甲斐《かい》の武田信玄の嫡子で、親今川と思われる義信が信玄によって幽閉され、廃嫡とされた。これによって、氏真は密《ひそ》かに信玄と対立関係にある越後上杉謙信と交信を図り始めた。一方の信玄は、それを認知していながらもそのまま放置していたようで、同十一年末に駿河へと侵攻を開始した。その際、三国同盟を結んでいた北条氏に対して、「氏真が信玄と対立している上杉と手を結び、信玄を滅ぼそうとしているから駿河に攻め込んだ」と、自らの立場を述べている。

信玄の侵攻から逃れた氏真は、遠江国懸川城（掛川市）に逃げ込んだ。その逃亡にあたっては、妻の蔵春院殿が輿《こし》に乗ることもできなかったという。そのため、彼女の父北条氏康は激怒し、信玄の言い訳を聞かずに武田氏と戦闘状態に入った。一方、懸川城に入った氏真を攻撃してきたのは、三河の徳川家康であった。同城において攻防が繰り広げられていた中、永禄十二年五月に家康は、懸川城を開城した後、氏真を安全に北条領国へ移送することを氏真と約した。それによって氏真は北条氏の庇護《ひご》下に入った。

その後の氏真

懸川から移動した氏真夫妻は、当初蒲原《かんばら》（静岡市清水区）に入り、そして沼津（沼津市）から大平城（同市）に移され、その後は相模国早川《さがみ》（神奈川県小田原市）に居したようである。氏康の娘（蔵春院殿）が「早川殿」を称するのも、当地に居住したためと理解されている。しかし、氏康が没した元亀二年（一五七一）に北条氏第四代当主氏政が信玄と和睦したため、氏真は相模国を後にして徳川家康を頼ることになった。

天正元年（一五七三）には家康の許《もと》で浜松に居していた氏真らであったが、さらに同三年には吉田（愛知県豊橋市）・岡崎（岡崎市）を経由して上洛《じようらく》している。長篠合戦の段階では牛久保（豊川市）に戻ってきており、その後家康の指示で牧野城（静岡県島田市。家康が諏訪原城を奪取して改名）に入った。しかし彼の立場は「城番」であり、家康の被官松平家忠・同康親が氏真を補佐したとされている。この頃、氏真は出家して「宗誾《そうぎん》」を名乗ったと思われ、それほど日を置かずして牧野城も離れることになったようだ。

その後の彼の動静についてははっきりしないが、天正十年段階において、酒井忠次の書状に確認できるので（三浦家伝来文書『戦今』二六一八号）、この時点でも氏真は家康の許を離れることはなかったと判断される。ただ、それが天正十九年になると言継の子言経《ときつね》が著した『言経卿記』に多く見えるようになる。そこには公家《くげ》との交流が散見されるが、文禄四年（一五九五）には石川家成の許を訪問し、さらに慶長十七年（一六一二）になると、近江《おうみ》国野洲《やす》郡長島村（滋賀県野洲市長島）の「旧地」五〇〇石を家康から安堵《あんど》されたという。長島が「旧地」とされた理由は、現在のところ不明である。

　翌年二月十五日、彼の妻蔵春院殿が死没し、氏真自身は同十九年十二月二十八日に没している。二人は市ヶ谷萬昌院に葬られたようだが、後に観泉寺に改葬されている（長谷川幸一氏）。萬昌院は氏真の弟が入っていたとされるが（寛政重修諸家譜）、江戸初期に作成された系図には氏真に弟が存在していなかったとされることもあり、明確でない。

　なお氏真の終見資料は、慶長十七年四月十四日に京都から東下し、駿府《すんぷ》に立ち寄るという記事である（駿府記）。同書は記主が不明であり、この記載がはたしてどこまで信が置けるのか、いま一つはっきりしない。そのため記主が明確な記録を探してみると、同年正月二十四日に、京都冷泉《れいぜい》為満亭で行われた和歌会に出席していたのが最終ではないかと思われる（言緒《ときお》卿記《きようき》）。

　その後の今川氏について付言すると、氏真の生存中に長男の範以《のりもち》が慶長十二年十一月二十七日に三八歳で他界している。そのため、孫の直房（前名は範英）が家督を継承し、江戸期になると、朝廷への使節や伊勢・日光への代参、幕府の儀礼・儀式、勅使等の接待などに携わる高《こう》家《け》に任ぜられている。

　彼の系統が江戸時代・明治維新を乗り切り、最終的に明治二十年（一八八七）に断絶した。義元が桶狭間合戦で横死した後、今川家はすぐに没落したと考える人が多いが、それはまったくの誤解である。

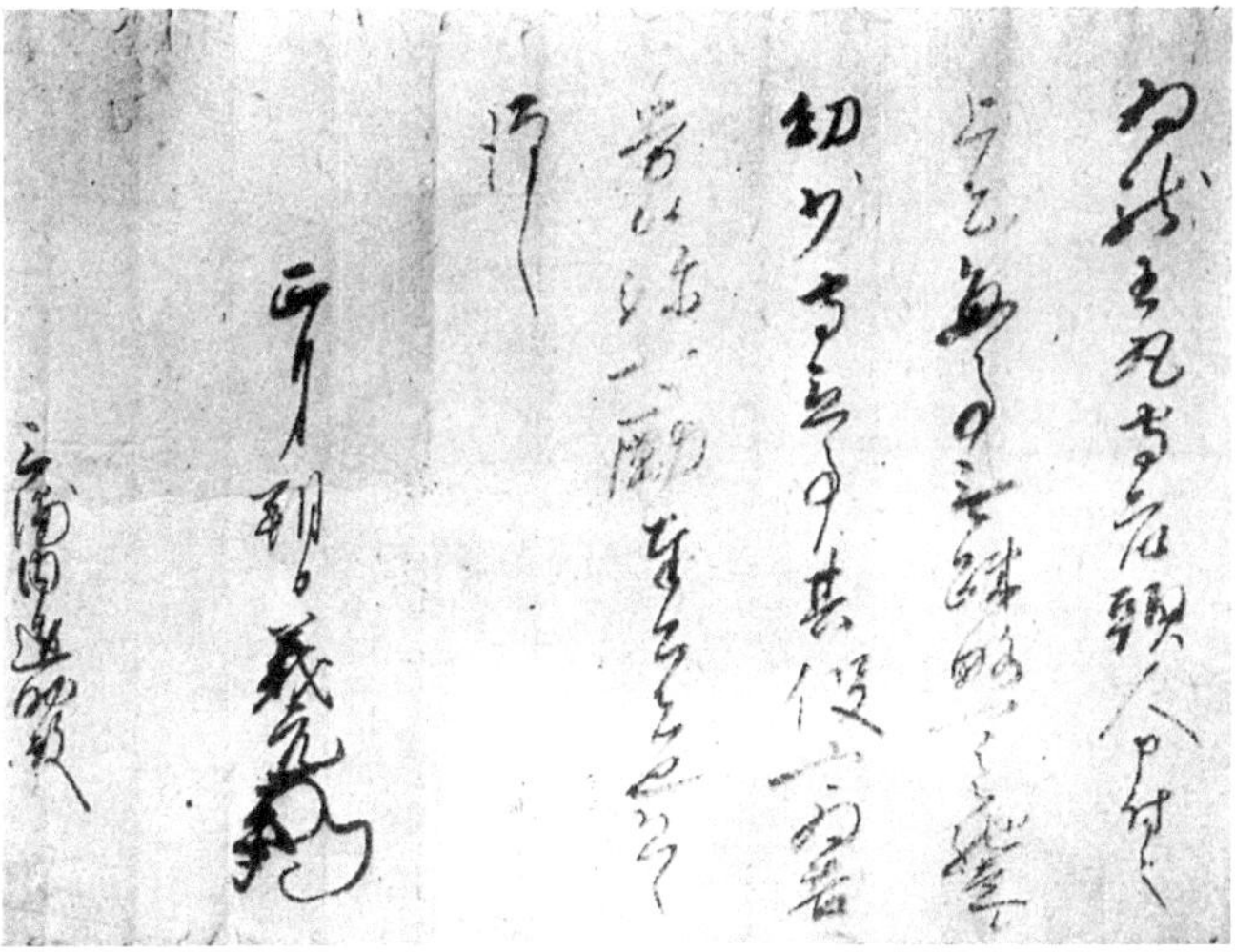

図20　年欠正月朔日付三浦内匠助正俊宛義元書状
（菊地立元氏所蔵／『写真集 尾張三河歴史資料』〈愛知県郷土資料刊行会、1980〉より）

氏真関連文書を通覧して

氏真の名が確認できる最初の文書は、（年未詳）正月朔日付三浦内匠助《たくみのすけ》正俊宛義元書状である（菊地立元氏所蔵文書『戦今』六二〇号）。本文書は、正月朔日に発せられた「吉書」（慶賀のしるしとして出された文書）で、正俊を守衆《もりしゅう》＝傅役《もりやく》の頭《とう》人《にん》＝筆頭とし、義元は氏真が幼少で今後苦労するであろうが、守《も》り立てていってほしいと述べている。発給年は不明ながら、義元の花押から天文十〜十五年と推測される。となると、正俊への守衆頭人の任命は、氏真が誕生してから三年以上経過して以降、ということになろう。

この文書の宛名に見える三浦氏は、今川氏の「重臣」と位置づけられる氏族である。同氏は大永六年（一五二六）、氏真の祖父氏親によって作成された「今川仮名目録」において、最初に朝比奈氏とともに席次を決められるといった立場にあった。しかし、氏親・氏輝・義元の時代において、三浦氏はそれほど多くの文書に登場するわけではなかった。それが正俊の「守衆頭人」任命によって、徐々に三浦一族が今川氏当主の取次《とりつぎ》等に見えるようになる。特に正俊は、『言継卿記』で氏真の取次として散見される。さらに永禄期になると、三河において三浦右衛門大夫直明（真カ）が氏真の取次として登場するようになる。そのためであろうか、後に『甲陽軍鑑』は、氏真が三浦氏のみを重用したと記したほどであった。

また、かつて氏真がいつ今川家の家督となったのか、といったことが検討された。それは、永禄元年（一五五八）八月十三日付村岡左衛門尉宛氏真朱印状（静岡浅間神社文書『戦今』一四一六号）と、弘治二年（一五五六）から翌年にかけて駿河を訪れていた山科言継《ときつぐ》の日記『言継卿記《きょうき》』の記載をどう理解するか、という点にあった。すなわち、前者には「御屋形様御かまの御袚申し付け」という文言があり、後者には弘治三年正月四日条に、「屋形五郎殿へ礼に向かい」（『県史』三―二四七八号）と記されていたのである。

これらに関する議論の詳細については省略するが、前者は天文十八年八月十一日付宛欠義元朱印状（村岡大夫文書『戦今』九〇二号）を踏襲して発給されており、捺《お》された朱印が義元から氏真に代わったもの、すなわち発給主体が義元から氏真へと代わったことを示しているといえる。そのため、九〇二号文書の「御屋形様」が義元だったのだから、一四一六号文書の段階における「御屋形様」はやはり氏真と判断すべきだろう。また後者の「屋形五郎殿」については、『言継卿記』で義元を記す場合、「太守」を用いているのが一般的である。そのため、ここでの表記は氏真を示していると考えてよい。氏真を〝家督〟と明示するために、あえてこの場面で「屋形」と記載したのだろう。

また、従来は氏真と蔵春院殿との婚儀は天文二十三年七月に催されたが、それに併せて元服した可能性もあるとされていた。そうすると彼は当時一七歳で、一般的な武家の元服が一五歳前後とされるので、彼の元服は少々遅かったことになる。しかし『甲陽日記』によると、天文二十年十二月十一日に「駿府ノ御曹司様御屋移」とあって、氏真が屋敷を移ったという記載がある。この時期における『甲陽日記』内の駿河関係の記述は、天文十九〜二十三年にかけて行われた甲相駿三国同盟に関する三国間の交渉に関することがほとんどである。すると、この記事もやはり同盟に関連してのことであった可能性が高い。嫡男による新居の造立は「独立」を想起させるため、氏真の元服に伴って、と考えるのが自然であろう。黒田基樹氏も『瑞渓院』で同様に考えているようだ（一五四〜一五五ページ）。

さらに、大名の家督継承の多くが年末に行われているように思われるため、義元から氏真へのそれも年末に行われたと考えることができよう。このように見てくると、氏真は天文二十年もしくは同二十一年の年末に義元→氏真へと家督が移譲されたと思われる。

また近年、早川殿が氏真の許に嫁いできたのは八歳（＝天文十六年生まれ）という幼少であり、氏真との年齢差は九歳であったとの説が提示された（長谷川幸一氏）。母親を氏康正室の瑞渓院殿と想定し、まずは氏康の四男（黒田『瑞渓院』）の氏規が今川氏の許へ人質として出向き、その後、蔵春院殿が嫁いで以降、氏規は客分として駿河府中に留《とど》まるといった長谷川氏の推考は、筆者も首肯したいと考えている。

なお二〇一七年、武将から文人へと姿を変えようとしている彼の心情を詠んだと思《おぼ》しき和歌が発見された。島田市内からの発見であること、そうなると宗誾の牧野在城中の可能性が高いということもあって、話題を呼んだ（島田市博物館特別展『女戦国大名寿桂尼と今川氏』）。

第二節　離叛する国衆たち

一、三州錯乱

永禄四年

前節において氏真を通覧したが、氏真の時代において今川氏に大きなダメージを与え、領国を崩壊へと導くきっかけとなったのが、三州錯乱《さんしゅうさくらん》や遠州忩劇《えんしゅうそうげき》、そして信玄の駿河《するが》侵攻であった。これらを詳細に見ていくことで、〝今川氏滅亡〟への経過を提示していこう。その一方で、厳しい情勢に氏真がどう対処しようとしていたのか、その点も見極めていきたい。まずは三州錯乱について述べていくが、出典については主立った史料についてのみ、提示することとする。

永禄四年（一五六一）三月～閏《うるう》三月にかけて、氏真は武蔵国河越城（埼玉県川越市）に出馬する。彼は駿遠国内の武将たちに、駿・遠・三の三ヶ国内の知行を安堵するなど、普段とあまり変わらない状況にあったようにも思われるが、その一方で、氏真は三河の石田又七郎に対し、特別な理由もなく寄親《よりおや》を変更することを禁じている（鶴田知大氏）。

そのような状況下において、徳川家康が簗瀬《やなせ》家弘・原田種久・原田藤左衛門尉と起請文《きしょうもん》を交わした。内容は彼らの進退保障と、鈴木越後を許容せず徳川方と談合していくといったものである（譜牒餘録前編巻二『戦今』一六七二号）。鈴木は今川寄りだったから、それを許容しないのは、今川氏と対立するということであった。そのため、本文書が家康による今川氏への敵対行動の初見ということになる。

そして四月十一日、家康が三河国牛久保城（愛知県豊川市）を攻撃し、今川氏からの離叛を明示した（松平奥平家古文書写『戦今』一七〇三号）。このほか牧野平左衛門入道や西郷正勝らもその攻撃に加わり、三河国内が親今川と反今川に分裂した。家康の謀叛がなぜこの段階に挙行されたのかというと、氏真の関東出陣に合わせてのことのように考えられる。三河の安定化を図ろうとする家康にとって、氏真の関東出陣はまさに「好機到来」と映ったため、この時期に挙兵したのだろう。四月は牛久保城での戦いがメインであったが、五月になると富永での合戦に移る（千賀家文書『戦今』一八〇五号）。六月には氏真が奥平定能《さだよし》に対し、山中郷（岡崎市）の替地として五〇四貫文の知行地を安堵している（松平奥平家古文書写『戦今』一七〇三号）。

七月には、牧野氏の被官である稲垣重宗の弟氏連《うじつら》が、四、五人とともに「敵地」へ逃げ込んだ（稲垣平右衛門・同藤助古文書『戦今』一七二五号）。敵地がどこなのか明示されていないが、家康方であることは間違いなかろう。八月にも家康方と合戦しており、長沢城（豊川市）では糟屋善兵衛尉等が駿河に撤退したようなので、今川方からすれば戦況はかなり不利であったようだ。

九月、大塚口（蒲郡市《がまごおり》）や宇利城（新城市《しんしろ》）で合戦が起こった。宇利城では五月にも合戦があって、そのときは朝比奈助十郎が奮戦したという（朝比奈文書『戦今』一七五五号）。また、九月には嵩山《すせ》（豊橋市）でも合戦（広島大学所蔵文書『戦今』一七五六号）があった。

なお、十月には嶋田取出《とりで》においても合戦があり、氏真は定能と同名被官人等の比類無い働きに対して感状を発給している（松平奥平家古文書写『戦今』一七七八号）。その後、十一・十二月になると、合戦が行われたという記載は見当たらなくなる。戦国期の駿・遠・三の三ヶ国では、毎年十一・十二月二ヶ月において神社仏閣の新築・修造がかなり行われており、それとの関係があるのかもしれない。

永禄五年七月まで

翌年正月、氏真は興津《おきつ》摂津《せっつ》守に、様々な役を賦課しない代わりに海戦時には漕手役を務めるよう命じた（諸家文書纂巻八『戦今』一七八六号）。前年には、知多半島において活動の頻繁な千賀家が水軍として合戦に参加していた。そのため、水軍を用いての合戦がすでに行われていたにも関わらず、この時点で興津氏へこうした文書が発せられたのは、水軍のさらなる運用が図られたのかもしれない。あるいはまた、千賀氏と興津氏では水軍としての性格、例えば

図21　上ノ郷城絵図
（広島市立中央図書館所蔵「諸国古城之図」）

「海」と「川」などの違いがあって、合戦の「場」が変わっていった可能性もあろう。

そのようなとき、室町幕府第一三代将軍足利義輝から今川氏真に、家康との和睦を求めた御《ご》内書《ないしょ》が発せられた。同内容の文書が北条氏康と武田信玄にも送られていた。筆者はかつて、『戦今』を編集していた際に本文書の年代を永禄四年と考えていたが、その後の検討で同五年と改めることとする（真崎文庫所蔵文書『戦今』一六三六〜一六三八号）。

二月になると、家康は上ノ郷城（愛知県蒲郡市）城主鵜殿長照を攻撃し、長照を討ち取ったうえ、彼の二人の子を捕縛した。長照の母は氏親の娘とされており、氏真にとって長照は従兄弟で、長照の子は「今川一門の子」ということになる。この二人の助命を条件に、家康は駿府《すんぷ》で人質とされていた彼の妻子（正室の築山《つきやま》殿、長男信康、長女亀姫）と交換するよう交渉し、妻子を岡崎に引き取ることに成功した（中村孝也『徳川家康公傳』）。

同月になって、とうとう氏真が三河へ出馬した（牧野文書『戦今』一八五五号）。「事態を打開するため」（山田邦明二〇一七）の出馬とされるが、この後、今川軍は一時的に勢力を回復したらしく、三月に奥三河の津具白鳥山（設楽町）や武節城（豊田市）での合戦で勝利を収めた（今橋物語所収『戦今』一八〇七号）。

四月には富永城において再び合戦があった。五月になると、相模《さがみ》国北条氏康が家康の家臣酒井忠次《ただつぐ》に対し、氏真との和睦について相模国内の修験玉瀧房を派遣し、和睦の成就を願望しつつ、忠次の尽力を期待していると述べている（千賀家文書・里見忠三郎氏所蔵手鑑『戦今』一八二七・一六九二号）。氏康は類似した文書を水野信元に対しても発しており（小田原編年録附録四『戦今』一六九三号）、三河・遠江《とおとうみ》の安定のためになんとかしたいと考えていたらしいが、六月になると、牧野新二郎・同保成と吉田城を守る大原資良《すけよし》が家康に攻撃されたという（松平記）。

七月には、氏真が富永城での千賀与五兵衛と牧野成定の戦功を賞しているが、千賀氏はそれとは別に、三河国堂山や一橋（いずれも比定地未詳）で、西郷豊後《ぶんご》などの敵の頸《くび》を取っている（千賀家文書『戦今』一八四七号等）。堂山合戦には三浦土佐守も参陣しており、三浦の被官井出藤九郎は白石縫殿助《ぬいのすけ》を討ち捕っている（井出文書『戦今』一八五七号）。なお永禄六年三月一日付田嶋新左衛門尉宛関口氏経書下には、同五年七月二十六日に「崇山《（嵩）》」の地において家康方と思しき西郷新左衛門の子を生け捕ったとある（田嶋文書『戦今』一八九七号）。「堂山」は嵩山の可能性も否定できない。

永禄五年九月以降

九月、氏真が鵜殿休庵に宛てて書状を送っている。そこには、春における鵜殿長照討死についで触れるとともに、鵜殿一族が敵に属しながらも、休庵が親類を引き連れて奔走したことを喜んでいる（本興寺文書『戦今』一八六四号）。同月末には、八幡（豊川市）において合戦があり、牧野成定や牧野八太夫・千賀某の被官たちが奮戦したため、寄親（いわゆる上級家臣）に相当する牧野や千賀に感状が下された（牧野文書他『戦今』一八七四～一八七七号）。これに併せて十月一日、氏真が八幡神社（同市）と天王社に制札を発している（八幡神社文書・今橋物語所収『戦今』一八六七・一八六八号）が、これらは現在、確認することのできる三河における氏真の最後の禁制である。

十一月には奥平定能に対し、大代口（岡崎市）での合戦における彼の戦功を賞している。また、十二月には大塚城（蒲郡市）における岩瀬家久および父吉右衛門尉の戦功を賞したうえ、知行宛行《あてがい》を行っている（松平奥平家古文書写・静嘉堂文庫所蔵集古文書タ『戦今』一八七八～一八八〇・一八八三号）。そこには、大塚が家久の本知でありながら、近年は飯尾《いのお》豊前守が知行しているため、豊前守が訴えてきても一切評定に及ばないとある。飯尾氏は今川「家中」の構成員の一人であった。そのような飯尾氏の所領を削ることも厭《いと》わず、さらにそれに対して飯尾氏から苦情が出たとしても、氏真は岩瀬を保護する方向に動いたのである。氏真は三河の領主層の離叛を食い止める努力を惜しまなかった。

なお何月のことなのかは不明だが、田嶋新左衛門尉が調略を行って一宮端城（豊川市）と地下中を放火している（田嶋文書『戦今』一九〇四号）。「一宮端城」の位置も明確でないが、この年、三河一宮＝現在の砥鹿《とが》神社の近隣で合戦があったのは、九月末頃の八幡合戦である。至近性から考えても、おそらくこの段階で間違いないのではなかろうか。また小笠原清有がこの年、一鍬田（豊川市）で合戦に加わり、被官の戦功を賞されている（小笠原文書『戦今』一九二二号）。

こうした状況が、翌永禄六年から突然、変化することとなる。三河における大きな合戦が、極端に少なくなるのだ。二月には氏真が岩瀬家久に対し、「当城」の受け取り段階における普請改めを命じている（譜牒餘録前編巻三十四『戦今』一八八九号）。「当城」は『愛知県史』織豊1―二七〇号の指摘のように、大塚城でよかろう。この段階でも岩瀬家久は今川方であったことが判明する。

五月になると、今川軍が御油《ごゆ》口で勝利し、さらに山中・大野郷の百姓を調略によって味方とした鈴木重勝の忠節を賞している（鈴木重信氏所蔵文書『戦今』一九一五号）。さらにこの段階で、奥平定能父子の奔走で、菅沼貞吉が今川方となっている（松平奥平家古文書写『戦今』一九一三号）。また同月、氏真は「三州急用」のために、これまで免許していた棟別銭を臨時の課役として徴収するようにしたうえで、一部の土地においては免除するようにしている（判物証文写今川二『戦今』一九一八号）。氏真が三河の錯乱状態を鎮圧するため、必死になっている状況を看《み》て取ることができる。なお、十二月には本田助大夫に対して本領を返付し、伊奈在城のために新たに所領を与えている（摩訶耶寺文書『戦今』一九四九号）。

このように、永禄六年の五月段階で合戦がほぼ終了していたことがわかる。同七年になると、それまで今川方であった武将たちの多くが、家康による安堵を受けるようになる。最後＝同八年の初期まで吉田城・田原城は持ちこたえていたが、三月頃には開城し、今川氏は三河から完全に退去することとなった。

当時の三州における諸問題

永禄四年、石田又七郎がかつて寄親としていたのは朝比奈親徳《ちかのり》だった。しかし彼は、それを三浦直明《(真カ)》へと変更したいと考えた（豊橋市美術博物館所蔵石田次郎兵衛門関係文書）。これは「今川仮名目録追加」第三条（『戦今』一一三〇号）に抵触する問題であったが、このような寄子による寄親の悉意的な変更が「同追加」に提示されていたということは、やはりこうした案件が日常的に起こっていたからであろう。「同追加」の作成は天文二十二年（一五五三）であるが、それ以前からこの事案が取り沙汰されていたと想定される。となれば、石田又七郎による三浦への寄親変更希望の文書が発せられた永禄四年（一五六一）段階でもその状況に変化はなかったといえる。つまりこの文書の発給は、義元が死没したから石田が寄親を変更したいと申し出たのではなく、それ以前も含めて継続的に話が出ていたと捉えられる。してみると、今川領国での寄親—寄子《よりこ》関係にある被官層による強固な連繋《れんけい》を築くことは、かなり困難であったと想定されよう。おそらく今川氏にとっての課題と認識されたであろう。

この時期の文書を見る限り、氏真は山家三方衆《やまがさんぽうしゅう》の一翼であった奥平氏に対し、かなり気を遣っていたように思われる。六月の奥平定能に山中郷の替地五〇四貫文を安堵したのは、おそらく奥平氏が今川氏に替地を要求したからであろう。というのは、山中郷は岡崎であり、その岡崎は今川氏に謀叛を起こした家康が居点としていたことから、奥平氏の知行地が家康によって押領されてしまったと判断されるのだ。それに対して氏真は、奥平氏の離叛を食い止めようと策を巡らし、替地を提示したといえよう。さらに氏真は、定勝父子が変わりなく今川方にあることに喜びの意を表す書状を出したり、子の定能には栗毛の馬を与えたりもしたのである（松平奥平家古文書写『戦今』一七〇三・一七〇七・一七〇八号）。

『戦今』を編集していた際、当初永禄四年としていながらも、正誤表を作成する段階で同七年に推測し直した文書がある。それが年欠十月十六日付鈴木三郎大夫重時宛氏真書状（水戸市立博物館寄託鈴木重信旧蔵文書『戦今』一七五八号）である。内容的には「長篠について、大塚から特別の働きをしていただき、嬉しく思っている。このようなときであるから、油断なく堅固にして走り廻るべきである。三河をまとめるため、近日中に三河へ兵を送るので、安心されたい。詳細は酒井右京進・朝比奈元徳が伝える」といったものであった。当初は長篠や大塚といった関連地名を中心に考え、花押を注視しなかったこともあって永禄四年としてしまっていた。しかし原本確認をし、花押も再度検討したところ、永禄七年十月の文書であることが確定した。この段階においては、すでに今川氏は三河国内で合戦を行わず、吉田・田原城だけが頼みとなった状況にあった。にもかかわらず、今川氏は三河を領域下に置きたいと願っていたことがわかる。

さらに長篠で今川方となって力を尽くしたのは、宛名に見える鈴木三郎《（重時）》大夫であった。永禄四年九月の宇利城合戦では平左衛門尉《（重勝）》とあり（鈴木重信氏所蔵文書『戦今』一七四七号）、重勝が父、重時が子息とされている。永禄六年五月の氏真の感状（鈴木重信旧蔵文書『戦今』一九一五号）以降、平左衛門尉が文書・記録類に見えなくなるため、おそらくこの間において死没した可能性が高い。

ところで、永禄五年の家康による上之郷城攻撃および鵜殿氏について指摘しておきたい。家康が同城を攻撃し、鵜殿長照の二人の子を捕縛して自身の妻子との人質交換を行ったことは広く知られている。この人質交換の前提は、鵜殿長照の母＝同長持の妻が氏親の娘であったということである。しかし、『寛永諸家系図伝』のような江戸時代初期の系図類において、氏親の娘は中御門《なかみかど》宣綱室と北条氏康室（瑞渓院殿）のみしか記載がない。「諸国古文書　土佐国蠹簡《とさのくにとかん》集残編《しゅうざんぺん》四」所収「今川系図」でも、中御門・北条両家に嫁いだ人物以外では瀬名貞綱室が確認されるだけである。これらの点については、黒田基樹氏の『瑞渓院』にも指摘がある。『寛永伝』の鵜殿氏の項においても同様で、氏親の女が嫁いできたという記載はみられない。とすると、長照の母＝同長持の妻が氏親の娘であったかどうかは不明確ということになる。ということは、家康が行ったとされる徳川・今川両家の人質交換もはたして本当だったのか、といった疑問へと繋《つな》がることになる。その解明については別の機会に譲り、本書では指摘のみに留めておくこととする。

なお、九月には鵜殿一族が親今川・反今川に分裂している状況がうかがえる（本興寺文書『戦今』一八六四号）。本文書には「義元が三河に入国して以来、東西を走り廻って親密な関係を築いている。本意のうえ、先約の土地（を与えること）は間違いない」とも記されている。本文書の宛所である鵜殿休庵は、長期にわたって今川氏と関係を持っていたが、永禄五年の上之郷城落城によって衰亡したと判断される。

二、遠州忩劇と氏真の領国経営

飯尾氏・天野氏の離叛

次に、三州錯乱の後半に発生した「遠州忩劇」について触れていこう。

永禄五年、三遠国境の国衆《くにしゅう》井伊氏の当主直親《なおちか》が家康に内通したという。これをもって「遠州忩劇」が始まったとされるが、これに関する同時代の文書や記録類は残されていない。確実な初見史料は、永禄六年十二月二十日以前に起きた引間《ひくま》飯田口合戦である。このとき氏真《うじざね》は、富士又八郎と小笠原清有の戦功を賞しているが、同時に朝比奈信置に対しても彼の戦功を褒賞している（大宮司富士家文書・小笠原文書・諸国古文書　土佐国蠧簡集残編五『戦今』一九四七・一九四八・一九五三号）。朝比奈宛の文書には、「敵襲来」とある。「飯田口」がどこかは明確でないものの、現在のJR東海道線の浜松駅から東へ三・二キロメートルほどのところに「飯田」が所在する。仮に飯田口がこの「飯田」周辺であったとすると、このとき朝比奈がこの付近にいて「敵襲来」を受けたということになる。朝比奈の所在が頭陀寺《ずだじ》城（静岡県浜松市南区）であったとすると、同城は飯田よりやや南西に寄りすぎているように感じられる。であるならば、飯田近辺に今川氏の兵を留め置くことのできる駐屯所のようなものでも存在していたのかもしれない。このときの引間城主は飯尾連龍であった。文書の「敵」が彼のことと判断されるので、連龍勢が引間城から飯田まで出張ったことで朝比奈と合戦になったということであろう。

飯尾氏と時期的にかなり近いところで、犬居城（同市天竜区）城主天野景泰も今川氏に対して謀叛を起こした。閏十二月後半のことである。天野景泰の同心であった尾上正良は、天野景泰・元景父子の逆心に反発し、今川氏に従ったことにより、天野景泰の跡職は小四郎藤秀に与えられ、さらに尾上正良にも二〇貫文が与えられた（掛川誌稿巻九尾上文書『戦今』一九五五号）。藤秀に景泰の跡職が譲られたということは、藤秀によって景泰・元景が討たれたと判断してよかろう（鈴木将典氏）。鈴木氏は、景泰父子と藤秀による確執がその背景にあり、特に永禄五年、両者の言い分を聞いた氏真が藤秀に有利な判決を行った（天野文書『戦今』一七九九号）ことに反発し、景泰らは挙兵したとの推論を提示している。おそらく、この指摘は的を射ていると思われる。

今川氏に叛乱《はんらん》を企てたとされる飯尾連龍は、翌永禄七年四月八日、家康と対面している（東漸寺文書『戦今』二二〇一号）。これによって連龍の挙兵には、三河徳川氏が背後にあったことがわかる。このとき、家康は鷲津《わしづ》本興寺に軍勢を乱入させているが（同）、一方の連龍は五月に吉田から浜松への行軍途中で新居・白須賀（いずれも湖西市）に放火したとされる（『朝野旧聞裒藁』貞享書上・『南紀徳川史』「名臣伝」）。こうした軍事行動に対して氏真は一旦、十月に連龍を赦免している（頭陀寺文書『戦今』二〇一五号）。その際、頭陀寺に入っていた衆徒らの大半が反今川となったらしい（同『戦今』二一三〇号）。そのため今川氏は頭陀寺に火をかけたと思われ、堂舎がかなり焼失してしまった。そのためであろうか、頭陀寺城が破却されることとなり、衆徒の居住地が問題となっている。しかし同八年になると、連龍は今川氏によって「成敗」された（小栗文書『戦今』二〇八七号）。「浜松御在城記」では同八年十二月二十日に駿府で成敗したとされるが、文書でいつかははっきりしない。いずれにしろ引間飯尾氏の文書の受・発給は、これ以降確認されていない。

その後、飯尾連龍の曾祖父《そうそふ》で飯尾氏の被官とされる江馬加賀守時成《ときなり》と、同族の泰顕《やすあき》が、永禄八年十二月に家康の家臣石川数正と酒井忠次から起請文を受け取っている（藩中古文書四『戦今』二〇七四号）。翌年になると渡辺勢（「盛」とも）からも起請文を受け、二月になって家康からも起請文を発してもらっている（同『戦今』二〇七七・二〇七八号）。つまり、飯尾氏の遺志を継いだ江馬氏が再び家康と結び、未だ今川氏に対して弓を引いている状況だったのである。

その江馬氏の叛乱はほどなくして治まり、四月二十一日になると両人に宛てて、氏真から浜松荘内で一〇〇〇貫文の替地をもって宛行《あてが》われている（同『戦今』二〇八五号）。本文書には、氏真の花押の枠線が描かれており、その花押は永禄三年の氏真のものに近いため、やや違和感が残される。とはいうものの、内容的に問題ないと判断されるため、江馬氏もこの時点で一旦、今川氏に従ったと判断される。

忩劇に加担した人々の峻別

「遠州忩劇」の始まりは、永禄五年十二月における三遠国境の国衆井伊氏の当主直親による家康への内通とされる。対する氏真は直親を懸川城付近で処刑したというが、この井伊氏の叛乱は文書で確認されておらず、『井伊家伝記』等の後世における井伊氏の家譜類に記述があるだけである。一方、別の史料では直親の内通を三月二日としているものも存在する（異本塔寺長帳・家忠日記増補追加）。だが、これらの史料も文書等ではないため、いま一つ信憑性《しんぴょうせい》を欠く。

ただ、ここで気に掛かるのは、三月であっても十二月であっても、「遠州忩劇」を文書で確認できるのは、翌永禄六年十二月になってからということである。つまり、井伊直親が今川氏へ叛旗《はんき》を翻そうとした志向から一年以上経過しないと、井伊氏以外の国衆たちが今川氏に対して謀叛を起こそうとしなかったというのである。その点から考えると、他の国衆、あるいは大名らとの連携が取れていなかったことになり、どれだけの勝算があって直親が単独で謀叛を起こしたのか、違和感を覚える。はたして本当に謀叛は起こされたのか、といった根本的な疑問も抱かざるを得なくなってくる。直親死没の背景として家康との内通を考えることができるかもしれないが、現時点では遠州忩劇と直接関連するかについては不明としておくべきだろう。

このほか天野景泰らに同心し、今川氏に叛旗を翻した氏族があった。天野氏の居点・犬居よりもさらに北方奥山郷に住する奥山氏で、惣領家《そうりようけ》であった大膳亮《だいぜんのすけ》が反今川軍に加わったらしい（奥山文書『戦今』二二三六号）。その大膳亮を抑えたのが、庶流の定友・久友兄弟であった。つまり天野氏の際と同様、氏真が奥山氏の嫡庶争いに決着をつけ、勝者を自らの陣営に取り込んだかたちであった。

また、文書でははっきりしないが、二俣城の松井氏も反今川になったとされる（浜松御在城記）。加えて、今川氏の御一家であった堀越氏延も今川氏から離れていったと伝わっていて（今川家譜）、これらは武田氏からの誘引であったとされている（『国衆の戦国史』一〇七ページ）。どちらも後世の記録から語られているが、松井氏に関しては文書が一点、紹介されている（諸国古文書　土佐国蠹簡集残編四『戦今』一九四一号）。本文書は、遠江堀越郷等を松井貞宗に給与しているもので、孫の松井宗恒《むねつね》が離叛し、祖父であった貞宗が今川方に残ったというのである。井伊直親の粛清が遠州忩劇と関連しているか不明とする筆者の立場からすれば、本文書が忩劇の初見文書となる。となれば、同文書が発せられた永禄六年十月二十一日以前に忩劇が始まっていたことになるが、この文書には「合戦」等の文言は確認できない。そのため、忩劇と直接関係するか微妙ということになる。本文書の発給前、あるいは発給後の十二月以前において、合戦をうかがわせる史料も見当たらないことから、筆者は本文書を忩劇の関係文書とは捉えられないと考えている。

このように遠州忩劇によって離叛した、あるいはその伝承がある氏族を通覧してみると、彼らは主に天竜川に沿っていた国衆ということが判明する。彼らの叛乱をこのまま許してしまえば、今川氏の領域が一気に天竜川以東に縮小してしまうことになる。そのため氏真は、飯尾氏に対して一度は赦免して融和策を講じたり、天野・奥山氏に対しては嫡庶の内紛を利用して最終的に一元化を図るなど、必死になって領域の安定化に気を配っていった。こうした氏真の奔走により、西遠地域も永禄八年の飯尾氏の落居で一旦落着させ、さらに翌年の江馬氏の懐柔によってようやく鎮定させたのである。

氏真の領国経営

遠州忩劇後、氏真は懸命に領域の維持・確保を試みていた。そのような氏真の〝姿〟を文書や記録類から紹介しておこう。

①井伊谷徳政：永禄九〜十一年（一五六六〜六八）、遠江国引佐郡井伊谷《いいのや》（静岡県浜松市北区）に隣接した祝田《ほうだ》郷において、本百姓の訴訟に応じて徳政令を発布している。これは、二〇一七年の大河ドラマ「おんな城主　直虎」でもストーリーとして採用されていた（蜂前《はちさき》神社文書・瀬戸文書『戦今』二一三四・二一六〇・二一六二・二一八一・二一八二〜二一八四・二一八九・二一九三号）。井伊谷徳政は、近年改めて見直され始めており、特に匂坂直興《さぎさかなおおき》の発給文書四通（『戦今』二一三四・二一六〇・二一六二・二一八一号）のうち、二一三四号文書を永禄十年とするのか、それとも同十一年とするのかといった点で疑問が残されている。

当初、同文書は久保田昌希氏によって年代的に二一六二・二一八一号文書の間で、この三点が永禄十一年とされていた（二一六〇号のみ永禄十年と比定）。しかし、二〇〇〇年に筆者が論文で同文書を前年の永禄十年に改めたことによって、再考が求められたのである。それは、直興の文書四点を並べると、この文書だけ彼の花押が違っていたことに疑問を抱いたためであった（図22）。そのため、『戦今』においても同文書を最初に配列したのである。

筆者の論点は、次のようなものである。すなわち、花押は書判《かきはん》とも呼ばれる自身のサインのようなもので、その変更は、当人にとって何かしらの環境等の変化があったことをきっかけとしてなされる。筆者は、直興が永禄十年半ばから一年の間に花押を変化させるようなことがあったか不明なれど、そのようにも思えないこと、また、仮に二一三四号文書が永禄十一年とすると、当初用いていた花押形を六月に改め、さらに八月三日以前に元の花押形に戻す、といった不自然な推移を見せることになる。そのため、本文書が井伊谷徳政の途中において発せられたものではなく、最初期もしくは最終段階のいずれかに発給されたのではないかと判断される。ところが二一八一号文書には、井伊谷徳政の終結を示すような「徳政が済んだ＝終わった（原文＝「徳政之事すまし候」）」という文言がある。これは久保田氏以来、井伊谷徳政の解明に取り組んだ研究者すべてが同様に理解している。そのため、二一八一号文書より後に二一三四号文書のようなものが出されることはないとして、最初期＝永禄十年としたのである。

これに対して糟谷幸裕氏・黒田基樹氏は、久保田氏の理解を踏襲し、同十一年とすべきとした。両氏とも〝二一三四号文書が永禄十一年の方が理解しやすい〟と判断して同年にこの文書

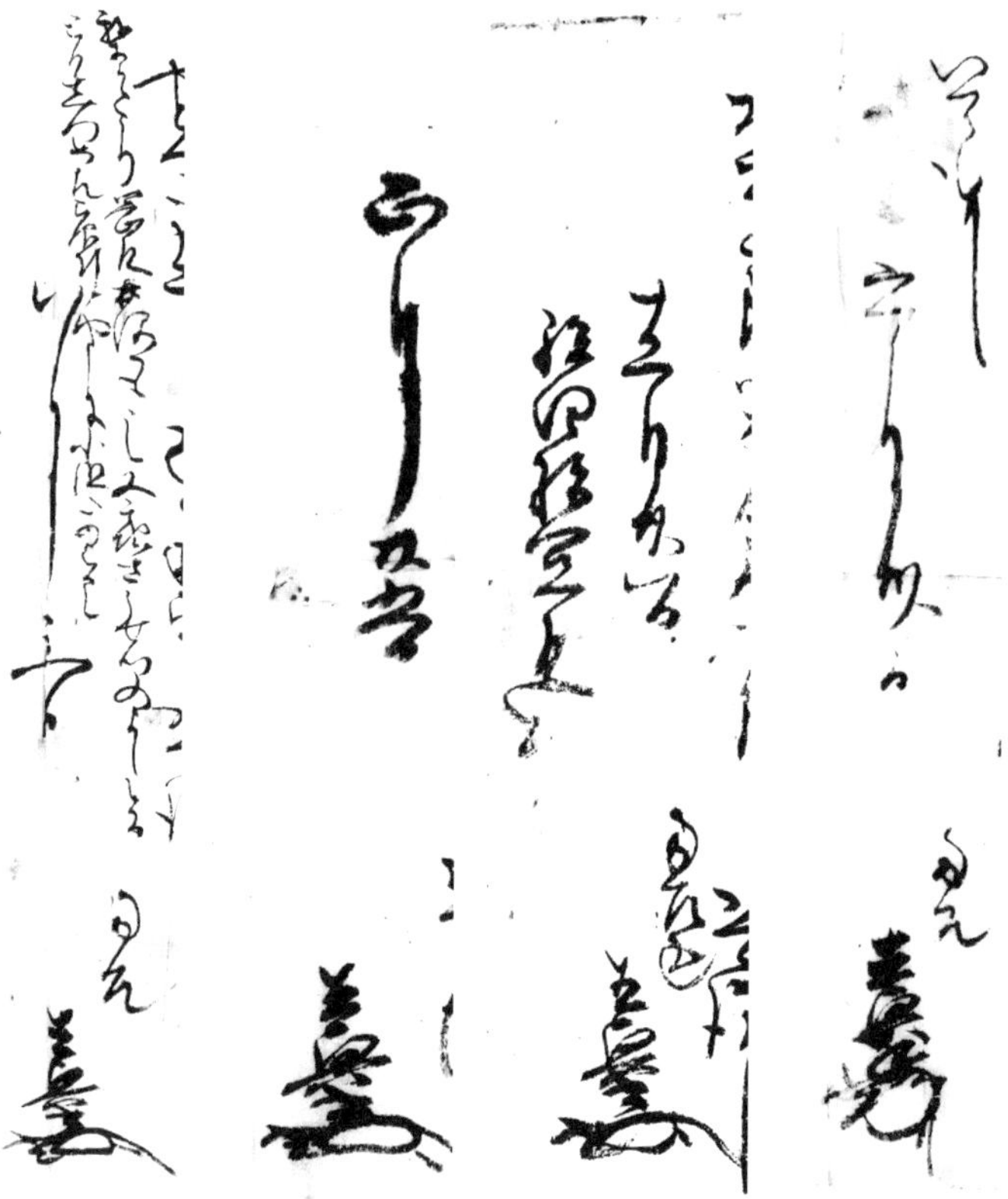

図22　匂坂直興花押4点

(右より順に、年欠6月30日付、〈永禄10年〉12月28日付、〈永禄11年〉正月25日付、〈永禄11年〉8月3日付／蜂前神社所蔵／浜松市博物館写真提供)

を設定したのである。現時点において、筆者は糟谷・黒田両氏に対する反批判を提示できる材料を持ち合わせていない。しかしここで問題なのは、筆者が提起した直興の花押形の問題を、両氏ともにひとまず措《お》いているのだ。黒田氏は戦国期の文書において、ごく稀《まれ》に花押形を一度変化させながらも、元に戻したものが存在するため、それと同様、匂坂も花押形を元に戻したのではないか、としている。

直興の花押の問題は、年代の明確な彼の文書が新たに発見されない限りクリアにすることはできないかもしれない。してみると、状況を類推しながらの作業になるため、糟谷・黒田両氏の説も理解できる。しかし、花押形が相違するという厳然たる事実をどのように解するのか。二一三四号文書が発せられた後で何らかの事象が発生し、その後に二一六〇号文書が出されて永禄十一年の徳政終結へと向かう、といった可能性も否定すべきではないと思う。こうした点からも、引き続き検討を続けるべきと考えている。

②楽市：永禄九年四月三日、富士大宮で毎月行われていた月六度の市を楽市にする旨の朱印状を発給した（大宮司富士家文書『戦今』二〇八一号）。また、それより以前の同四年六月朔日付清水寺衆徒中宛朱印状でも、氏真は毎年正月十七日および七月十七日に「新町」を立て、商人からの役を収取しないと宣言していた（清水寺文書『戦今』一六九八号）。これらの文書は商業振興政策と考えてよかろう。特に前者は、教科書などで織田信長による永禄十年の美濃《みの》国加納（岐阜市）の市場を楽市にするとの制札が著名になっているため、そちらばかりが注目され

ている。しかし氏真は、信長よりも前の年に「楽市」の文言を提示していたのである。

なお、大名の政策としての「楽市」文言の初見は、近江《おうみ》六角定頼による天文十八年の観音寺城下町の石寺に発給した文書である。信長もこの戦国の時代に生きた武将であるため、近隣の武将と同様の政策を施したうえで、徐々に変更を加えた行動をとったに過ぎなかったことを付言しておく。

③用水問題：遠江国棚草郷（静岡県菊川市）において、氏真は永禄九年六月十八日、「井堤用水の場」は前々のごとく地頭＝朝比奈孫十郎の計らいとし、さらに用水についても前々の通りであるとの朱印状を孫十郎に宛てて発給した（遠州棚草村文書『戦今』二〇九五号）。これだけでは本文書の内容がいま一つはっきりしないのだが、同郷の近隣に伝わるという本城山の小祠《しょうし》木札の銘文を見ると、興味深いことが記されていたという。そこには「井水の宏恩《こうおん》に酬《むく》い」て新社を営み、木札を納めたとある。その主体こそが氏真であった。この木札は元治二年（一八六五）という幕末になってのものであるが、水に恵まれなかった棚草が、戦国時代以降、「江戸時代を通じて棚草の田畠をうるおし、村人の感謝の的となっていた」として、氏真の功績とされたのである（長倉智恵雄『戦国大名駿河今川氏の研究』二七四ページ）。

以上、氏真による①〜③の政策は、彼の積極的な領国経営策として評価されるべきものであろう。注目すべきは、①〜③はすべて永禄九年以降に実施されているという点である。なぜ同年に至ってこれらの政策が行われるようになったのか。それは、同八〜九年の状況を反映していると言ってよい。

すなわち、永禄八年三月に三河国吉田城（愛知県豊橋市）を開城し、今川氏は三河から完全に撤退した。さらに同年暮れになると、徳川家康に与した引間《ひくま》（浜松）城主飯尾連龍《つらたつ》を殺害し、翌年二〜四月にかけて、飯尾氏家臣の江馬氏と和睦を結んでいる。つまり、永禄六年から続いていた遠州忩劇の終息が見え始めたため、①〜③の政策が実施されたと考えられるのである。断続的に惹起《じやつき》された戦闘状態をある程度終結させ、これから領国内を立て直そうという氏真の姿勢を垣間見《かいまみ》ることができるといえよう。そこには駿遠両国の安定を企図し、積極的な領国経営策を講じていた、従来のイメージとは違う氏真の姿を見ることができる。

しかし残念ながら、こうした彼の施策は実を結ばなかった。甲斐《かい》の武田信玄が、徐々に甲相駿三国同盟からの離脱を謀り始め、永禄十一年末に駿河に侵攻し、氏真は戦国大名としての地位を簒奪《さんだつ》されてしまったからである。

第三節　離れる国衆と残る国衆――遠江西郷氏の検討

鎌倉～室町期の西郷氏

ここまで今川領国の直接的な崩壊要因に関わる三州錯乱《さんしゅうさくらん》や遠州忩劇《えんしゅうそうげき》について、文書に沿って具体的に述べてきた。こうした戦乱の際に名前が挙がった氏族は、主に今川氏に敵対した側の武将たちであった。しかし、それが遠州忩劇で示した天野氏や奥山氏などのように氏族内部で分裂していた際、今川氏の味方となった武将が判明することがある。こうした視点で永禄期の今川氏の関係文書を通覧してみると、遠州忩劇の間の動向が見える一つの氏族に目が留まった。それが遠江《とおとうみ》西郷氏で、同氏が忩劇の際に今川氏に従った可能性があるのだ。

遠江西郷氏とは、これまでほとんど検討されたことがなく、基礎的なことも明らかにされていないのが現状である。『掛川市史』上巻第八章（小和田哲男氏執筆）において、若干触れられている程度であるため、その指摘も参考にしながら確認しておこう。同書では『桃園雑記』に記載のある「遠江国三十六人衆」のうち、現在知られている一〇氏の中に「西郷の西郷殿」が存在していたとする。

さらに室町期の関係史料として、京都の公家《くげ》である山科家の雑掌《ざつしょう》大沢氏の代々の記録である『山科家礼記《やましなけらいき》』のうち、（文明四年〈一四七二〉）二月五日付西郷八郎宛飯尾《いのお》久晴書状写を、読み下して採録している。そのうえで、

①西郷居住の西郷八郎はかなりの力を持っていた

②この西郷氏と三河の西郷氏はあるいは同族だったかもしれないが、三河の西郷氏が遠江に移り住んだということにはならない

③石谷氏の系図に西郷民部少輔《みんぶのしょう》という名前がみえるので、この西郷八郎の係累に民部少輔がいた

④西郷氏で注目されるのは、その居城と考えられるのが美人ヶ谷城《びじがや》（掛川市上西郷字美人谷）で、これは詰の城であった。平地の居館がどこかにあったはずだが、それはわからない

⑤美人ヶ谷城は単なる土豪の城ではないが、原氏の殿谷《とんのや》城ほどは大きくなく、国人クラスと規定するのもむずかしく、国人と土豪の中間的な位置づけになるのではないか

としている。このうち、④・⑤については妥当な見解と思われるが、①については在地の領主層＝西郷氏が年貢の未進を行っていた（この部分は文書内容に相当）のは、当時どこでも似たようなものであり、「かなりの力を持っていた」かどうかは、これだけでは不明である。とはいうものの、年貢未進を行っている在地領主クラスの人物が、それなりに在地に対して影響力を持っていたのは間違いない。また、③については他家の系図のみの記載であり、可能性に留ま

るとしか言えない、ということを指摘しておきたい。

ちなみに『掛川市史』では触れられていないが、鎌倉期の西郷氏を語る関係史料も一点残されている。それは六条八幡宮造営注文（国立歴史民俗博物館所蔵文書〈『県史』中世補遺六六号〉）であり、そこには「西郷入道跡　三貫」として確認できる。本文書は、かつて京都に住んでいた源頼朝の祖先源義家の旧宅地に建てられた六条八幡宮を、建治元年（一二七五）に修造することとなった際における御家人の負担額の書上《かきあげ》である。鎌倉の御家人一一一名、在京御家人二八名、九州と四国を除く各国御家人三一六名の名を認めることができる。遠江国は野部介《のべのすけ》以下一〇名ほどの記載がある中で、いま述べたように西郷入道が存在していたのである。「跡」とは家の名跡、それを継ぐ者、家督などの意味（『日本国語大辞典』）で、建治元年段階に西郷入道という前当主が没しており、家督継承者が造営のための三貫文を支払うことになったというのである。なお、支払う予定であった三貫文を他の御家人と比較すると、国別御家人のうち一人だけ二貫文という人物がいるものの、三貫文はその次に低い金額で、国別御家人三一六名のなかで、ほぼ最低額を支出していたことが判明する。

このように見てみると、西郷氏は鎌倉期から存在し、その系統が系譜的に継続するかは不明ながらも、御家人として在地に根付き、室町期になって現地の「荘官」的な立場になったと捉えられよう。

ところで『掛川市史』の指摘②にあるように、遠江西郷氏と三河西郷氏は系譜的に関係があ

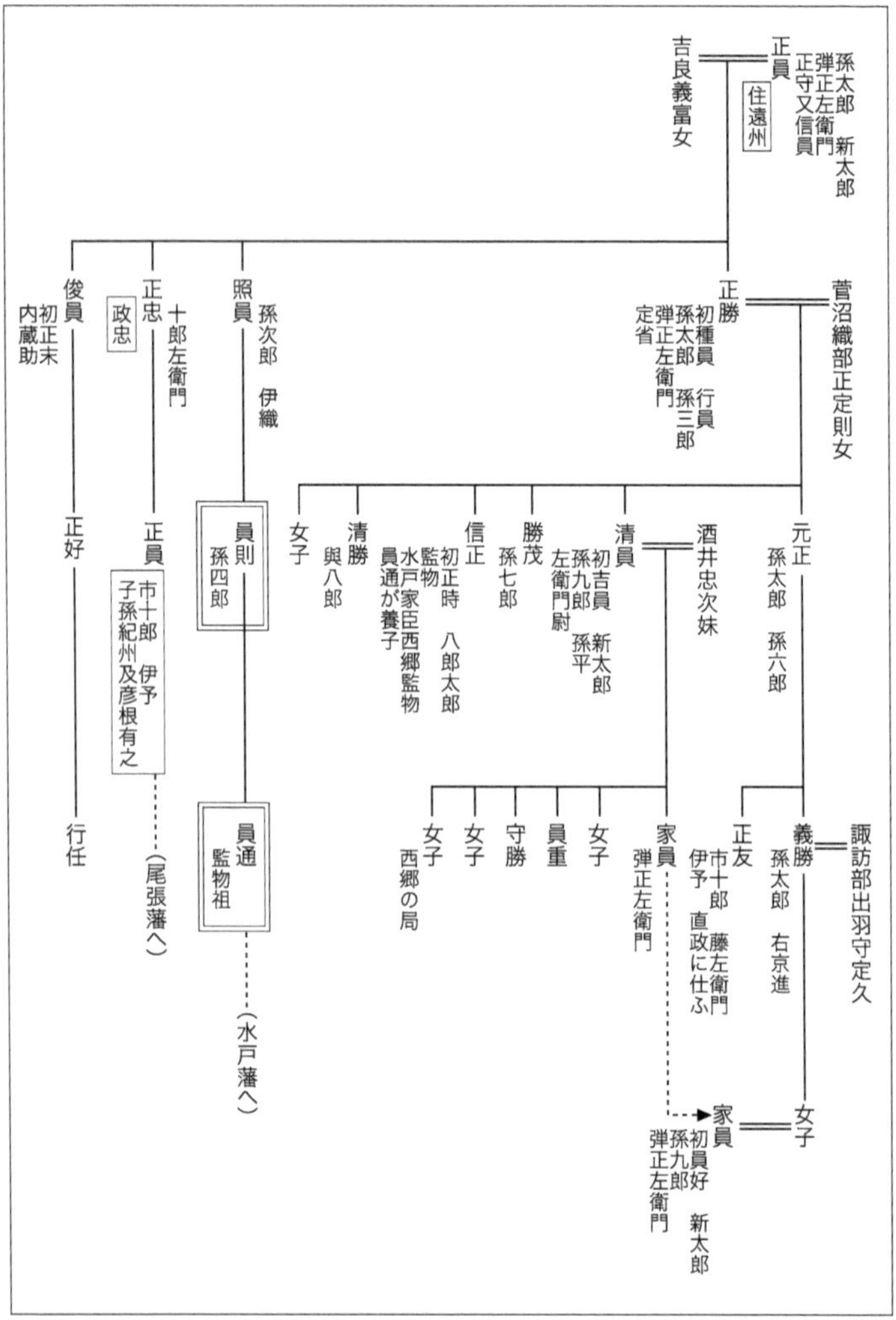

図23　『寛政重修諸家譜』をもとにした三河西郷氏系図

るのだろうか。そこで三河西郷氏に関する研究を見てみると、大久保俊昭氏が『豊橋市史』第一巻（原始・古代・中世編）の内容を踏まえて検討を加えているだけであった。改めて系図を見直してみたところ、「尾藩諸家系譜」五では出自を肥前西郷氏としており、「正員《まさかず》」の項に「住遠江」との記載があった。しかし『寛永諸家系図伝』（以下、『寛永伝』）や『寛政重修諸家譜』（以下、『寛政譜』）では、ともに戦国期の「正員」を始祖としており（図23）、『寛政譜』にはそれ以前が「信じがたき事多し」と記している。「正員」が「住遠江」であったとすれば、遠江と三河の両西郷氏は関係している〝可能性はある〟ということだ。

主に『寛政譜』と他の系図を比較すると、正忠の系統が尾張《おわり》藩との関連があり、「尾藩諸家系譜」五に繋がる系統といえる。また、照員の系統が水戸藩へと仕官しており、「佐野本系図」に繋がると判断される。さらに監物《けんもつ》の系統だが、水戸藩士の系図「水府系纂」に西郷監物の名が確認される。これらを前提として、以下、西郷氏について考えてみよう。

戦国期の西郷氏

「尾藩諸家系譜」の「正員」項には「住遠江」との記載があり、正員段階における遠江との関係性が想起させられる。となると、遠江西郷氏を検討するにあたっては、三河西郷氏とセットで考える必要がありそうだ（系図参照）。まずは、戦国期における三河および遠江における西郷氏の関係史料を網羅してみよう。

初見史料は、おそらく永正四年（一五〇七）十二月十八日付鷲津本興寺（静岡県湖西市）の棟札銘（本興寺所蔵『戦今』一九三号）であろう。「棟札」とは建築物に、工事の由緒や竣工《しゅんこう》年月、建築者・工匠などを記載して棟木に打ちつける木製の札《ふだ》（『日本国語大辞典』）のことで、戦国期の東海地域では、毎年十一月・十二月に多くの寺社で伽藍《がらん》や社殿等の新築・修築等を行っており、本史料もそうしたものの一環と位置づけられる。なお、『戦国人名辞典』（吉川弘文館二〇〇六）では「西郷将貞」として立項しているが、『県史』編纂《へんさん》段階（三―四四一号）ですでに「将員」とされていた。西郷氏は「員」字を通字《つうじ》として用いているようなので、ここでは「将員」としておく。

この「将員」は、「まさかず」という読み方から推測の可能な、系図類に登場する「正員」なのであろうか。将員は、三遠国境の月ヶ谷《わちがや》（愛知県豊橋市嵩山《すせ》）城を本拠としたか、と推測されている。この点については永正五年（一五〇八）頃、三河国田原（田原市）の戸田氏の代官斎藤氏が、三ヶ日大福寺の寺域内で濫妨を働いたことを想起させる（第二章第二節）。浜名湖周辺の西遠江と渥美《あつみ》半島周辺の東三河の人々は、三遠の国境があったとはいえ、それとは関係なく互いに交流しており、在地に関わる武将たちも国境を問題にしていない。そうしたことから考えると、月ヶ谷城主の将員が本興寺の願主として見えるのも、ある意味当然のことであった。「国境」は行政的なもので、生活や信仰圏等とは違ったものといえる。

同十六年になると西郷信数が、さらに享禄五年（一五三二）になると西郷孫四郎信員が、豊橋市石巻本町の馬越《まごし》素盞嗚《すさのお》神社の所蔵になる棟札銘に確認できる（『戦今』三三七・四八〇号）。特に後者には「地頭」の文言もあり、馬越素盞嗚神社近隣を治めていた領主であることを示しているが、「信数」と「信員」は同じ訓読みの「のぶかず」であり、同一人の可能性が高い。

その間の大永三年（一五二三）には、正宗寺（豊橋市）の客殿を造立した大旦那として孫三郎種員の名が同寺所蔵の棟札銘に見える（『愛知県史』織豊1―五四六号）。系図類では、正勝の初名としての「種員」、仮名《けみよう》としての「孫三郎」を提示している。年代的には信員と並行しており、史料上にも関係性の記載がないことから、種員が系図上の正勝とされているものの、実際は兄弟などの近親である可能性も否定できない。

その後、西郷氏の名は一時見えなくなるものの、天文十七年（一五四八）になると、西郷弾正左衛門尉が登場する。彼は今川氏と尾張の織田信秀が戦った同年の小豆坂《あずきざか》合戦で今川方として参戦し、義元から感状を受けている（記録御用所本古文書一一『戦今』八六八号）。本文書が収録されている「記録御用所本古文書」は、大名や旗本たちが過去においてどのような文書を持っていたのかを書き上げており、その際、文書を受給した人物の実名も記されている。そのため、この弾正左衛門の実名は「正守」と判明するが、『寛政譜』などでは初代の「正員」にあたるとされている。それは同二十一年、鷲津本興寺の大旦那として西郷弾正左衛門将員が登場するためで（本興寺所蔵仏殿修覆棟札銘写『戦今』一一一二号）、同一人の可能性が高い。「将員」と「正員」の訓読みが「まさかず」で同じであるためであろう。

永禄元年（一五五八）、法名日定を名乗る人物が現れ、制札（禁制）を発給する（記録御用所本古文書一一『戦今』一四二一号）。本文書も「記録御用所本古文書」に収録されているため、先述のように実名が判明する。そこには正勝とあった。「記録御用所本古文書」で提示された西郷氏は弾正左衛門の系統であるため、日定も同じ通称＝仮名の弾正、もしくは弾正左衛門等を用いていた可能性が高い。そのような観点で今川氏関係文書を見直してみると、同四年六月二十日付匂坂《さぎさか》長能宛氏真判物写（今川一族向坂家譜『戦今』一七二一号）で篠塚（豊川市）や吉田領（豊橋市）のうちの大崎において、各一〇〇貫文の知行地を認められている「西郷弾正」が存在する。さらに翌年三月七日付奥平監物丞（定能カ）宛氏真判物写（松平奥平家古文書写『戦今』一八〇四号）において、三河国内で大村不動堂方に一〇〇貫文の知行地を有していた「西郷弾正左衛門入道」もおり、両者は正勝の可能性が出てくる。

ところで天文期の弾正左衛門将員は、正勝であった可能性はないのであろうか。将員が出家する以前に正勝を名乗る可能性も、ゼロではない。時代は下るが、関ヶ原合戦後に徳川家康から土佐一国の領主として任じられた山内一豊の読み方は、「かずとよ」ではなく「かつとよ」ともされるため、「将員《まさかつ》」＝「正勝《まさかつ》」の同名であったと考えることも可能だろう。

このように見てくると、『寛政譜』で「信じがたき事多し」としているのは的を射ている。『豊橋市史』と大久保氏の論稿では、永正十六年・享禄五年に見える信員は、正員の一世代前と認識し、信員―正員―正勝……としている。ただ、仮に永正十六年に二〇歳であったとすると、享禄五年では三三歳となり、「孫四郎」の仮名はやや不自然になると思われる。さらに、永正初期の「将員」も加えるとなると、月ヶ谷城主の系統は、

将員―信員（信数）―正員（将員）―正勝―元正……

と続く場合と、

将員―信員（信数）―正員（将員・正勝）―元正……

といった二つの可能性があり、さらに信員には種員といった親族も存在したことも考えられるとしておきたい。

天文以降に登場する三河西郷氏＝西郷弾正左衛門家は、天文中期には今川氏に従属しているが、永禄四年十月下旬に松平方となった（「酒井忠次書状写」「松平元康判物写」記録御用所本古文書一一・譜牒餘録前編巻五十九『戦今』一七六〇・一七六二号）。しかも、その宛名が西郷左衛門佐（清員）となっており、正勝の長男とされる元正でなく、次男宛となっている。元正は『寛政譜』によると、同年九月十一日に五本松において正勝とともに没しているという。元正の子義勝も未成年で、清員が「名代」となったとされる。ちなみに、清員は文禄三年（一五九四）に六二歳で死没したとされているので、逆算すると天文二年（一五三三）生まれとなり、本文書が出されたときは二九歳となる。

永禄七年六月五日、家康が西郷清員に宛てて、宇津山《うつやま》東筋の守備が重要であるため、清員に対して当座の替として、吉良河島（西尾市）で三〇〇貫、作手（新城市）で同じく三〇〇貫、菅沼貞吉知行分の二〇

〇貫、井《い》伊谷《いのや》領で一〇〇貫を、忠節次第で与えると文書を発した（三川古文書『戦今』一九九四号）。これは、八幡大菩薩《だいぼさつ》・富士権現・白山権現に「如在あるまじく候＝手抜かりはしない（転じて、嘘は吐《つ》かない）」といった家康の起請文《きしょうもん》に近い判物《はんもつ》のかたちで出されている。おそらく義勝が元服前であったため、清員宛になったと想定される。西郷氏が三遠国境を領域的に支配していることを前提とした氏族であったため、このような宇津山筋の守備、井伊谷領内の知行地を得ることになるといった文書が発せられたといえよう。

ちなみに、永禄五・六年の今川氏の文書には、「西郷豊後《ぶんご》討取」であったり、「西郷新左衛門子令生捕」（千賀家文書・常盤歴史資料館所蔵田嶋文書『戦今』一八四七・一八九七号）といった文書が確認される。このことからすると、三州錯乱時において三河西郷氏のほとんどが反今川・親松平であったと考えられよう。

遠江西郷氏の実像と氏真

これまで三河西郷氏を中心に話を進めてきたが、それは同氏の多くが今川氏と対立する立場にあったために文書に残されたからである。一方、遠江西郷氏はそれとは逆で、親今川方であった。その初見史料は、永禄七年九月二十八日付西郷某宛氏真判物写（諸家文書所収西郷木工所蔵文書『戦今』二〇一三号）である。以下、本文書を訳しながら提示することにしよう。なお、本文書を収録する『諸家文書』は、水戸藩最後の藩主徳川昭武氏の原蔵で、東京大学史料編纂所に架蔵されている謄写本である。和綴本《わとじぼん》の状態で、計三八点の文書を収録している（うち西郷氏関係史料は一三点である）。このうち、収載されている氏真《うじざね》の文書は、花押や文言、筆跡に至るまで当時の文書にかなり似せて書かれている。本史料は虫喰《むしく》い部分も明確に記されている。そのため、その部分については当然ながら判読できていないことをお断りしておく。

遠江国で、現在治めている知行分の事
一福田郷（磐田市）の事
一西郷（掛川市）のうち分割地の事
一福田浦の船役（虫喰い）ほか諸役免許の事
右について、以前に出した判形や数通の（虫喰い）の旨に任せ（虫喰い）、領掌することは間違いない。しかし、惣領（虫喰い）の沙汰は、各別として奉公するべきである。この旨を守り、（虫喰い）これからも忠功に抜きん出るように。
永禄七年九月廿八日　上総（今川氏真）（介）□（花押影）
西郷（虫喰い）

内容的には、氏真が福田《ふくで》郷と西郷のうちの割地《わりち》＝分割した土地、および福田の浦における船役等の免許を当知行＝現在治めている知行として安堵したものである。本文書の発給年月日によれば、この頃は遠州忩劇の真《ま》っ只中《ただなか》、というか後半に向けてといった段階である。さらに本文の二行目の文章も注目させられる。これは、「当知行分＝現在治めているものを認める。しかし、惣領が何か言ってきたら…（原文＝「領掌不可有相違、雖然惣領［（虫喰い）］沙汰者」）」と想定することも可能で、宛名の西郷某は庶子家であったことを示している。ということならば、遠江西郷氏には、もともといずれかの西郷氏を惣領とする家が存在していたということであろう。その「いずれか」というのは、三河西郷氏であった可能性もあるが、遠江国内の別な系統の西郷氏ということも考えられる。

　ところで「庶子家」であった本文書の宛名に見える西郷某は、監物丞信房である。それは、『諸家文書』に収載されている文書が、西郷監物の系統の文書であることが明らかなためである。次の史料を見ていただこう（諸家文書所収西郷木工所蔵文書『戦今』二〇五二号）。

現在、知行している西郷（掛川市）の土地で分割した土地（割地）について、このたび同じ名字の伊予守と相論になって裁判をしたところ、去る未年（永禄二年）に両人が問答をして落着した印判に「更茶（マヽ）」とあり、昔も今もその名を聞いたことがなかったので、いったんは許してやって赦免した。しかし、改めての訴訟だったので成敗を加えた、という文言が記載してあった。そこで、その割地に関する裁判が落着した際、信房がその土地とその権益等を受けているのか確認したところ、永禄二・三年は問題なく権益も受給していたが、その後は何かといろいろと言いながら滞らせ、近年ではまったく差し押さえられてしまったということを言上してきた。これは重い犯罪である。そのうえは、かの割地や畠・山林・野河原・芝起・屋敷・用水など、これまでのようにそれぞれ別々に、かつ永久に知行するように。たとえ伊予守の子孫が後先においてどのような文書を持参して無法な訴訟を企ててこようとも、一向に気にすることはない。この旨を守り、今後も奉公に抜きん出るように。

永禄八年九月廿二日　　上総介《(今川氏真)》（花押影）

西郷監物殿

これは、ようやく遠州忩劇も終盤を迎えようとしている段階でのことで、内容としては監物信房と伊予守某との訴訟に関して、信房を勝訴としたものである。本文中に「信房がその土地とその権益等を……確認」とあることから、監物＝信房であることは間違いない。これは『県史』三段階でも同様である。とはいうものの、先の系図には「信房」の名が確認できない。

ただ監物については、先の系図に二人確認できる。すなわち正勝四男信正と、正員二男照員の孫員通である。信正の記事を見ると、「水戸家臣西郷監物員通が養子」とあるので、この系統は水戸藩に仕官したことがわかる。そこで、水戸藩の家臣たちが先祖のことを書き上げた「水府系纂」を確認してみた。すると次の系図（図24）が記されており、いくつか別の情報を入手することができた。

すなわち、正勝の弟にあたる照員の跡を継いだ員則（「水府系纂」では則員。以下、「水府系纂」の記載に則《のっと》る）には弟がいて、その人物が員通であり、則員の嗣子となったというのである。先の系図は、その養子関係を通常の親子関係としたための誤謬《ごびゅう》であるが、その員通が信房とも

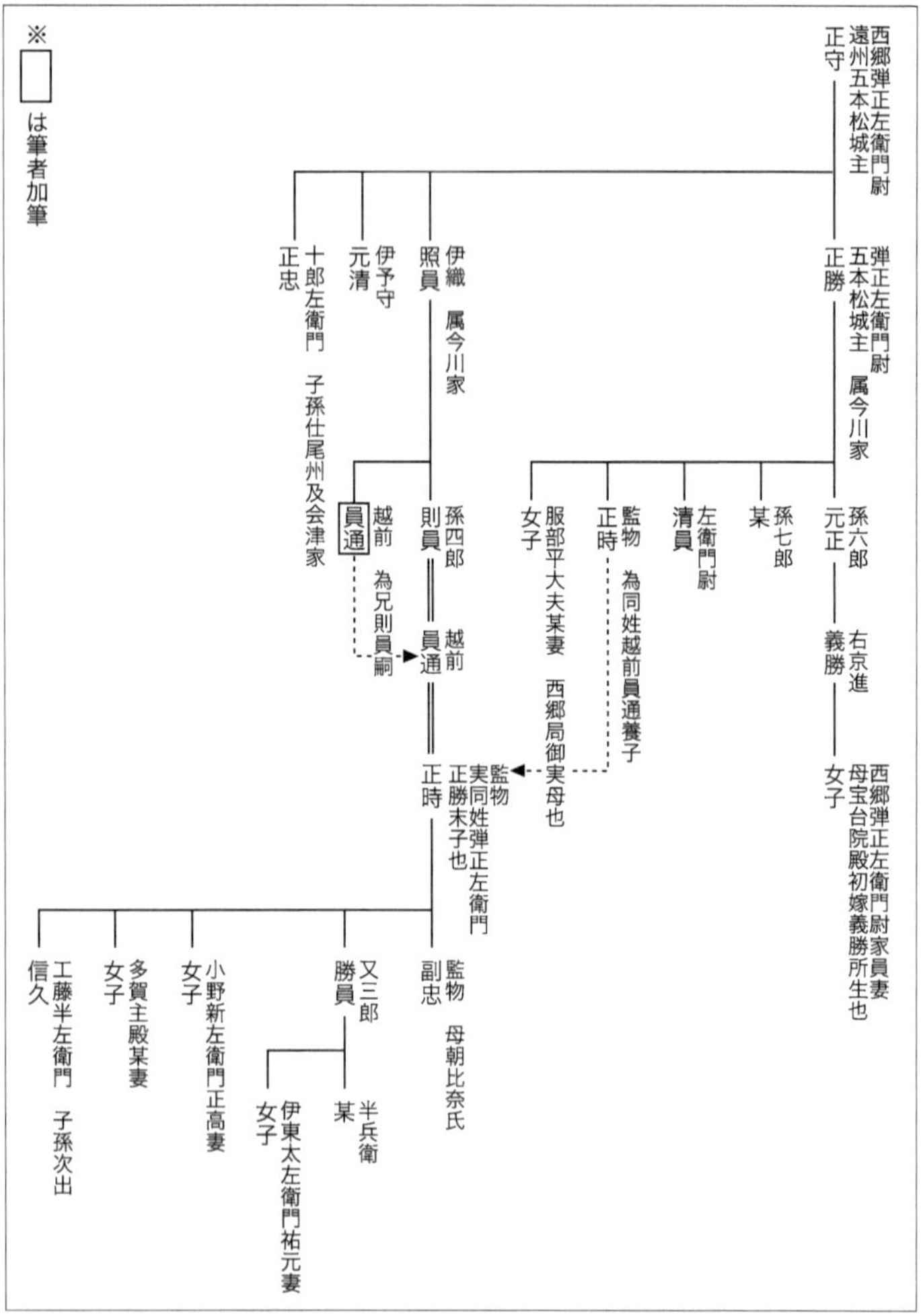

図24 「水府系纂」巻第六所収 西郷氏系図

（公益財団法人 徳川ミュージアム所蔵「水府系纂」をもとに作成）

名乗っていたというのだ。さらに見てみると、信房は平七郎とも監物・越前とも称しており、則員の家督を継承して今川家に従い、数度の軍功によって氏真から感状を数通、ならびに西郷の割地、そのほか知行の証文朱印などを所持しているとあった。

加えて信房＝員通には子どもが無かったため、正勝の「末子」正時を養子に迎え、後継としたという。これは、先に示した信正が員通の養子になったという記載と同様であるが、正時＝信正には与八郎清勝が弟として存在していた可能性がある。この系統は、いずれの家中に移ったのか明確でないため、これ以上追究できない。

一方、信房と西郷の割地を争った「伊予守」は二人存在し、先の系図（図23）では正勝・照員の弟十郎左衛門正忠の子正員と、正勝の孫市十郎正友がいる。信房が系図上の員通であることが確定したので、本文書に見える伊予守は、員通＝信房（以下、文書に見える「信房」で統一）よりも下の世代ではあり得ない。ただ、元正の子正友の仮名は市十郎・藤左衛門で、「直政に仕える」とある。これに対して正忠の子正員の仮名も市十郎で、「子孫は紀州と彦根にいる」とある。とすると、正忠の子正員が何らかの事情で元正の養子に入ったのではなかろうか。つまり、信房からすれば正員は従兄弟で、かつ月ヶ谷西郷氏に入った再従兄弟《はとこ》（従兄弟の子）ということになる。

また、彦根には「彦根藩侍中由緒帳」という幕末に作成された家臣等の由緒書がある。それで確認してみると、「西郷藤左衛門」家とあり、遠江出身とあった。正員の通称＝仮名は藤左

衛門のほか勘兵衛・軍之介（助）・伊予などで、

弾正左衛門正勝―孫六郎元正―正員

と続いてきたとある。藤左衛門家の初代がここで示した正員で、仮名は藤左衛門、のちに伊予守となった。生国は遠江国西郷で、幼年より徳川家康に奉公し、二〇〇〇石を拝知され、天正十八年に井伊直政が上野《こうずけ》国箕輪《みのわ》に入封した際、家康の命で木俣守勝・椋原《むくはら》正直とともに直政附となり、家老格として町奉行を務めたという。この点は天正十年の話の可能性もあり、一部において誤伝もありそうだ。そのほか、小牧・長久手合戦や蟹江《かにえ》城攻め、小田原陣や九戸の陣等に出陣し、慶長四年に隠居していたものの、関ヶ原では隠居ながら高崎城の留守居城代を務めたとされている。

以上のことから類推すると、図23の系図の正勝の系統が月ヶ谷城主の系統であったが、そこから分岐した照員・正忠の二つの系統が遠江西郷氏の系統として、西郷の割地等をめぐって争っていた。それに対して今川氏は、遠州忩劇にあたって照員の系統＝信房を支持した。一方の伊予守正員は、後に直政に仕えるということを視野に入れると、徳川家のバックアップを得ようとしていたのではなかろうか。

ただ、正員が家康のバックアップを得ようとしても、永禄八年段階では家康もまだ遠江に侵攻しているわけではない。西郷は現在の掛川市だから、遠江の中部にあたる。そこまで家康の力が及んでいたとは考えられない。とはいうものの、割地をめぐって争う信房・正員が、照員・正忠という正勝の弟＝分流であり、正勝の系統から後に家康の側室で、秀忠・忠吉の生母となった「西郷局」が輩出したことを考えると、正勝の系統が「惣領」家であったと理解してよいと思う。そのため、「惣領が何か言ってきたら」といった表現になったのだろう。その惣領は、すでに徳川氏の軍門に降っていたのだから、ここで紹介した史料が遠州忩劇によって発せられたものと捉えることが可能となろう。

内容を見てみると、「後先においてどのような文書を持参して無法な訴訟を企ててこようとも（原文＝「前後帯如何様之判形、雖企濫訴」）」との表記から、信房が氏真から本文書を発してもらう以前の段階で遠江国内の知行地に関する文書が発せられていたこと、さらにそれらの文書は信房の系統と市十郎正員の両系統に残されていたと思われる。しかもその文書は、どちらも権益を認めてもらうためのものであると判断されるので、今川氏を含めた上級権力者から発せられたものの可能性が極めて高い。とはいうものの、西郷の割地に関しては微妙な扱いとなっていて、そのためにこそ両者が争っていたと判断される。

ただし、月ヶ谷西郷氏はこの訴訟に最初から関わっていたようには見えない。仮に関わっていたのであるならば、正員サイドに徳川氏から権益を承認してもらうような文書が発給されていて、それを根拠として正員が何らかの主張をしてもおかしくないであろう。しかし、そうした文書は残されていない。

文書を中心に検討し、系図も踏まえたこうした状況に鑑みれば、この時期における遠江西郷氏の「惣領」とは月ヶ谷西郷氏を指しており、その一方で遠江西郷氏には二系統あり、監物系（信房の系統）と伊予守系（市十郎正員の系統）に分かれていたことが明らかとなる。監物系は今川氏に従うことで、一時期西郷の割地等の支配・権益等を入手することができた。その後、氏真の懸川籠城にも従い、懸川開城前における天王小路の一戦で一番鎗《やり》を入れ、開城後には水守郷（静岡県藤枝市）で三五貫文を与えられるほど、今川氏と密接な関係にあった（諸家文書所収西郷木工所蔵文書『戦今』二二二三・二二六六・二四二七号）。対して伊予守系は、敗訴したことで今川氏から離れることとなり、その後、惣領家である月ヶ谷西郷氏を通じて家康との関係性を密にすることとなったと想定されよう。

遠江西郷氏の居点はおそらく遠江国内の西郷で、その地は名字の地と捉えられる。先に示した二つの史料に「西郷の割地」の文言が存在していたが、その地について訴訟を繰り返し、さらにそこを継承していくということが語られていた。そこで想像を逞《たくま》しくすると、信房の系統は、鎌倉期以降に存在していた〝西郷の西郷氏〟の名跡を継ごうとしていたのかもしれない。

いずれにしろ、氏真は遠州忩劇にあたって遠江西郷家が分裂したのを機に、当知行を安堵することで、自身に従属してきた庶子家を遇したということが判明する。ここで重要なのは、氏真の発した文書というのは、先に三河西郷清員に宛てて徳川家康が発した文書＝「忠節次第で与える」といった、いわば「切り取り次第」の土地を起請文に近い文書で与えた場合とはまったく違ったものということである。

どういうことかというと、遠州忩劇の鎮圧とは、遠江西郷氏のような被官層にしてみれば、惣領あるいは庶家の別家等の所有していた所職を簒奪するきっかけになるため、今川氏への協力を行うであろう。しかし、それはあくまでも「一時的」なものであったと考えられる。今川氏が遠州忩劇を鎮圧しても、それは氏親が永正十三年（一五一六）前後に遠江守護であった斯《し》波《ば》氏を放逐して以来、約半世紀にわたって領域下に置いていた遠江を「回復」するだけであった。氏真が家督を相続した時点で、それまで当然のように傘下にあった遠江を忩劇後に安定させることは、彼にとって喫緊の課題ではあった。しかし、そのような遠江だけでなく、この時期徳川氏がほぼ統一していた三河をも回復することができたとしても、これは今川氏にとって、領域的には〝現状復帰〟〝現状維持〟に他ならない。被官層が要求するであろう本知行の安堵・宛行《あてがい》程度ならばそれほど問題にはならないが、その後の新知行の要求等について、どこまで応えることが可能なのか、微妙である。彼らが長期的に今川氏に従うような、何かしらの手立てを講じないと、むずかしかったと判断されよう。

〈本章のまとめ〉

本章ではまず、氏真の生涯を通覧した。氏真の元服は天文二十年もしくは同二十一年の年末と考えられ、永禄四年三州錯乱にあたって家康が今川氏に謀叛を起こしたのは、今川氏が関東へ出陣する時期を狙ってのことと思われる。今川勢からすると、同年七月段階の戦況は思わしくなかったらしい。そうしたことも重なったためと考えられるが、翌年二月には氏真自らが三河に向けて出陣する。それが奏功したのか、一時勢力を回復したようだが、それでも苦しい状況は継続しており、十一月には「家中」の一員でもあった飯尾氏の所領を削減してまでも、三河の領主層に手厚い保護を行うべく尽力していた。

だが、永禄六年になると三河において大きな合戦が行われなくなり、五月頃には合戦がほぼ終結した。領国内においては、恒常的に寄親《よりおや》の変更を希望する寄子《よりこ》層がおり、今川氏はそれへの対応に苦慮していた。また、奥三河の奥平氏には離叛されないようにかなり気を配っていたらしい。

遠州忩劇の発端とされる井伊氏の離叛（永禄五年）は、文書では確認されない。さらに、仮に井伊氏が謀叛を起こしていたとしても、それ以降に遠江国内の領主層が誰も今川氏に叛旗を翻そうとしていないため、遠州忩劇と井伊氏の離叛が直接関連するかについては微妙としておくべきだろう。本格的な戦いは翌年の引間《ひくま》飯田口合戦からで、飯尾氏だけでなく天野氏も内紛によって謀叛が起きた。

翌年、氏真は飯尾連龍を赦免するが、永禄八年時点で成敗することとなる。そのため、飯尾氏の遺志を継いだ江馬氏が家康と結託して今川氏に対抗していた。天野氏の北方に所在していた奥山氏も内部分裂していたようで、庶流が今川氏に従ったらしい。また、これまでは松井氏にも反今川勢がいたとされているが、現時点では明確なことはいえないと判断される。さらに、遠州忩劇で離叛した、あるいはそうした伝承のある氏族は、ほとんどが天竜川に沿っていた国《くに》衆《しゅう》であったことを指摘した。

さらに、これまで触れられてこなかったが、遠江西郷氏を事例として改めて遠州忩劇について検討を加えた。同忩劇は天竜川流域の武将たちによる反発が多かったが、遠江中部付近にあたる懸川周辺でも今川氏に反抗する西郷氏の分流があったと思われる。そのうえで、今川氏に従った西郷監物信房の系統は、もともと庶流であったが、天野氏らと同様、嫡庶の争いから今川氏による一元化がなされようとしていた。

氏真は領域の安定に尽力し、永禄八・九年に飯尾・江馬両氏を成敗したことで、遠江国内もある程度落ち着きを取り戻してきた。しかし、今川氏が遠州忩劇を鎮圧しても遠江の「回復」が図られるだけで、結局、今川氏の領域的には「現状維持」に他ならなかったため、国衆たちを長期的に従わせるには微妙な状況にあったと思われる。

なお、遠州忩劇が収まったことで、氏真は徳政や楽市の設定、用水の確保など、積極的な領国経営に乗り出すことができた。しかし、それは信玄と家康による領国への侵攻によって否定されてしまい、短期間で幕を閉じてしまったのである。

第五章　今川領国の崩壊

第一節　氏真の実像を探る

中傷される氏真

氏真《うじざね》が義元没後の今川領国を崩壊させないよう懸命に努力していたのは、これまで見てきた通りである。しかし、いつしか彼は〝暗愚〟〝愚鈍〟といったレッテルを貼られ、現代に至るまでその評価はあまり変わらずにいる。大河ドラマ「おんな城主　直虎」においても、踊りに熱中している氏真の「放蕩《ほうとう》ぶり」が画面に映し出され、従来の〝ダメ大名〟としての氏真像が再生産されてしまっている。いつ、何が氏真の評価を貶《おとし》めたのか、確認してみよう。

この点については江戸時代の初期、すなわち『甲陽軍鑑』（『甲陽軍鑑大成　本文編上』）においてすでに今川氏の評価を低く扱っている。例えば、「氏真公、あしき大将にて……其御歳廿三迄も、月見・花見、遊山の善悪ハ御存ぢありといへども、武道のたゞち、いさゝかもましまさず」（巻二）、「氏真公無分別にて」（巻七）とある。とりわけ巻三においては、「一、我が国をほろぼし、我が家をやぶる大将、四人まします。第一には、ばかなる大将……、我がまゝなるゆへ、我が身をわすれ、遊山・見物・月見・花見・歌・連歌《れんが》・し《（詩）》・れんぐ《（連句）》・能・をどり《（踊）》などにすき、又ハげい（芸能）のふをもつぱ（専）らにしたまひ」として、以下、今川氏を事例に語っている。つまり、「ばかなる大将」の代表は今川氏であったと評しているのである。

ところで、芸能に関与していた大名は何も今川氏ばかりではない。越前の朝倉氏や山口の大内氏とともに、今川氏は「戦国三大文化」とも称されるほど文化的に秀でており、歌道の冷泉《れいぜい》家や三条西《さんじようにし》家と付き合いがあった。氏親が連歌師宗長を抱えたりしていたのだから、今川氏が京都との繋がりを持っていたのは紛れもない事実である。しかし近年の研究では、大名と京都の将軍家とは相互補完の関係で、信長も室町幕府第一五代将軍足利義昭とは同様の関係であったことが指摘されるようになってきた。また、信長も秀吉も茶道具を蒐集《しゆうしゆう》していたから、お茶を嗜《たしな》んでいたことは間違いなく、その関係からすれば彼らも文化的な活動をしていたことになる。公家《くげ》との交流も自然と発生せざるを得ない。ということからすれば、なぜ、「戦国三大文化」の朝倉・大内氏、お茶を嗜む信長・秀吉などは「ばかなる大将」にならないのか、検討する必要があろう。

これについては、『甲陽軍鑑』が山本勘助を「主人公」のようなかたちで登場させるといったことも関係しているだろう。つまり、何度となく武田氏の合戦で成果を上げた勘助を採用しなかった今川氏の家臣庵原《いはら》氏は、勘助の才能を見抜けなかった「愚か者」で、その彼を被官に持っていた今川氏もまた「愚か」であった、という記主の一貫した姿勢が背景にあったと捉えられる。おそらく、これが最も大きな要因としてよかろう。

それとは違ってもう一つ、当時の氏真の動向で、他大名と大きく異なる点がある。それは、氏真からすれば父義元の仇敵《きゅうてき》である信長の面前で、氏真自身が蹴鞠《けまり》をしていたということである。著名な記載は『信長公記』巻八の記事である。以下、この部分を訳しながら提示しておこう。

三月二日（天正三年）、信長様は永原に宿泊された。翌日、京をお出になられて相国寺に寄宿された。三月十六日、今川氏真が御出仕。百端の帆を進上した。已前も千鳥《ちどり》の香炉《こうろ》・宗祇《そうぎ》香炉を御進献しようとしたところ、宗祇香炉をお返しなされ、千鳥の香炉のみ止置《とめおか》れた。今川殿が鞠《マリ》をおやりになるということをお聞きになって、三月廿日、相国寺において（蹴鞠の挙行を信長が）御所望《ごしょもう》。（そのときの）御人数《ごにんじゅ》、

三条殿父子・藤《とう》宰相殿父子・飛鳥井《あすかい》殿父子・弘橋《ひろはし》殿・五辻《いつつじ》殿・庭田殿・烏丸殿、

信長は御見物。

（傍線部＝筆者、以下同。『信長公記』角川ソフィア文庫）

『信長公記』は織田信長の伝記で、記主は太田牛一である。一部、記事の増補や削除、人名部分の異同があるとされている（小学館『日本大百科全書』）。その一方で、牛一自身が信長に近仕していたこともあって「信長英雄譚《たん》」が基底にあり、信長上洛《じょうらく》以前のことを認《したた》めた首巻は特に注意が必要であるという。傍線部に注意しながら解釈してみよう。

氏真は天正三年三月十六日、相国寺（京都府上京区）に宿泊していた信長の許《もと》に出仕し、謁見に及んだ。「已前も」とあることから、すでに最低一回は信長と面会していたことになる。

また、「已前」と同様、氏真が千鳥の香炉と宗祇香炉を信長に「進献」＝献納しようとしたところ、宗祇香炉を氏真に返して千鳥の香炉のみ、手許に残した。そして、「今川殿が鞠をおやりになる」ということを信長公がお聞きになった。そこで三月二十日に相国寺で蹴鞠をやってほしいと信長公が仰《おつしや》り、三条以下一〇名が蹴鞠のメンバーとなり、信長公は見学された、というのである。ちなみに千鳥の香炉は、現在徳川美術館の所蔵となっている。

以上がこの記事の内容であるが、本史料からは、氏真が「蹴鞠をやる」ということを信長が「お聞きになった」ということしか記載されておらず、さらに三月二十日の蹴鞠のメンバーにも氏真の名は見えていない。そのため、この記事からでは氏真が信長の面前で蹴鞠をしたとはいえないことになる。しかし実際のところ、氏真は信長の所望で蹴鞠を行っている。それは『宣教卿記』天正三年四月三・四日条に確認できる。以下、関係記事を提示しておこう。

信長が今夕（天正三年四月三日）、蹴鞠を行いたいと言ってきたので、その旨を飛鳥井父子に申し付けなされた。人数については次第不同で八人。はじめにその「年ヨリ衆」として、三大・飛大・勧大・藤宰・左衛門督・源宰相・五辻・薄・廣橋・日野、「若キ衆」は彼らと立ち代わって行う人物たちである。中山中将・日野・烏丸弁・飛中将・三大侍従・中院・藤侍従・駿河今川等である。そのほか見物衆として、中山大・勧弁・竹兵・予・新蔵人等がいた。信長は見物していた。

信長（翌日条）に再び蹴鞠を挙行すると連絡したとのことだ。信長は（今度は自身が）蹴るという。

人数は前日の人たちである。
（「　」内は原文のまま）

『宣教卿記』の記主は中御門《なかみかど》宣教である。中御門家は、氏真の祖母寿桂尼の在所であるが、氏真は宣教と接触を持たず、文書等は残されていない。この部分は、天正三年四月三日の夕べに信長から蹴鞠を、との要望が飛鳥井《あすかい》父子にあり、信長は見物していたというのである。その蹴鞠を行う「年ヨリ衆」＝家格が高く年輩者でもある一〇名と、彼らに代わる「若キ衆」八名の中に「駿河《するが》今川」＝氏真が確認される。さらに翌日は信長も鞠を蹴るとのことであった。そのときのメンバーは「前衆」＝前日と同じであったというのである。つまりこの記載から、氏真は信長の面前で鞠を蹴るばかりでなく、一緒になって蹴鞠を行っていた可能性も出てきたのである。

では、蹴鞠そのものが氏真の「ばかなる大将」に繋がる素材だったのであろうか。蹴鞠は武家として〝あるまじき〟ことだったのだろうか。続いて、蹴鞠について確認しておこう。

蹴鞠を知る

蹴鞠の起源は中国大陸にあるとされる。『日本書紀』には中大兄皇子《なかのおおえのおうじ》と藤原鎌足《ふじわらのかまたり》の出会いの場面に「打毱《くえまり》」とあり、それが起源とされることもあるが、定かでない。平安〜鎌倉時代において公家・武家の間で流行し、後鳥羽上皇の時代になって現代に通じる蹴鞠の基礎が固められ、飛鳥井・難波《なんば》・御子左《みこひだり》の各家が蹴鞠の宗家《そうけ》となった。

室町期になると、天皇と室町殿がともに臨席して晴《ハレ》の蹴鞠会「具足の鞠」を行うようになり、中世後期から近世にかけて、幅広い層の人々に広まった。とはいうものの、当時の人々には「鞠は九損一徳」で、「貴人高位の遊ばすもの」との認識があった。それは、きらびやかで高価な装束も消耗品であったため、財力のないものには手の届かない芸能だったからである（以上、稲垣弘明）。

その一方で、蹴鞠は南北朝〜戦国時代にかけての武家上層部にとって、学ぶべき重要な学問であり、「歌鞠両道《かきくりようどう》」と言われていたという。つまり、〝歌（和歌）と鞠（蹴鞠）は同じ道〟というのである。永正十二年（一五一五）、豊後《ぶんご》国の戦国大名として著名な大友宗麟《そうりん》の祖父義長は、彼が作成した「追而書《おってがき》」八ヶ条（大友文書『大分県史料』26大友記録一七号）の七条目において、

一弓馬の道は申すにおよばず、文学・歌道・蹴鞠以下をさしおき、狩鷹野を専らとする事、甚だもってその益なき事なり、狩りをもって名を知られる事、これ稀なるべきこと歟、但し狩りのおもむき、鷹の拵え、何も相伝あるべき事は肝要にて候

《弓馬の道や文学・歌道・蹴鞠を差し置いて鷹狩《たかがり》ばかりをしているのは無益なことである。鷹狩で名を知られるようになることは稀なことではなかろうか。ただし、鷹狩の趣向、鷹の準備など、伝えなければならないことがある点については大事である（ため、伝承すべきである）》

と述べている。一六世紀前半においては、鷹狩よりも蹴鞠や和歌を嗜む方が、武家として当然と理解されていたことが判明する（安田晃子）。

また、蹴鞠の宗家として紹介した飛鳥井家は、「歌鞠両道」の家として武家にも認識されており、同家第一〇代当主とされる雅綱は、蹴鞠を伝授するために全国を廻っていた。彼は、大永五年（一五二五）と天文十八年（一五四九）の二回、小田原に下向している。特に二回目の下向においては、当初氏康の嫡子と認識されていた北条新九郎氏親（氏政の兄、天用院殿）と蹴鞠門弟契約を結ぶため、葛袴《くずばかま》（短めに仕立てた袴）と鴨沓《かもぐつ》（蹴鞠用の沓）を与えている（「飛鳥井雅綱書状案」国立公文書館所蔵文書〈神奈川県立歴史博物館特別展『戦国大名北条氏とその文書』69号〉）。

さらに天文二年には尾張《おわり》国を訪れており、信長の父で、当時勝幡《しょばた》城（愛知県愛西市付近）の城主であった織田信秀と交流を深め、信秀の家臣らと蹴鞠門弟契約を結んでいる（『言継卿記《ときつぐきょうき》』同年七〜八月条）。付言するならば、先述した『宣教卿記』において、信長自身も蹴鞠を行っていることが明確となる。

以上のことから、蹴鞠は武家にとって重要な素養であり、蹴鞠会の挙行が武人としての評価を下げるわけではないということが明らかとなる。してみると、氏真が蹴鞠を行っているからといって、〝暗愚〟〝愚鈍〟とは言えないことになる。このように見てくると、天正三年四月に氏真が信長の面前という「場」で蹴鞠を挙行、あるいは一緒に挙行したことがまずかったのだろう。このような氏真の行動が、おそらく後世「武家らしくない」と判断され、「ばかなる大将」という評価へと結び付けられたと思われる。

第二節　氏真の発給文書

一、発給文書の整理

氏真の印判状

ここまでかねてより知られている氏真《うじざね》像を、文書および当時の状況等から明らかにしてきた。氏真の受・発給文書、さらに他大名の文書等で彼の名が見えるような関連文書は、まだ多数存在している。彼の発給文書への理解がいまだに不足していると思われる。そのため、氏真の発給文書を改めて見直し、より明確な氏真像を提示していきたいと思う。

現時点の氏真発給文書の確実な初見は、永禄元年（一五五八）閏《うるう》六月二十四日付（老間《おいま》村＝静岡県浜松市）寺庵中宛氏真判物《はんもつ》（祥光寺文書『戦今』一四〇六号）である。いま明らかとなっている彼の全文書数は五七〇点ほどで、義元と同様、日付の下部（日下）もしくは文書の書き出し部分よりも右側（古文書学では「袖《そで》」という。逆に宛名よりも左側を「奥《おく》」という）に花押を

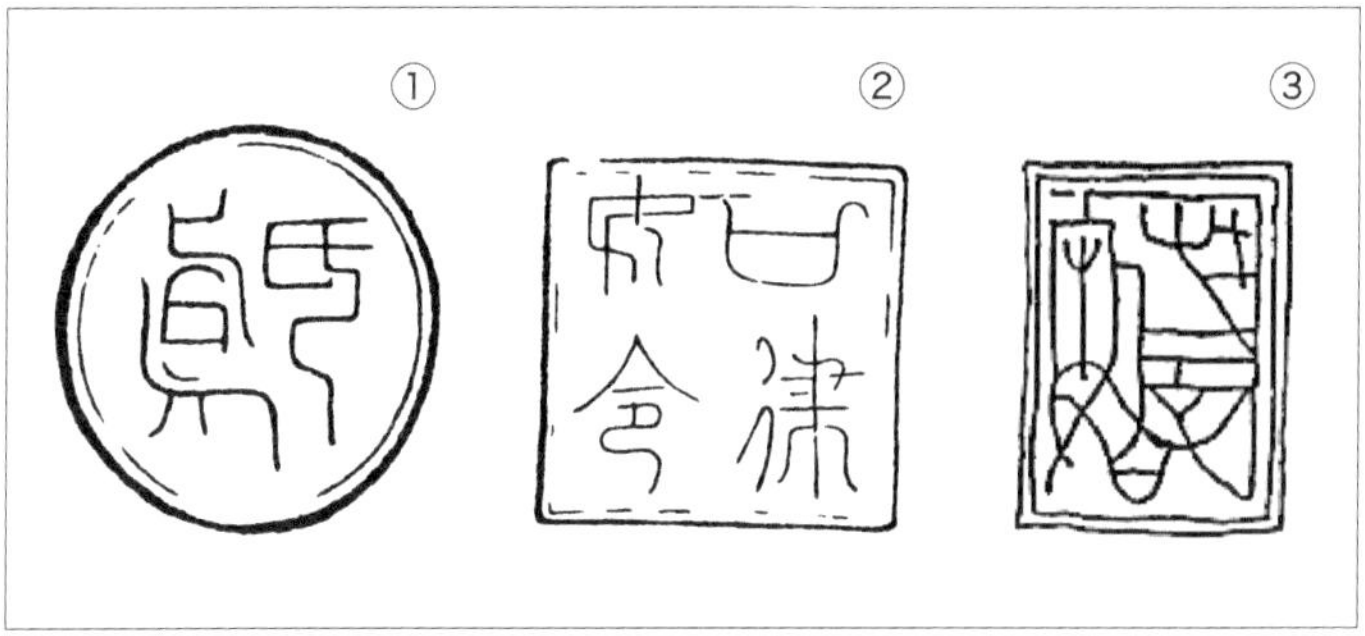

図25　今川氏真の印章

①「円形『氏真』印」、②「方形『如律令』印」（ともに『国史大辞典』「印章」項より）、③「矩形印文未詳印」（久保田昌希「懸川開城後の今川氏真と後北条氏」〈『駒沢史学』39・40号より〉）

据えて発給される判物が中心である。発給年代は永禄元年に始まり、天正五年（一五七七）まで出されている。ちなみに氏真の受給文書は非常に数が少なく、その初見は天文二十二年二月七日で、義元が氏真に今後の心得を述べた文書とされる（榊原家所蔵文書『戦今』一一二五号）。やや疑問の残る文言も見受けられるため、検討の余地を残しているが、黒田基樹氏は『瑞渓院』で、本文書は氏真が遅くとも天文二十一年末に元服した後に発給された文書と位置付けている（一五四〜一五五ページ）。

改めて氏真の発給文書を整理してみよう。まずは氏真の印判状からである。印判状は東国の戦国大名に多く見られるが、氏真もその一人として印章を使用していた。明らかに氏真の使用が認められる印判は、Ⅰ円形「氏真」印（図25-①）、Ⅱ方形「如律令」印（図25-②）、Ⅲ矩《く》形《けい》印文未詳印（図25-③）である。これらはすべて朱印で、Ⅰは永禄元年八月十三日付浅間宮流鏑馬役定書（静岡浅間神社文書『戦今』一四一五号）以降、同年内のみの合計四点が知られている。また、Ⅱは永禄二年五月二十日付西光寺（沼津市）宛が初見（西光寺文書『戦今』一四五六号）で、以降同十一年九月二日（矢入文書『戦今』二一八七号）まで、合計一〇八点が残されている。ちなみに、このうち一点は年月日が未詳である。Ⅰ・Ⅱはともに義元が没するまで、駿河《するが》・遠江《とおとうみ》でのみ使用されていたが、Ⅱは義元の没後、三河を含めて領域一帯で使用されていたことがわかっている。この点からも、義元が段階的に家督の権限を移譲しようと考えていたと想定される。

Ⅲは、戦国大名としての地位を奪われた後で氏真が用いた印章である。永禄十二年五月に氏真は懸川城を徳川氏に明け渡し、戦国大名として終焉《しゅうえん》を迎えるが、Ⅲは同年八月十七日付桃源院（沼津市）宛に発せられた（判物証文写今川四『戦今』二四一八号）のを初見として、合計二〇点が確認されている。しかし注目されるのは、このうち一〇点が写ということだ。氏真が戦国大名として没落したにもかかわらず、一紙の形態であれ冊子の状態であれ、文書を書き写してまでなぜ残されたのだろうか。

そこで注目されるのが、次の史料である（江木徹氏所蔵文書『戦今』二四八九号）。

去る永禄十一年戊辰十二月十三日、駿州で錯乱があった。その砌《みぎり》（興津、静岡市清水区）、興津構から供をしてきたが、兄兵衛大夫を始めとして、ことごとく親類たちが、わが軍から離れて行ってしまった。それにもかかわらず、母・妻とともに遠州懸川に供をし、籠城しているときには昼夜において走り廻って働いていた。特に永禄十二年正月二十一日の天王山（掛川市）で戦いがあったとき、非常によく働いたことは神妙であった。現在に至るまで「無足」の奉公をしていたが、とうとう進退が困窮してしまい、「暇《いとま》之儀」を申し出てきたので、相違なくそれを承認した。そのため、東西どちらにでも出向いて自身の進退を決めていただきたい。「本意之上」においてはすぐさま私の許に戻り、これまでのように奉公すべきである。もともとの知行や新しい知行、あるいは代官として今度忠節に励んだ分は、従来と同様に与える。

元亀二年辛未

九月廿五日　　氏真（今川）（花押）

富永右馬助殿

本史料は、元亀二年（一五七一）に氏真が、富永右馬助のこれまでの奉公に対して礼を述べる一方、駿河国を信玄から奪還したら、再び氏真の被官となるように願った判物である。懸川籠城中は、富永がいくらがんばっても新たに給恩を与えられることはなく、まさに「無足」＝給地の無い奉公であった。そのため富永の進退も極まって、とうとうお暇したい（「暇之儀」）と申し出てきた、というのである。このように「暇之儀」と記された文書がほかにも確認されることから、筆者はこれを「暇状《いとまじょう》」と呼ぶことにした。こうした暇状には「本意之上」とあり、氏真は、かつて仕えていた家臣に「本意之上」再び奉公してもらうことを期待していたのである。すなわち、彼は大名としての〝返り咲き〟（おそらく国持レベルということであろうが）を願っていたと想定されよう。

また忘れてならないのは、こうした暇状を発してもらった家臣たちの意向である。暇状のように、これまでの忠義ぶりを記した文書を残していれば、仮に氏真、さらにその子孫がどのようなかたちで後世に復活したとしても、かつて自身が氏真の許で粉骨を尽くして働いていたということを証明することが可能となる。自身の仕官先を保証するため、彼らはこうした文書を大名に出すよう要求したのである。なおその仕官先は、今川家以外の武将であっても関係なく、どれだけ自分が主家に奉公してきたのかを明示することに主眼が置かれていたことを重視しておくべきであろう。

この点は寺社も同様であったと考えられる。後世において、氏真やその子孫が寺社の所在する地域に戻ってきた際、最後まで今川氏のために祈願や何らかの奉公をしていずれかの土地を安堵《あんど》してもらっていれば、後々その土地の安堵・寄進に関する訴訟等においても有利に働いたことであろう。ということは、家臣も寺院も、氏真の返り咲きの可能性を視野に入れていたと言えるのであり、在地側の思惑を垣間見《かいまみ》ることができるといえよう。

なお、氏真の印判状とも考えられる文書がもう一点、存在する。それは（永禄十二年ヵ）十二月十五日付倉内（群馬県沼田市）宛条目で、印文は「桶」である（伊佐早文書『戦今』参考35）。「桶」という印文のある文書は、現時点において本文書しか確認できていないため、本文書の発給者は本来不明というべきであろう。しかし、同月日付で上杉謙信に宛てて氏真が書状を発給し、さらに同じく、懸川城主朝比奈泰朝が上杉氏の被官である松本景繁・上野家成・河田重親宛で書状を発している（上杉家文書・歴代古案三『戦今』二四三一・二四三二号）。そのため、本文書の作成者として氏真の可能性が指摘されている。

とはいうものの、発給者が特定できていないこともあって、現時点では氏真とは断定しがたい。氏真であるならば、なぜ書状とともに印判状を発給しなければならなかったのか、といった根本的な疑問も残されている。今後も注視しておきたい史料である。

氏真の〝花押のある文書〟

次に、氏真の判物や書状といった、花押が据えてある文書について検討してみる。これらの文書を丁寧に読み込み、基礎的な作業＝年代比定を改めて行って、より深く氏真という人物を理解していくことにする。現在、彼は〝今川滅亡の首謀者〟のように扱わるが、はたしてその評価は正しいのか、少しでも彼の実像に迫ってみたい。

そのため彼の花押について、細々と見てゆくこととする。花押は自己の名乗りを楷書体で書いた場合を自署、草書体で書いた場合を草名《そうみょう》といい、草名がさらに判読できない程度に図案化されると花押と呼ばれる。現代の閣僚もそれぞれ自身の花押を持っており、特徴としては原則自筆で書かれている。さらに一筆で書くこととされている（『日本国語大辞典』『ブリタニカ国際大百科事典』）が、戦国時代になると、どう見ても一筆で書かれたとは思えない花押も存在しているのが実情である。

また、一人の人物が様々な環境等の変化をきっかけに花押形を変えるが、裏を返すと花押形を変化させている人物であれば、花押の変遷を追うことで文書の年代を比定することが可能になる。これは中世史の研究において、ごく一般的に行われている手法である。ただし、この作業を行うにあたって注意すべき点がある。それは、

1 基本的に、年代の確定されている文書で比定を行う
2 年紀の記載が無くとも、「その年である」ことが判明する文書を使用する
3 上記1・2の文書が正文（もとになる文書のこと。原本）である
4 写を用いる際には精巧な文書で判断するが、特徴的な部分に注目することも可能である

ということである。

そこで氏真の花押を改めて見てみると、図26のように七回改変し、①〜⑧へと推移していることが明らかとなる。これは主に『県史』三・四の「花押一覧」から抜粋したもので、花押①〜⑤は『県史』三、花押⑥・⑦が『県史』四に掲載されている。また花押⑧は、氏真が出家して「宗誾《そうぎん》」を名乗った段階の花押である。これは『県史』を編纂《へんさん》する段階において、編纂委員＝研究者たちが「氏真の花押は、年代によって最低でも七つ（「宗誾」を名乗った際の花押を加えると八つ）に分類することが可能」と判断したことを伝えている。

そこで、まずは氏真花押の①〜⑦の使用期間と点数を『県史』花押一覧より提示し、併せて

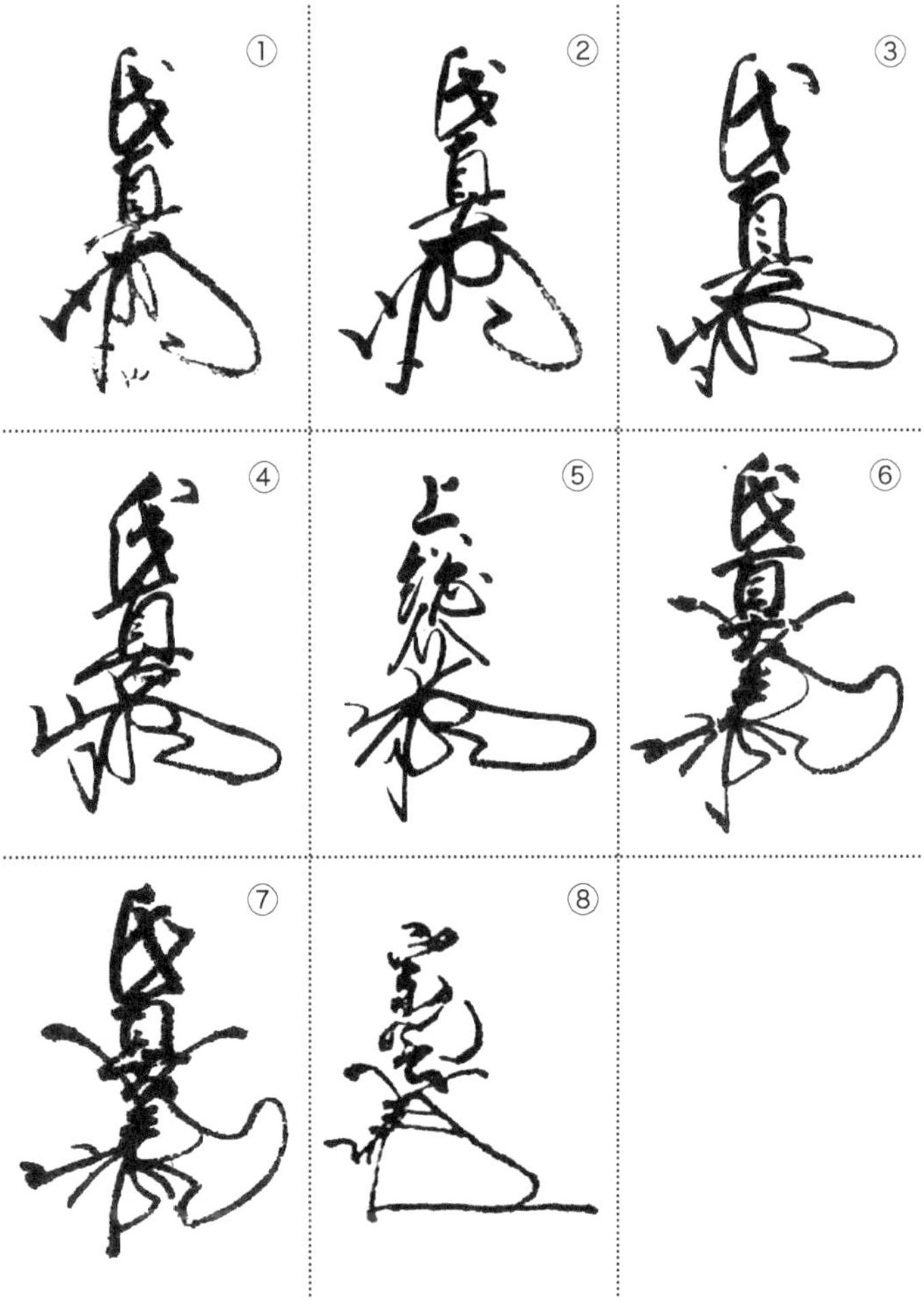

図26　今川氏真の花押

（①〜⑦：『県史』3・4花押一覧・小和田哲男『駿河今川一族』、⑧：広島大学大学院文学研究科日本史学研究室所蔵「海老江文書」より）

『戦今』の文書番号も示すことにしよう（文書群名については省略）。

花押①：永禄元年八月四日付大鏡坊宛（『戦今』一四一一・一四一二号）〜同年九月二十八日付高松社神主宛（『戦今』一四三〇号）まで四点

花押②：永禄二年二月六日付光明寺宛（『戦今』一四四六号）〜同三年四月二十二日付永明寺宛（『戦今』一五〇七号）まで六点

花押③：永禄三年六月八日付岡部五郎兵衛尉宛（『戦今』一五四四号）〜同四年七月二十日付富士兵部少輔宛（『戦今』一七二四号）まで二五点

花押④：永禄四年九月七日付山王一禰宜《ねぎ》六郎左衛門尉宛（『戦今』一七四二号）〜同七年九月二十一日付光明寺宛（『戦今』二〇一一号）まで二六点

花押⑤：永禄八年三月五日付定輪寺存桃長老宛（『戦今』二〇三一号）〜同十二年五月二十一日付五社惣別当東泉院宛（『戦今』二三七〇号）および年欠十月二十一日付東泉院宛（『戦今』二〇五八号）まで三四点

花押⑥：永禄十二年十月二十三日付愛鷹神主宛（『戦今』二四二三号）〜元亀二年三月十七日付蓮乗坊・東光坊・仙養坊宛（『戦今』二四七八号）まで五点

花押⑦：元亀二年九月二十六日付定輪寺恵頓長老宛（『戦今』二四九一号）〜同三年二月二十二日付大輝和尚宛（『戦今』二四九九号）まで三点

花押⑧：（天正三年）七月十九日付上杉（謙信）宛（『戦今』二五七二号）〜同五年三月一日付

海老江弥三郎宛（『戦今』二五九一号）までで三点

以上がこれまで明らかになっている氏真の花押に関する基礎的な情報であるが、これらの前提を踏まえてすべてを比較して特徴を列挙してみよう。氏真が宗誾を名乗って使用している花押⑧以外の花押では、いろいろな部分で相違点を確認することができる。花押③を基調に事例を挙げると、A～Eの五ヶ所六件にわたって違いを看《み》て取ることができる（図27）。

A：頂部…花押④以降、「横一」からV字のように変化する

B：最左部…花押⑤になると、鉤《かぎ》状の線が二つから一つに変化する。また、花押⑥になると、鉤状の線は一つのままで、途中に「点」を付けるようになる

C：最下部…Aから最下部に向かって下ろされる線で、花押⑦には一番下の「撥《は》ね上げ」がない。また撥ね上げの上部に、下に下ろされる線に向けて鉤状の線（というか「点」）が付くようになる

B・Cの間…花押⑤以降、一本の線が挿入されるようになる

D：中央部…二つの円形に近い形状の部分で、右側の楕円《だえん》は、花押①段階では縦長楕円だったが、花押②になると正円に近くなり、そして花押③になると扁平《へんぺい》楕円へと変化し、花

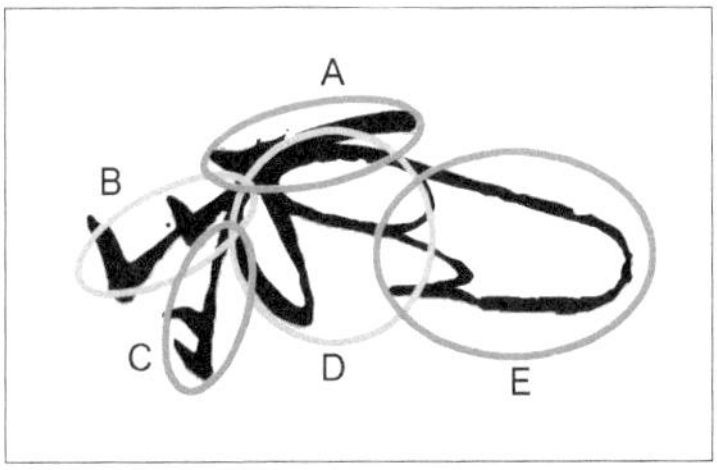

図27　今川氏真の花押の構成要素
（『県史』3花押一覧をもとに作成）

押⑥時点で楕円が解消されてゆく。もう一方の左側については、当初は楕円→左側を頂点とする三角形へと変化していくが、花押⑥の段階で右側を頂点とする三角形へと変わってゆく

E：右裾部…花押⑥以降、横拡がりを止めて、右斜めに裾を拡げ、そこから左下へ向かった「縦拡がり」へと変化してゆく

このような特徴を持つ氏真の花押だが、『県史』を改めて確認している段階で問題点があることに気付いた。それは、①から②、③から④などの移行期において、花押がどうなっていたのか、明確でないということである。どういうことかというと、例えば③から④への移行期において、永禄四年八月二日付海老江菊千代宛氏真判物（海老江文書『戦今』一七二九号）が現存するにもかかわらず、その文書はあえて③にも④にも含まれていないのだ。

これは、『県史』編纂段階の編集委員＝研究者たちが、花押の変形が始まった段階についてはあまり紹介せず、〝確定した＝定着した〟段階だけを「花押一覧」に提示したと判断される。つまり、『県史』の提示した「定着した」七種の花押それぞれの間＝移行期においては、氏真の花押がどこで変わり始めたかを再度検証する必要があることを示している。これは、氏真の「環境の変化」を探ることにも繋がるので、改めて見直してみたいと思う。なぜ、その時期に氏真が花押を変化させたのかといった彼にとっての「環境の変化」＝「歴史的条件」についても、可能な限り触れるようにしたいと考えている。

花押①から

花押①の終見は、永禄元年九月二十八日付高松社神主宛（中山文書『戦今』一四三〇号）である。その特徴は、C部を見ると、筆を下に下ろしきったところで撥ね上げ、その下ろしきる線の途中に点を入れるのが普通だが、本文書にはその点がない。文書の内容そのものについては問題があるようには見えないため、単に点を入れ忘れたようにも思われる。

①から②の移行期において、やはり『県史』に記載の無い文書がある。永禄元年十月十七日付熊野新宮庵主宛（梅本文書『戦今』一四三二号）で、花押の形状は基本的に①と同じだが、D部の二つの楕円のうち、左側の楕円が徐々に三角形を形成するようになる。その一方で、右側は細長い縦長の楕円のままである。まさに①↓②へと移行する段階での花押といった感がある。

この花押の形状から判断すると、年欠七月二十六日付宛欠氏真書状（成就院文書『戦今』二六五六号）は、D部の右側の楕円がまだ正円になっておらず、縦長の楕円状になっているため、永禄元年とするのが妥当のように思われる。かつて『戦今』を編集していた段階では、「花押の型は永禄元・二年頃のもの」として保留していたが、このように修正しておきたい。

本文書の宛所は欠損しているためなのか不明だが、本史料の文書群は京都成就院のもので、同院は京都清水寺の塔頭《たっちゅう》の一つであった。成就院の文書群によると、諸地域の大名と様々な贈答のやり取りをしていたことがわかり、さらに「清水寺再興奉加帳」（成就院文書『戦今』五四号）には、駿河国駿河郡（後の駿東郡《すんとう》）の国衆葛《くにしゅうかつらやま》山氏広も再興の奉加に加わっていることも判明する。駿河と京都清水寺との関係も早い時期から想定することが可能、ということであろう。すると、文書の宛名も清水寺成就院として考えて問題ないと思われる。

文書の内容は、成就院からの書状を確認し、観音像一幅および巻数《かんじゅ》（経文）や五明《ごめい》（扇）、杉原《すいばら》（紙）を贈ってもらったことに対して礼を述べる一方、太刀一腰や馬一疋《ぴき》を贈り返したこと、これは恒例に任せて行われたこと、武運長久の祈禱《きとう》を行ってほしいことを伝え、これらの詳細については朝比奈三郎兵衛尉が申し伝える、とのことである。

取次《とりつぎ》の朝比奈三郎兵衛尉は、朝比奈信置のことである。彼は永禄十一年の武田氏の駿河侵攻以降、「駿河先方衆」で活動していた人物として著名だが、その翌年に晴信（信玄）から「信」の一字を拝領したことが明らかになっている。それに併せて駿河守も拝領されたと考えられているが、「信」字の下賜は限られた人物しか与えられておらず、「駿河先方衆」では信置だけであったという。信置の系統は、懸川城主の朝比奈氏と区分される「駿河朝比奈氏」と言われるが、当家の家格は高かったことが判明する。

このように、信置に関する情報の多くは武田氏に従属して以降のことであり、今川時代における彼の立場等についてはあまりはっきりしていないのが現状である。そこで、本文書に加えて彼の父親徳《ちかのり》の存在を併せて考察してみよう。

親徳は天文五年二月十七日付で、遠江国内の尾上《おのえ》信正宛で氏親の奉書を発給している（掛川誌稿巻九尾上文書『戦今』五三九号)。彼の実名「親徳」は氏親からの偏諱《へんき》とも考えられ、早い段階から今川氏に従っていたと推測される。義元が三河・尾張《おわり》へと侵攻を進める段階において、今川家の「家中」として存在していた。永禄三年と判断される八月十六日付安房妙本寺宛の親徳の書状案(安房妙本寺文書『戦今』一五六八号)では、義元が桶狭間《おけはざま》合戦で横死を遂げた際、親徳は鉄炮《てっぽう》に当たってその現場に居ることができず、「面目を失」ってしまったと述べている。

一方、京都成就院宛の二六五六号文書は、氏真の文書発給では初見に続く二番目の文書である。ということは、氏真発給文書の当初段階から信置が取次として登場していたことになり、その頃から信置は氏真の側近であったと判断してよかろう。氏親の晩年から仕えていたであろう親徳は、氏真に仕える時点で年代的にもある程度の年輩であったと判断されるから、氏真付きの〝老臣〟とも考えられる。信置が早い段階から氏真に近仕していたのは、父親である親徳のこうした〝老臣〟としての立場があったからと想定すると、穿《うが》った見方をするならば、信置は氏真の「守衆《もりしゅう》」の一人の可能性もある。

「守衆頭人《とうにん》」として氏真に従っていた三浦正俊、老臣として仕えた親徳、さらに守衆から後に取次・側近となった信置が、氏真の身近な存在としてあったと考えられるのではなかろうか。しかしそうした彼らも信置以外、永禄中期を境に姿を見せなくなる。正俊は内匠助から備後守《びんご》に変わっていたが、同八年の飯尾《いのお》豊前による叛乱《はんらん》＝遠州忩劇《えんしゅうそうげき》で討死にする(小栗文書『戦今』二〇八七号)。親徳は同六年四月十日付高松神主宛親徳書状(中山文書『戦今』一九〇九号)を終見として、文書に確認されなくなる。となれば、弘治〜永禄三年までの段階で人材不足に陥った今川氏にとって、最後ともいうべき「老臣」クラスの人物も永禄中期に死没したと考えられるのである。氏真にとっては、頼るべき老臣が不在となってしまい、さらなる苦境に立たされることになったと思われる。

花押①〜③について

花押②の終見は、永禄三年四月二十二日付永明寺宛（永明寺文書『戦今』一五〇七号）とされているが、形状はすでに花押③に近い。そのため遡って見直してみると、同年二月七日付大山寺尊融宛寺領安堵状（大山寺文書『戦今』一四九五号）も同様で、③の形状に近い。さらに、それより以前に発給されている同二年十二月二十七日付中村左近将監宛（静岡浅間神社文書『戦今』一四八九号）を見てみると、形状は花押③とほぼ同形であるものの、③よりも左右がやや詰まった縦長になっている。花押③の縦：横の比率はだいたい一：三ほどであるが、中村左近将監宛文書は②と類似して約四：五程度である。

このような花押②・③の形状を踏まえて、年欠正月十二日に発せられた幡龍斎（穴山武田信友）宛書状（佐野武男氏所蔵文書『戦今』一四九三号）を見ると、花押は③と同形である。そのため永禄三年に比定でき、『戦今』を編纂している段階でも同年と推定していた。

さらに、年欠十二月十四日付執行坊宛書状（潮崎八百主文書『戦今』二六六〇号）は『戦今』

編纂時に「形状は永禄二・三年のもの」として紹介していたため、再確認してみた。すると、②・③と類似のものではあるものの、中村左近将監宛文書よりもD部右側の円形がやや丸みを帯び、左側の三角形も角張った形状をしていない。そのため、永禄二年と想定した方がよさそうである。花押②である永禄二年七月六日付神主秋鹿《あいか》右馬助宛安堵状（秋鹿文書『戦今』一四六八号）にも似ているうえに、同年五月二十日付西光寺宛文書（西光寺文書『戦今』一四五七号）よりも、やや横への拡がりが大きい。とはいうものの、やはり花押③よりも花押②とした方が落ち着きがよい。とすると、花押②の終見は同二年十二月二十七日付中村左近将監宛ということになる。

以上、花押①〜③について、簡単にまとめておこう。

家督を継承した氏真が、永禄に入ってから文書を発給し始めて以降、「このような形状にしよう」と方向性を決めて、まずは花押①で発給し始めた。年が改まり、形状にマイナーチェンジを加えて②、さらに③へと移行する。花押②から③へと変化させるにあたり、大まかな形状を永禄二年七月くらいに決定し、同三年になって③でようやく安定して文書を発給したのではなかろうか。年が改まるたびに花押の形状を変更させたのは、形状の安定化を図るためと考えられよう。

このように見てくると、氏真の花押①から②、あるいは②から③への変化に、歴史的条件を探ることはできないということになる。単に年が改まり、それに伴って花押を変化させていた

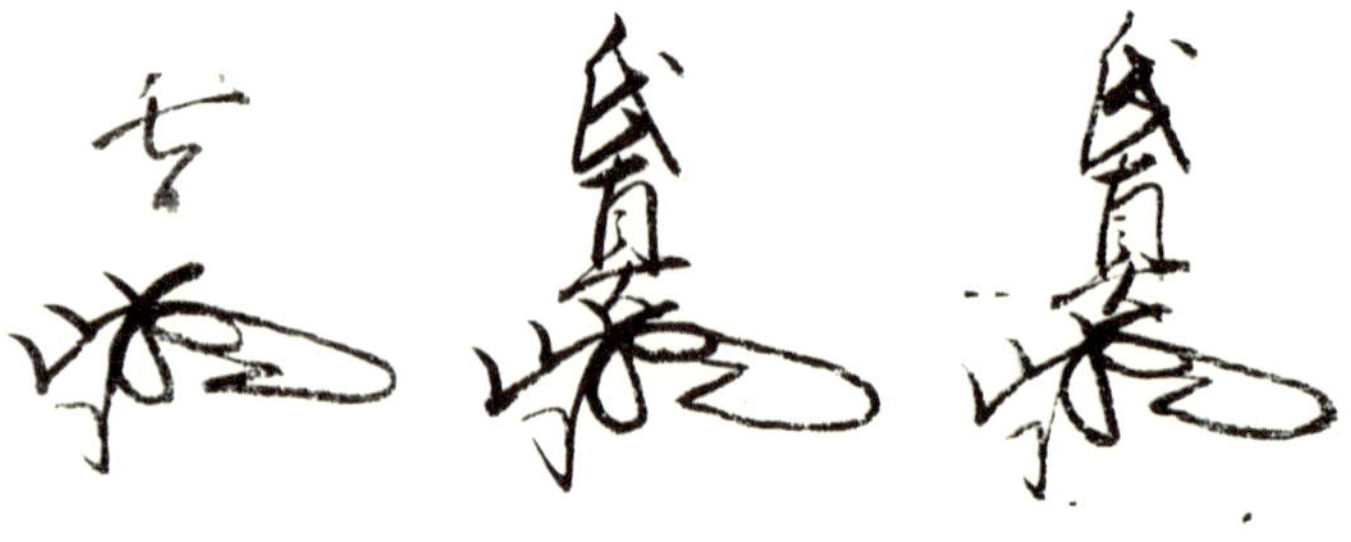

図28　永禄4年9月7日付の3通の今川氏真発給文書
（左より、山王一禰宜六郎左衛門尉宛〈伊藤文彦所蔵／以下、静岡県立中央図書館歴史文化情報センター写真提供〉、八ヶ寺宛〈正光寺所蔵〉、妙光寺宛〈妙光寺所蔵〉）

ようにも思える。とするならば、これは氏真の花押がまだ、定まっていなかったということなのかもしれない。

花押④への所見

花押④については、いくつか気になるところがある。

第一に、『県史』花押一覧では永禄四年九月七日付山王一禰宜六郎左衛門尉宛および八ヶ寺宛の文書（伊藤文書・正光寺文書『戦今』一七四二・一七四四号）から花押④が始まったとしている。しかし、じつは同日付で妙光寺に宛てた文書（妙光寺文書『戦今』一七四三号）が存在している。それを見ると、妙光寺宛文書の花押の形状が前者（六郎左衛門尉宛・八ヶ寺宛）の花押と若干違いがあるのだ（図28）。

妙光寺宛文書の花押の形状は、花押③に近く、A部の横線「一」が「V」字に変化したばかりのように見え、「V」字の左側が短く、「一」の〝書き始め〟のようにも感じられる。その「V」字の左から筆を下に下ろし、D

部左側の楕円を先に描いているように思われる。

こうした「同日付文書での花押の相違」ということに着目すると、遡って再検討を促すべき問題が浮上する。それは、大永八年（一五二八）三月二十八日付神主秋鹿左京亮宛・八幡神主宛・神主秋鹿宛で氏輝が発した判物三通についてである。これら三通の文書はすべて同一人に宛てられているものの、花押がすべて違っていた。そのため、氏輝は大永八年段階で精神的に耗弱で、文書を発給することのできない状態にあったとされており、それが「氏輝病弱」説へと繋がっているのである。

氏真が三通の文書を発した永禄四年九月段階で、罹病《りびょう》していたとの話は存在していない。とするならば、単純に花押を③から④に移行する時期と理解すれば、同日付であっても、花押の形状も相違する可能性があったのではないか、仕方のないことなのでは、と思えるのである。この氏真の文書と似たような話は、伊予国河野弾正少弼《だんじょうのしょうひつ》通直にも確認されると前述した（六九ページ）。

氏輝の場合、「三点の文書で、氏輝が花押を整えようと練習していた＝どの花押にするか、模索中であった」（六八ページ）と想定したが、何らかの理由があって、あえて違った形状の花押となったという可能性も考えるべきではなかろうか。同日でも似たような形状でありながらも、若干の違いは生まれてしまう可能性がある。また、①〜③での所見も含めて考えると、花押の形状の安定には数年かかることもある。こうしたことから考えると、幼少段階に「氏輝は病弱」だったことは間違いないが、青年になっても病弱だったか否かについては史料的に不明なのだから、その点に拘《こだわ》ることはなかろう。いずれにしろ、今後の検討課題と言える。

ということになると、氏真が永禄四年九月七日、山王一禰宜六郎左衛門尉・八ヶ寺・妙光寺に宛てて発した三通の文書のかなり近い段階で、花押③から④に変える「歴史的条件」が発生したと想定されよう。そこで改めて③の終見周辺の文書を確認すると、永禄四年八月二十六日付亀田大夫宛および同日付鱸新三左衛門尉宛氏真判物写（勢州御師亀田文書・諸家文書所収矢野定彦氏所蔵文書『戦今』一七三七・一七三八号）は、A部が横線「一」となっていた。両文書はいずれも写ではあるものの、丁寧に筆写されているため、この考察にあたっての問題にはならない。そのため、同年八月にはまだ花押③を使用していたと判断してよいと思う。

また、永禄四年九月三日に氏真の判物写が存在する（成瀬文書『戦今』一七三九号）が、これもA部は横線「一」となっていた。すると、九月四日から七日までの実質四日間に「歴史的条件」があったということになるが、残念ながらその四日の間にどのような事態が発生したのか、現時点では明らかにすることができない。ただ、遡って四月十一日の時点で家康が叛旗《はんき》を翻したこともあって、四～七月には三河関係の文書が多く発給されていた。しかし八月～九月三日になると、三河関係文書は鵜殿藤大《太》郎に宛てた八月十二日付の書状形式の感状と鱸への感状が一通が出された（鱸宛は永禄三年九月の合戦に関する感状）だけで、それ以外は朱印状も含めて遠江一通、駿河が四通、亀田大夫への駿遠での供料に関する文書が一通となっている。点数が

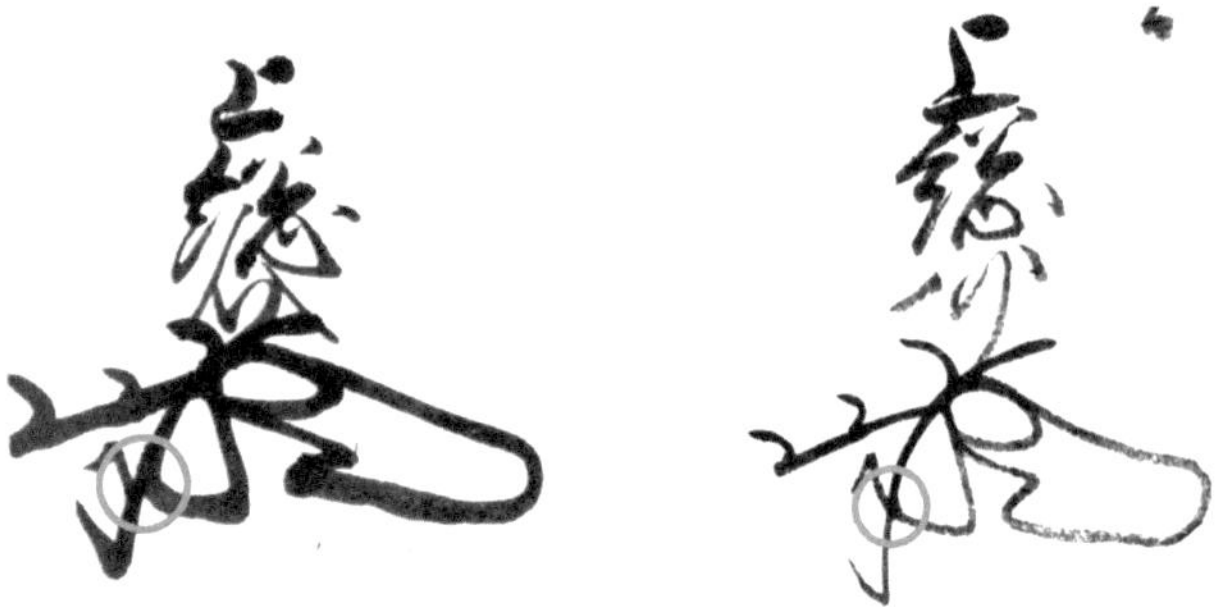

図29　今川氏真発給の永禄6年富士又八郎宛文書（左／静岡県立中央図書館所蔵）と永禄7年光明寺宛文書（右／秋葉総本殿可睡齋所蔵）の花押
（ともに静岡県立中央図書館歴史文化情報センター写真提供）

少ないため断定はできないものの、やはり三州錯乱《さんしゅうさくらん》が影響して、氏真は徐々に花押を変化させる方向に動いたのではなかろうか。

第二に、永禄六年十一月十三日付三条実福《さねとみ》宛（三条公爵家所蔵記録『戦今』一九四四号、史料編纂所影写本で確認）は、花押の書き方が他と異なると思われるので、従来は正文とされていたが、写とすべきだろう。

第三に、『県史』三の段階で花押④の最終とされた文書＝永禄七年九月二十一日付光明寺宛（可睡齋所蔵光明寺文書『戦今』二〇一一号）と、その一つ前の文書＝同六年十二月二十日付富士又八郎宛（大宮司富士家文書『戦今』一九四七号）を比較すると、C部の下に伸びる線の途中に書かれる鉤状の線と、D部左側の三角形角部の位置に注目させられる（図29）。すなわち光明寺宛の文書は、鉤状の線（「Λ」字のような鉤）がD部左側の三角形左下の角部にかかっているが、富士又八郎宛の文書は三角形左下の角部よりも下に鉤状の線が接しているのだ（図29○部）。ちなみに又八郎宛以前の文書は、すべて三角形左下の角部よりも下に鉤状の線がある。ということは、又八郎宛文書から光明寺宛文書の間に、マイナーチェンジがあったと思われるのだ。

では、そのマイナーチェンジはいつ行われたのか、光明寺宛文書と富士又八郎宛文書の間に存在する七点の文書を確認してみた。このうち四点が写であるため、まずは正文で比較してみたところ、永禄七年三月五日付都筑惣左衛門尉秀綱宛文書（都筑家文書『戦今』一九七八号）以降、同年九月二十八日付大沢右兵衛佐宛感状（大沢文書『戦今』二〇一四号）以前であることが判明した。

もう少しその日程の幅を限ることができないか、次に写の四点を比較すると、同年六月五日付杉山縫殿助宛判物写（判物証文写今川二『戦今』一九九三号）では、三角形左下の角部に鉤状の線がかなり接近しており、同年七月と推定される惟村真成宛一字状写（判物証文写附二『戦今』二〇〇二号）では、鉤状の線が三角形左下の角部に接触している。そのため、永禄七年七月頃から鉤状の線が三角形左下の角部に接触するようになっていったと考えられる。

この花押④のマイナーチェンジが行われた理由、さらにはそこから花押⑤に移行した「歴史的条件」を探ってみたが、明確な理由ははっきりしない。何しろこの間の約半年において、現在原本とされる氏真の発給文書は二通、残されているだけである（大沢文書・頭陀寺文書『戦今』二〇一四・二〇一五号）。その日付も（永禄七年）九月二十八日と同年十月二日と近いうえに、花押も④のマイナーチェンジ版である。

その後、永禄八年三月までに氏真が発給した花押のある文書は二通存在し、どちらも写として伝わっている。そのうち花押の検討が可能なのは（永禄八年）正月二十六日付鵜殿三郎氏長宛書状写（武州文書〈第四冊〉『戦今』二〇二五号）だけであるが、花押は⑤のようにB・Cの間に、一本の線が挿入されていた。とすれば、花押④から⑤への移行は、永禄八年正月もしくは同七年末頃ということになろうか。

花押④の花押がマイナーチェンジしたことについては、花押の変化する前の五月に二連木《にれんぎ》（愛知県豊橋市）の戸田主殿助が離叛《りはん》し（三州戸田文書『戦今』一九八六号）、六月中には徳川氏から吉田城が攻撃を受けたとされている（『豊橋市史』第一巻）。一方、④マイナーチェンジ版から⑤に変化する前においては、三河関係の文書が確認されず、永禄八年二月から三月にかけて、今川氏は三河から完全撤退したと考えられている。

その一方で、永禄八年という年代からすれば、三河撤退よりも遠州忩劇の終結が想定されてもおかしくないと思われる。しかし、現時点では遠州忩劇の終末とされる江馬氏の叛乱が同九年二月頃まで継続していることに鑑みれば、遠州忩劇よりも三河撤退の方が花押の変化に関しては年代的に符合するように判断される。そのため、こうした徳川氏による今川氏への攻勢、それに伴う今川勢の三河撤退といった一連の事象が、氏真の花押の変化をもたらしたと捉えておきたい。

穴山武田氏宛の文書

花押④の所見の第四として、年欠八月二十九日付穴山武田彦六郎宛書状写（諸州古文書四上『戦今』二〇〇六号）に関して指摘しておきたい。同文書は『戦今』編集段階で永禄七年頃と想定し、編者注において「『戦国遺文』武田氏編四〇一七号文書では、本文書を天文二十四年に比定しているが、花押影は永禄七年前後の形状を示していると考えられる」としておいた。これは、平山優『穴山武田氏』などで本文書を弘治元年＝天文二十四年に比定し、第二次川中島合戦の陣中に氏真から送られた書状と位置づけていることに対して疑問を抱いていたからである。

先に述べたように、氏真の発給文書は永禄元年からであり、それ以前の文書は写のみが一点、存在している。その文書は弘治三年正月二十三日付井上憲定宛（駿河志料巻七十八友野文書『戦今』一三三一号）であり、文書の袖に「『義元』袖判」「『氏真』袖判」と記されており、両人の花押を写しているわけでもない。文書の内容を見てみると、朝比奈帯刀の売り渡した金原屋敷内の土地を安堵しており、弘治三年という年代からすると、まずはおそらくその年に義元が袖判を据えて文書を発し、後世になって氏真が改めて袖花押を据えたと考えたい。そうすると彦六郎宛文書が天文二十四年であることは想定できなくなるのだ。

ただ、二〇〇六号文書を便宜上永禄七年にしたのは、内容に「越後の上杉勢が出張ってきたとしても（原文＝「越後衆雖令出張」）」とあるため、同年に勃発した第五次川中島合戦に関連していると想定してのことであった。しかし花押④の第三の所見、すなわち鉤状の線＝「Λ」字が三角形左下の角部よりも下に位置するため、本文書が八月である以上、永禄七年であることは考えにくい。本文書の年代的な下限は永禄六年ということになる。

では上限はいつかということで、二〇〇六号文書と日付のみが近い同四年八月二十六日付亀田大夫宛文書（勢州御師亀田文書『戦今』一七三七号）を参照してみた。本文書は写ではあるが、文字や花押に至るまでかなり精巧に写している。花押を比較すると、亀田大夫宛文書はA部が横線「一」字となっており、彦六郎宛のような「V」字ではない。したがって永禄四年とも考え難く、同五年もしくは六年のいずれかということになる。

宛名の武田彦六郎は信君《のぶただ》で、彼は永禄六年閏十二月六日まで、信玄から「彦六郎殿」と呼ばれている（佐野家蔵文書『戦武』八五三号）ので、年代的には問題ない。文書の内容は、越後衆上杉勢が出張ってきたものの、さしたることもなく退散したことは何よりであり、その後の様子を聞きたい、ということであった。そこで、文書が発給された八月下旬頃を中心に、永禄五・六年の武田氏の状況を再確認してみた。

永禄五年九月十八日、信玄は宇都宮広綱に対して、来月下旬には北条・今川と連合し、利根川を越えて上杉勢と合戦すると述べている（宇都宮氏家蔵文書『戦武』七九六号）。一方、同六年の情勢は、七月二十六日に氏真が北条氏康とともに武田氏に加勢して「御出張」し、近日信玄も出馬する予定であることを伝えている。また八月十八日以前には、信玄が比叡山延暦寺《ひえいざんえんりやくじ》の正覚坊重盛に対し、氏康とともに上杉謙信調伏の祈禱を依頼している（『武田氏年表』）。

両年とも彦六郎宛文書のように、氏真が武田対上杉の情勢を確認する文書を発してもおかしくない状況であったことは間違いない。とはいうものの、本文書を仮に永禄六年とすると、氏真自身が七月下旬～八月上旬にかけて関東へ出陣していれば、八月下旬の彦六郎宛文書が発せられた時点で、氏真はすでに上杉の情勢（出陣状況など）について、何らかの認識をしていたはずである。また、逆に氏真が関東へ出陣していなかったのであるならば、それに対する詫《わ》び、もしくは言い訳のような文言が含まれていてもおかしくないと思われる。さらに、すでに詫びていたのであるならば、その返書を得て、上杉に関する情報を入手していたのではないか。加えてその返書が来ていなかった場合には、「返書がないのは何か理由があるのか」といった問い合わせ文言や、「その後、如何」という文言が含まれるのではなかろうか。とすると、本文書は永禄五年の可能性が高いと思われる。

三国同盟への〝拘り〟

本文書が永禄五年八月となった場合、当時は氏真文書の多くが三河国に関するものであるため、なぜこの時点で穴山武田信君と書状のやり取りをしているのか、やや違和感を覚える。しかし、年欠六月二十日付徳榮軒信玄宛氏真書状写（徴古雑抄第二十五冊所収『戦今』一七二六号）

では、「初秋＝七月には三河に向かって出馬するので、兼ねての約束通り力を貸してくれればありがたい」と述べている。この信玄宛の氏真の文書も永禄五・六年のいずれかであると思われ、『戦今』編集段階で同五年の可能性を示唆していた。近年、丸島和洋氏も本文書を同五年と推測しており（「今川氏の栄枯盛衰と連動した「甲駿相三国同盟」」）、今川氏が永禄五年段階で武田氏と連携して三河に対し、軍事行動を起こすことが考えられていた可能性が高くなった。

ところで戦国時代における大名間、あるいは大名―国衆間の同盟関係は、互いに軍事力を提供することが義務づけられていた（丸島和洋『戦国大名の「外交」』等）。これは当時の常識であったから、上杉謙信の関東侵攻に際し、氏真は永禄四年四月に北条方の河越籠城衆に加担している（小倉文書『戦今』一六八〇号等）。このとき、武田氏も三国同盟遵守のために、郡内《ぐんない》の小山田氏らに参陣を命じている（楓軒文書纂『戦武』七三六号等）。

こうした経緯もあって、氏真は永禄五年の初秋に三河へ出陣するにあたり、信玄の協力を仰ごうと同五年六月、確認の書状を発したのであろう（二七二六号文書）。だが、信玄がこの軍事行動に協力して三河に進軍したようには見えない。そこで氏真が八月になって、越後衆が出張ってきたものの退散したのは何よりで、その後の状況を聞きたいとして、書状を発した（二〇〇六号文書）。この書状を出すことで、氏真は現状における武田氏による三河への軍事行動の可否を暗に確認しつつ、今川への軍事協力を促そうとしていたのではなかろうか。その取次として、信君に宛てて文書が発せられたと考えられるのである。

永禄四年から同六年にかけて、氏真は武田・北条両氏が敵視する上杉との合戦＝関東への出陣を行っていた。この段階における今川領国は、家康の離叛（槙文書『戦今』一六八二号）に始まる三州錯乱の真っ只中《ただなか》であった。そのため氏真による感状が、現在かなり多く残されている（田嶋文書・千賀家文書・小笠原文書『戦今』一七二一・一八四八・一九二三号等）。それだけ多くの合戦が繰り広げられたことをうかがわせるが、にもかかわらず、氏真はなぜ三河国内のみならず、東国へも派兵していたのであろうか。武田・北条との連携に、彼はなぜそこまで拘ったのか。

それに対しては推測するしかないが、現時点では二点、想定してもよいのではと考えている。すなわち第一点は、氏真が同盟者である相模《さがみ》の北条氏康、甲斐《かい》の武田信玄からすれば、彼らの子の世代であるということだ。彼は最年少ゆえに気を遣って、あるいは見劣りされては今後の自身の立場や、外交を含む政権運営に影響が出ると判断して、両者の要請に応えた可能性はある。特に若い氏真（この当時、彼は二五歳前後）が今後の政権運営について、信玄・氏康から口を挟まれたくないと考えても不思議ではなかろう。

また第二点として、家康によって三河から今川氏の勢力を一時的に後退させられることになるものの、氏真は後々、改めて政治的に挽回《ばんかい》することが可能と判断していたのではなかろうか。その際には、軍事同盟者としての相模・甲斐両国の力を借りて奪還すればよいというのである。とはいっても武田・北条両氏の協力は、氏真自身が彼らの要請に対して積極的に応える、つまりは参陣していなければ受けることができない。そのための東国への出陣とすれば、三国同盟に拘ることで今川領国の安定を図ったとして理解できよう。ただその場合、三河国内の情勢を見誤り、家康の三河統一が思いのほか早かったため、結局三河を手放すことになってしまったとも考えられる。

信玄を不審者と認定?

氏真は、先の穴山武田信君宛の文書以外にも、穴山武田氏と連絡を取っている。(永禄三年)正月十二日付信友宛書状(佐野武男氏所蔵文書『戦今』一四九三号)と、(同年)十二月二十三日付信君宛書状(楓軒文書纂巻四十『戦今』一六三〇号)である。後者は特に、「信友殿が亡くなり、氏真本人が落胆している(原文=「幡龍斎(穴山信友)遠行、於氏真(今川)力落無是非候」)」と記されており、氏真は「香奠《こうでん》五千疋」を進上している。かなりの金額を贈っていることから、両者の近い関係性を想起させてくれる。これは、今川氏の「手《て》筋《すじ》(ツテ)」として穴山武田氏が存在していたことに起因する。

すなわち、両者は永正期(例えば同元年八月前後における信懸《のぶとお》と伊勢宗瑞《そうずい》〈北条早雲〉・今川氏親による『今川本太平記』の貸与関係や、同十二年の氏親による甲斐侵攻)以来の連繫《れんけい》関係にあったのである。これは、信玄からしても「手筋」と認識されており、(永禄三年カ)六月二十二日付幡龍斎(穴山信友)宛武田信玄書状(諸州古文書四上『戦今』一五四九号)には「氏真に対して等閑《なおざり》にしない

（原文＝「対氏真無等閑」）」とあって、穴山武田氏が駿府《すんぷ》今川氏―甲府武田氏の取次として存在していたことを示している。

　このように桶狭間合戦直後に〝気を配った〟書状を発した信玄であったが、（永禄三年）六月十三日付岡部元信宛信玄書状（岡部家文書『戦今』一五四七号）では、「今川を裏切らないので、口先が上手で、心のよこしまな人の讒言《ざんげん》を信じさせないようにしてほしい（原文＝「対氏真別而可入魂之心底ニ候、不被信佞人之讒言様、馳走可為本望候」）」と述べていた。これは、永禄元年に美濃《みの》情勢をめぐって信玄が信長と友好的になり始めたことに端を発する。当時の義元がこの件に関して不平を述べていないので、大きな問題にはなっていなかったようだが、天文十八年以降、今川氏は尾張織田氏と敵対しており、翌年には一時、和睦するもすぐに崩壊していた。そのうえ桶狭間において父義元を討たれている。

　こうしたことから、永禄元年以降の友好関係を信玄―信長が継続していれば、氏真にとって信玄は〝信頼できる人物とは言い難い〟と言えよう。丸島氏は、「信玄が実は信長に通じており、援軍の働きが悪かったという噂が出ていたのではないか」と述べているが、これが永禄五年六～八月の書状へと繋がるものと考えられる。

　このように、信玄に信を置けない状況下において、穴山武田氏と深い関係性を持っていた氏真が、なぜ遠州忩劇の間、あるいは忩劇後において、信君を通じて信玄を批判しなかったのだろうか。「手筋」を通じての批判は、当時の「作法」からすれば当然のこととして周囲も賛同してくれたはずである。つまり、「世間」を味方にすることも可能であったと思われる。しかし、氏真はそうした「作法」に則《のっと》ることはせず、信玄嫡子義信の自害の後、越後上杉氏との連繋へと走ってしまった。この点の解明が、戦国大名今川氏の〝滅亡〟を考えるうえでも必要になると思われる。

これについて筆者は、永禄五年時点ですでに、氏真は信玄を信用しなくなっていたのではないかと考えている。信玄が織田氏と和平を結んだのは氏真が政権運営を始める前のことで、義元も生前、この点について了承していたと思われる。とはいうものの、軍事協力をするのは当時の通念からすれば当然であったにもかかわらず、信玄は木曾義康に対して義元と「入魂（親密）」であることを伝えるだけで、直接軍隊を派遣するなどの十分な軍事協力を行っていなかった。氏真はこの段階においてすでに元服も済ましていたので、一人の武将＝義元の家督継承者として信玄の行動を、疑問を抱くかどうかは不明ながらも注視したであろうし、「家中」等からも情勢を聞いていたと思われる。それが桶狭間合戦を経て、今川氏の内部から信玄のこうした〝消極的〟な軍事協力に不満が発生し、信玄からすれば「佞人之讒言《ねいじん》」が充満する状況へと繋がったのだろう。

その後、氏真は三河の後退を余儀なくされながらも、三国同盟の維持・強化を考えて永禄四年・五年と関東へ派兵した。氏真による関東への出陣は、後々の三河勢力の挽回を企図しており、同五年には三河を攻撃すると決定して信玄に援軍を派遣するよう要請した。にもかかわらず、またもや信玄は直接的な軍事協力をしなかった。こうした長期にわたる信玄による軍事協力の〝拒否〟によって、氏真の信玄への心情は、不信から不審に変わっていった。そのため、氏真にしてみれば断交してでも抗議したかったのではないか。それが永禄五年まで穴山武田氏と音信を結んでいたにもかかわらず、以後において穴山武田氏との交信がなくなることに繋がるのではないか、と考えている。

二、信玄の駿河侵攻

三国同盟崩壊の序章

遠江国衆たちの叛乱をなんとか鎮めた氏真は、徳政や楽市、治水の実施による耕作地の確保など、領国内の安定に努めた。しかし、それよりも以前の段階の武田領国において、今川氏にとって予想もしていなかった出来事が発生した。永禄八年六月、信玄が織田信長からの和睦要請を受け容《い》れ、九月になると織田信長の養女（遠山氏）を四男勝頼の正室に、との交渉が開始され、信玄がそれを了承したのである（甲陽軍鑑）。さらに十月になると、信玄の嫡男義信が家臣の飯富《おぶ》虎昌らとともに信玄暗殺を企図するも失敗に終わり、飯富が成敗され（甲斐国供養帳）、義信は甲府東光寺に幽閉させられた。

永禄十年三月になると、廃嫡された義信に代わって台頭してきた四郎勝頼が跡部勝忠に対し、駿河・甲斐の国境にあたる本栖《もとす》（山梨県富士河口湖町）などを油断なく用心するよう申し付けている（保阪潤治氏所蔵文書『戦武』一〇五九号）。こうした武田氏の動向が今川氏にも伝わり、氏真は信玄に対して最早《もはや》断交してもー向にかまわないと判断したようで、武田氏の敵である上杉謙信に対して書状を認《したた》めたと思われる。それが、これまであまり注目されていない年未詳の五月における、朝比奈信濃《しなの》守泰高という人物による柿崎景家・直江景綱宛の文書である（謙信公御書集巻七『戦今』二一七三一号）。

そして八月になると、今川氏に従っていた駿河の国衆葛山氏元が、今川氏の命によって被官の鈴木・武藤・芹沢に宛てて、塩留《しおどめ》を行うよう指示した（芹沢文書『戦今』二一四一号）。こうした緊迫した状況下において、さらに緊張を増長させる事件が起こった。一昨年、東光寺に幽閉されていた義信が自害したと伝わってきたのだ。これを聞いた氏真は、十一月二十五日に懸川城主朝比奈泰朝と三浦氏満二名の連署になる起請文《きしょうもん》を柿崎景家・直江景綱両名に提出させ、武田氏が攻撃してきた際には信濃への出馬が望ましく、互いに「抜公事《ぬけくじ》（抜け駆け）」の無いようにすることを認め合った（歴代古案二『戦今』二一九七号）。

こうした経緯の後、氏真は謙信に対して、父義元の仲介で第二次川中島合戦が和睦（一四四ページ）したことを述べつつ、同盟を要請した（上杉家文書『戦今』二一五八号）。信玄との手切《てぎれ》を想定してのことである。その一方で、氏真は妹嶺寒院殿を帰国させたいと考えており、北条氏康・氏政父子の仲介で武田にその旨を要請していた。しかし、信玄は同盟の破棄を恐れて難色を示したため、氏真は信玄に同盟を継続する旨の起請文を提出することで話がまとまった（歴代古案二『戦今』二一七四号・武徳編年集成）。氏真は信玄が裏切るのは時間の問題と認識していたのである。

翌年になると信玄は、二月に家康と今川氏との対立における協力を約束し、「川を境」にして駿河と遠江を分ける密約を結んだ（甲陽軍鑑）。と同時に、穴山武田信君が家康家臣の酒井忠次に対して、信玄の誓詞が発せられたことを伝えている（本光寺常盤歴史資料館所蔵文書『愛知県史』織豊1—五九四号）。

この頃、永禄八年に京都で起こった永禄の政変で三好三人衆らに殺害された室町幕府第一三代将軍足利義輝の弟足利義秋《よしあき》（後の一五代将軍義昭《よしあき》）が、相模・甲斐・越後三ヶ国の和平＝三和《さんか》（当時「和睦」を「かぼく」と読んでいた）を仲介しようと書状を出していた。その動きが活発化し始めたようで、氏真は三氏の和睦交渉の風聞を聞き、その噂が事実かどうかを尋ね、自らが三和の「中人《ちゆうにん》」＝仲裁人になると、上杉謙信に伝えている（上杉家文書『戦今』二一七六号）。氏真は三和の中人となることで、対外的に三大名と比肩しうる立場であることを示すとともに、武田氏の軍事行動を牽制《けんせい》、あるいは武田氏を除く二大名からの支援を得ようと考えたのではなかろうか。こうした状況下で、嶺寒院殿の駿河帰国が実現した。

五～八月にかけて、駿甲両国ではそれほど大きな問題は起きていなかったようだが、九月になると、懸川城主の朝比奈泰朝が津留《つどめ》奉行中に文書を発給している（奥山文書『戦今』二二九〇号）。兵粮《ひょうろう》の到着予定地であった犬居は、遠江国衆の天野氏（当時の家督は小四郎藤秀）の居点である。文中の奥山久友は犬居よりもさらに北方に住しているため、兵粮は天竜川の上流↓下流、もしくは秋葉街道の北↓南に移送される手筈《てはず》になっていたということである。天野氏の領域は様々な地域へと移動できる要衝の地であったから、その地に兵粮を移すことは、軍備上、ある意味当然のことだったであろう。

信玄、駿河へ

十一月に入ると、今川氏は信玄による駿河侵攻を想定し、国境の封鎖に踏み切ったらしく、甲斐・駿河間の通行が不自由になってしまった（寿徳寺所蔵文書『戦武』一三一七号）。こうして今川氏は、武田氏の侵攻を警戒して国境の封鎖、上杉氏との連携を構築していたが、ここにきて謙信が北条氏邦の家臣大石芳綱に対し、信玄が駿河へ出兵したならば、自身は越中へ侵攻することを伝えてきた（歴代古案一『県史』三―三四九四号）。これは、信玄への後方攪乱《かくらん》となり得る一つの案ではあったが、今川氏にとっての最善策は信濃への出陣であったから、氏真の目論見《もくろみ》が大きく外れたことになる。当時、謙信は越中へ頻繁に出陣しており、謙信にとっての重要案件は北信濃より越中であったのだろう。

そのような中で永禄十一年十二月六日、信玄はついに三国同盟を破棄し、駿河に侵攻を開始、富士氏の大宮城（富士宮市）を攻撃する（甲陽軍鑑）。七日には、穴山信君が武田と今川が不和になったため、今回の出陣にあたって惣左衛門尉ら五名が早々に出仕してきたことを賞している（佐野家文書『戦今』二二九九号）。十二日には、氏真が薩埵山《さった》（静岡市清水区）で武田軍を迎撃しようとしていたが、朝比奈信置・葛山氏元・瀬名らの重臣たちが武田に従ったために退却した。これは、今川氏の家臣たちに対して早々に武田氏からの調略があったために靡《なび》いたとされる。翌日には氏真は駿河府中を捨てて、懸川へと敗走することとなった（今川記『県史』三―三四九七号等）。

駿河に侵攻した理由を信玄は、氏真が謙信と結んで信玄滅亡を企てていたので断交することにした、つまりは報復であると主張した（春日歳雄氏所蔵文書『戦国遺文』後北条氏編一一二七号）。これに対して北条氏康の三男氏照が理解を示しているものの、三国同盟を結んだ本人である氏康は、その言い訳を聞かなかった。それは信玄の同盟破棄によって、前年からこの年にかけて嶺寒院殿の帰国にあたり、氏真に起請文を書かせてまで同盟を継続しようとしていた中人としての面目を潰されたこと、さらに自身の娘である蔵春院が輿《こし》にも乗れずに懸川に移ったこと、主にこの二点に対して激怒していたからであった。

氏真による懸川城までの逃亡ルートについては、いまだ解決していない。しかし、十二月十五日には沼津桃源院に、翌日には北条方で今川氏を支援するために派遣された西原源太に対して安堵朱印状・感状が発せられている（桃源院文書・西原文書『戦今』二二〇四・二二〇五号）。

このことを見れば、はたして従来「氏真の逃亡ルート」とされている道（山道が中心であるが）を移動しているのか、疑問が残される。

一方、遠江には家康が侵攻を開始し、十二月十二日に井伊谷《いいのや》三人衆の菅沼忠久・近藤康用・鈴木重時に起請文・知行宛行状《あてがい》を発給した（鈴木重信氏所蔵文書『戦今』二二〇〇・二二〇一号）。その後、懸川城に家康が攻撃を仕掛けてきたが、年が明けてもなかなか懸川は落城せず、それ以外でもいくつかの城が今川方として武田、あるいは徳川に対峙《たいじ》していた。その中で著名なのが、駿河国内では花沢城（焼津《やいづ》市）、遠江国内では堀江城であった。

著名とはいうものの、実際のところは花沢城に大原資良が籠もっていると信玄が家康に伝えている書状が残されている程度である（森勝蔵本古文書写『戦今』二二三八号）。一方、遠江の堀江城には大沢氏がいた。大沢氏は、藤原道長の後裔持明院基盛《こうえいじみょういんもともり》を出自とし、南北朝期に堀江に入っていたとされる。代々、村櫛荘（浜松市西区）の領家職を有し、当初は遠江守護家の斯《し》波《ば》氏に従っていたが、氏親の段階から徐々に今川氏に接近した国衆である。家康が堀江城を攻撃したとき、城主基胤は一族中安兵部少輔とともに同城を堅固に守備していた。氏真が懸川に籠城している間、朝比奈泰朝らが基胤らと連絡を密にしていた。永禄十一年十二月段階で泰朝らは、懸川では兵粮のほか鉄炮・玉薬・矢などについては、「五三年」＝一五年は不足することはない、と豪語していた。戦時中で大沢氏らを鼓舞する、あるいはプロパガンダもあったと思われるが、それでも同城にはかなり十分とも思える備蓄があったと考えられよう。だがその一方で、大沢氏が守る堀江城では、兵粮が厳しくなってきたようだ（大沢文書『戦今』二二一四・二二三二号）。その結果、永禄十二年四月十一日時点で泰朝らから同城守備に関する労《ねぎら》いを受けながらも、いつ開城してもかまわないとの許可をもらっている。翌日になると、大沢氏は家康・石川数正・酒井忠次・渡辺盛から起請文を受けている（大沢文書、譜牒餘録『戦今』二三三六・二三三八～二三四一号）ので、すでに今川氏から離れる前提で泰朝らから文書を発してもらっていたと捉えられる。

五月になると、家康は今川氏を支援していた北条氏と交渉を成立させ、氏真を助命する方向に動き出した。それは、信玄が遠江に兵を入れたことに立腹した家康が、単独で和平を結んだのである。これによって氏真は懸塚《かけづか》から船で北条領国へ移ることになったが、この後も氏真は上杉氏と交渉を行っている。

その中で興味深い史料として、『戦今』編集段階では永禄十年に比定していたが、内容から元亀元年（一五七〇）と判断される、九月三日付山吉孫次郎宛氏真書状写がある（歴代古案一『戦今』二一四三号。年代比定は長谷川弘道二〇一一による）。ここには、氏真が上杉氏と「直書をもって」連絡を取りたいと思っていたところ、三度にわたって返信をもらえない状況になっていた。なぜ、返信が行われなかったのか不審に思っていたところ、このときの上杉氏の担当者山吉豊守から、「書札礼が不躾《ぶしつけ》である（原文＝「書札慮外」）」といわれてしまったのである。氏真は、謙信と同等の立場にあると認識して書状を認めていたのであるが、元亀元年時点ではすでに北条氏政の子国王（後の氏直）に駿河を譲渡しており、領国も喪失していたので、関東管《かん》領《れい》職を受け継いだ謙信とその「家中」からすると、氏真がかつての書礼のままで書状を送ってきたとしたら、〃無礼〃以外の何物でもなかった。

こうして氏真は、対外的にも表に出ることはなくなったのである。

今川領国挟撃について

永禄八年十一月、武田と織田の婚儀で両者の和議が成立した。氏真は同五年段階ですでに信玄に対して不審を抱いていたが、それは永禄六年段階でも変わらなかった。何しろこの年、またもや信玄は氏真からの援軍要請に対し、「家康に疑念を抱かれた場合、氏真の書状を見せて安心させるように」（水月古鑑五『戦今』一九五七号）といった謀略の指示を某に出しただけで、三河方面への出陣、あるいは軍隊の派遣もなかったのである。そのため、氏真は信玄への疑念を増幅させていたと思われるが、そのような状況の中で、氏真の妹嶺寒院殿を正妻とし、さらに三国同盟の一角を担った「親今川」と思われる義信を幽閉に追い込んだ信玄への信頼は、まったく喪失したことであろう。

一方、氏真からの信頼を失ったと想定される信玄は、永禄六年閏十二月六日に穴山信君の家臣佐野泰光に対して、遠江国の情勢を確認するとともに、駿河の過半が氏真のものでなくなった場合には、早々に注進せよと命じている。その一方で、遠江において反乱が勃発したものの、駿州衆が氏真を守り、三河が氏真の支配通りになるのであるならば関東でこのまま陣を続けると伝え、さらに追而書《おってがき》では駿河侵攻も視野に入れていることを述べている（佐野家蔵文書『戦今』一九五一号）。この前日、信玄は上野国《こうずけ》金山城（群馬県太田市）の由良成繁《ゆらなりしげ》を攻撃するために利根川を渡っており（群馬県立歴史博物館所蔵文書『上越市史』三七一号）、前月の十二月から上野国に出陣していた。これは三国同盟の遵守のため、北条氏康の要請に応えたと判断されるが、となれば信玄は、飯田口合戦が十二月二十日以前に勃発してから間もない段階の上野在陣中に、その報を受けたことになる。彼は他国に出張中であっても情報収集に余念がなかったことがわかり、まずは遠江の状況を見極め、駿河衆の守備具合による遠江侵攻を企図する判断を行った模様である。

こうした信玄の考えは、今川領国への侵攻をうかがいながらも、それを表立って見せるようなことはせず、氏真の「器量」を量っていたようである。そうした中で信玄が織田との和平＝反今川の行動を取ったのは、東美濃における「織田勢との偶発的衝突発生への対処」（丸島二〇一七）も当然ながら、推し量っていた氏真の器量が不足していたということも考えなければならないだろう。それは、信玄による氏真の器量を量るような発言が、三州錯乱で家康によって三河を切り取られた段階で述べられたその一方で、遠州忩劇をきっかけに、信玄が織田氏との和平を結んだ＝反今川行為を鮮明にしたという大きな違いがあるのだ。

ということであれば、遠州忩劇への氏真の対応が、信玄の求める方向と違っていたことを意味していたと思われる。どうすれば信玄の意に沿ったものになったのかは不明であるが、信玄は今川家がどのような経過を辿《たど》ろうが、どうでもよいと思っていたのではないか。その一方で、今川の「家」そのものが残されることについても問題ないと考えていたと思われる。

というのは、『今川記　伝記下』（『続群書類従』巻六〇三）によると、信玄が駿河に侵攻した際、信玄の内通に呼応した今川氏御一家の瀬名氏は、当初、信虎によって勧誘され、「駿河を半国与える」との謀書を得たため、信玄に「館」を提供し、信玄から「信」字を拝領したという。同時に中務大輔《なかつかさだゆう》の官途を授かり、駿河を拝領するにあたって瀬名氏が「今川」を名乗ろうと訴訟したところ、信玄はそれを否定した。そして、足利尊氏の遺言として「将軍の子孫が絶えれば吉良《きら》に継がせ、吉良も絶えれば今川に継がせよ」とあったので、急ぎ上洛して将軍の許可を得て名乗るように、と述べたとされる。これだけを見ると、京都まで瀬名を出向かせることに無理があるようにも感じられる。また『今川記』が江戸期の記録で、どこまで真実を伝えているのかも微妙である。とはいうものの、瀬名氏が今川の名跡を継ぐこと自体を否定しているわけではないと思われる。

であるならば、信玄は氏真の「後見」的な立場になるのが理想だったのではないかと捉えられるが、その方向性は困難を伴ったに違いない。何しろ氏真の妻は蔵春院で、彼の外戚は北条氏康になるのだから、信玄自身の許に「今川家」を、とするのであれば、『今川記』にあるように、御一家衆に家督を継承させるしか方法がなかったであろう。そのようなことであれば、あえて今川の「家」に拘ることなく、実力で駿河を治めてしまえばよいと考えていたと思われる。

ところで、本書において年欠五月十日付柿崎景家・直江景綱宛朝比奈信濃守泰高書状写（謙信公御書集巻七『戦今』二七三二号）を、永禄十年に比定した。本文書は、『戦今』編集段階に編者註でも述べたように、「謙信公御書集」巻七の永禄十年五月の部分に収録されている。詞《ことば》書《がき》（文書の前書による解説）には「今川氏真の老臣である朝比奈信濃守泰高が、越後の直江景綱・柿崎景家両人に返翰（返事の手紙）を送る」とある。とはいうものの、これまで今川の被官に信濃守泰高の名は見えないため、『戦今』では便宜的に掲げることとしておいた。しかし、本書で氏真の心情＝信玄への不信から不審へ、さらには信頼の喪失といった今川サイドの状況からすると、今川氏がこの時点で上杉氏と交信していてもおかしくないと判断される。

また、書出にある「おっしゃる通り、初めてお便りいたします（原文＝「如仰未申通候処」）」という文言と、詞書の「返翰（返信）」という文言から考えると、互いの連絡のきっかけは上杉氏であり、今川氏からはそれに対する初めての返信だったようだ。おそらく義信幽閉の風聞や、それ以降の甲駿の状況が上杉氏の許にももたらされており、今川氏と武田氏の不和が上杉氏内部で囁《ささや》かれていたのではなかろうか。つまり、これまで堅固に継続していた甲相駿三国同盟が崩れかかっていると上杉氏が判断し、まずは自軍の状況＝越中表への出陣とそれによる越中過半の領域化（実際にはまだ完全なものではなくとも）などを伝え、今川方の出方をうかがったと思われる。

こうした経緯で始まった今川・上杉間交渉であるが、それに関する文書で、年欠十一月二十五日付柿崎景家・直江景綱宛朝比奈泰朝・三浦氏満連署起請文写は、これまで永禄十一年として扱われることが多かった（歴代古案二『戦今』二二九七号）。それに対して、鴨川達夫氏が前年に比定していた（『武田信玄と勝頼』）こともあり、『戦今』編集段階では鴨川氏の論点だけでは不十分と判断し、従来通りの同十一年としておいた。しかし、本書で改めて検討し直してみると、同十年に比定する方がよいと考えられるため、ここに訂正しておく。ちなみに鴨川氏は、今川氏と上杉氏の交渉は永禄十年前半から始まるとしているが、朝比奈泰高の書状の存在を考えれば、その指摘は首肯しうると思われる。

次に永禄十一年九月に朝比奈泰朝が発した朱印状（奥山文書『戦今』二二九〇号）について指摘しておこう。本文書には八角形朱印で、「懸河」の印文が捺《お》されている。当初、本文書発給の背景について、筆者は単に武田・徳川両氏に挟撃されるための対応と考えていた。その一方で、遠州忩劇による同奉行の設置の可能性も指摘していたが、本書の検討からすると、前年の塩留からの継続的な「荷留《にどめ》」と判断し直したい。というのは、内容的には、奥山久友から犬居へ運ばれる兵粮は、森口・二俣口など何処でも通過させよと命じているのである。つまり、津留自体がすでに実施されていたために、こうした「通過許可」の本文書が作成されたのだ。津留実施の裏返しといえるのである。

このような状況を経て信玄・家康による今川領国挟撃が始まったが、その際に今川方の城として見えていた駿河国内の花沢城について付言しておく。同城には今川氏の被官大原資良が籠もっていると、信玄が家康に伝えた書状がある（森勝蔵本古文書写『戦今』二二三八号）。籠城していた大原氏は、氏親〜義元段階でその名を確認することができないうえに、後世の記録類では「小原鎮実」として登場する。資良は、永禄期に三河国吉田城に入り兵粮の差配を行っていたが、永禄八年の同城開城によって、今川氏離叛の気配を示した宇津山《うつやま》城（湖西市）の朝比奈真次を討って同城に入ったという。武田・徳川両氏の今川領国侵攻にあたっては、当初そのまま宇津山城にあったようだが、結局、徳川氏によって落とされてしまい、その後、武田氏が一時駿河を退去した段階で花沢城に入ったとされる（『戦国人名辞典』吉川弘文館　二〇〇六）。「もともと今川領国以外の国を出身とする者（原文＝「元来他国之者」）」（歴代古案一八『戦今』二四七五号）とあり、伝承では山城国を出自とするという。永禄三年以降、突然彼が史料上に確認されるようになることから、明確なことは不明だが、桶狭間合戦後に今川領国は戦闘員不足となったため、資良は今川氏に仕官してきたのではなかろうか。ちなみに今川方として花沢城が武田氏と対峙していた段階で、井伊谷徳政時に今川氏と共同歩調を取り、家康の遠江侵攻後に行方のわからなくなった井伊直虎が、同城に向かっていく途中で殺害されたと伝える史料が二〇一七年に発見された（井伊美術館所蔵「河手家系譜」）。

〈本章のまとめ〉

氏真は三州錯乱・遠州忩劇といった苦境を乗り越え、井伊谷徳政や楽市・用水問題の解決など、永禄九年以降、積極的な領国経営を行っていた。氏真が中傷されるようになった原因は、蹴鞠といった文化的な側面から否定されたのではなく、信長の面前という「場」での蹴鞠の挙行、もしくは信長との蹴鞠の「場」の共有にあったと思われる。

氏真の発給文書を見直すと、元亀年間になっても文書は発せられていたことがわかる。これは、彼がすでに大名の地位から堕《お》ろされていたものの、氏真本人だけでなく、在地の人々も氏真の「当主返り咲き」の可能性を考えていたかららしい。在地は強《したた》かに「生き抜く」ための布石を打っていたと思われる。

氏真の花押を編年的に扱って史料を確認してみると、これまで年代比定の行われていなかった文書のうち、何点かの文書の年代を想定することが可能となり、さらに新たな知見を得ることができた。朝比奈親徳は氏真付きとなった時点で「老臣」としての立場にあったと想定され、その子信置も守衆の一人であった可能性がある。だが、その老臣衆も永禄中期において死没したため、弘治年間に始まった「家中」の交代、桶狭間合戦によって発生した人材不足にさらなる拍車が掛かってしまい、氏真は厳しい状況に追い込まれたと思われる。

氏真の書状において注目すべきは、穴山武田氏に宛てた文書があるということ（といっても三点だが）と、三国同盟に拘っているように見えることであった。何しろ家康を中心に、三河の国衆たちが次々と離叛していったにもかかわらず、三河方面だけでなく、武田・北条両氏が対立している上杉氏に対しても兵を出している。東国への出兵は、後々武田・北条両氏から援軍を頼むためにも必要であったが、家康が三河を統一するという結果を招いたことからも、今川氏にとって大きな過失となった。

信玄の駿河侵攻以前、今川領国内では信玄に対する不信・不審が充満し、彼への信頼はまったく喪失していた。永禄十年になると武田氏が駿甲国境での警戒を強め始めた。そのため、今川氏はとうとう信玄の敵上杉謙信と連絡を取り始めた。さらに、領国内に向けては塩留を指示し、国内の引き締めを図っていた段階において、「親今川」の武田義信の自害を聞き、氏真の重臣とされる朝比奈泰朝・三浦氏満の連署で上杉氏との連携を模索し始めたのである。

嶺寒院殿の帰国が実現する頃、相模北条氏康・甲斐武田信玄・越後上杉謙信の三名による和平＝三和を京都の足利義秋（後の義昭）が勧めてきた。それを聞いた氏真は、三大名と比肩しうる立場であることを対外的に示す一方、武田氏の行動を牽制し、さらには武田氏を除く二大名からの支援を得ようと動き始め、自身が三和の「中人」＝仲裁人になると申し出ていた。その後、駿甲国境を今川氏は断交させたが、永禄十一年十二月に信玄が駿河に侵攻したことで今川氏は戦国大名としての地位を奪われた。懸川城で抵抗を試みるも、家康の説得で同城を明け渡し、沼津→相模国早川→浜松等と居点を変えた。その間、武将としてよりも文人として「生き残る」道を選択し、結局、慶長期まで生存し続け、子孫も幕末・明治まで生き延びたのである。

おわりに

戦国大名今川氏の歴代について通覧し、〝今川氏滅亡〟についてのヒントを探ってきた。各章ごとにまとめておいたので、ここで改めて総括することはしないが、主要因と考えられる点について付言しておきたい。

氏真《うじざね》は永禄元年から駿遠両国に文書を発給し始めたが、桶狭間《おけはざま》合戦で義元が横死したため、〝強制的〟に家督者としてすべてを取り仕切らなければならなくなった。しかも三河国内は、同年になって義元によって、ようやく支配を貫徹させる方向に向かい始めたばかりであった。そのため、今川氏の中で三河支配を実質的に行う人物がいなくなれば、というよりもこの段階において義元が死没すれば、離叛《りはん》する人物が出てきても不思議ではなかったと思われる。

この点はおそらく今川氏内部、あるいは甲相駿三国同盟の同盟者であった武田・北条両氏も、理解していたのではなかろうか。氏真が東国へ向けて派兵したのは、桶狭間合戦以降、一時期織田氏や徳川氏に義元死没後の三河を委ねることになってしまったとしても、まずは三国同盟を強化して駿遠両国の安定を図り、その後三河を攻撃することを目指したのではなかろうか。信玄が「様子を見る」といった文書を発給していたのは、その意図を汲《く》んでいたと思われる。

その段階における氏真の信玄に対する不満は、並々ならぬものであったのではなかろうか。父義元の代から十分な軍事協力を行わず、その後、氏真が三国同盟の維持・強化を考えて永禄四・五年と関東へ派兵した。加えて同五年の段階では三河を攻撃すると氏真が宣言し、信玄に援軍を直接派遣するよう要請したにもかかわらず、信玄は直接的な軍事協力もしなかった。信玄による軍事協力の〝拒否〟は氏真の一方的な見方かもしれないが、「手筋《てすじ》」であった穴山武田氏と断交してでも抗議したかったと思われる。

信玄は、氏真が遠州忩劇《えんしゆうそうげき》後に交信を絶って上杉氏と連携を図ろうとしたことを認識していながらも、あえてそれをすぐに咎《とが》めることはせず、駿河《するが》侵攻段階でそれを持ち出している。この点は信玄の〝老獪《ろうかい》〟さを見せつけている感もあるが、氏真にしてみれば「同盟下における軍事協力」といった義務を怠った信玄を許すことはできなかったであろう。そのような段階で、駿甲の国境において緊張が日に見える状態になれば、氏真の信玄への「信頼」は完全に喪失し、むしろ「敵意」にも似た感情へと変わったと思われる。

こうした信玄による（氏真からすれば）「正当な」軍事的協力のなかったことが、〝今川氏滅亡〟への道筋の一つと捉えられる。しかし筆者は、義元と氏真の政権下において、今川氏の没落を招いた一番の要因は、「家中」を構成する人物に、様々な問題が起こったからと考えている。この点について、最後に触れておこう。

義元が三河・尾張方面へ出馬しているのは、文書や記録類に残されているので間違いないが、両国内におけるその後の対応が問題だった。山田邦明氏も述べているが、今川氏の三河支配は、「遠江国衆が三河に送り込まれて、遠江と三河の人が協力しながら地域の統治にあたるという形がとられ」、「（三河国内の＝筆者註）重要な場所には今川氏の直臣が派遣され、城番をつとめたが、一つの城で長く勤めるわけではなく、数年たつと別の城に移るというのが一般的だった」（山田二〇一七）。そのため在地と深く付き合わない分、ある意味〝官僚的〟で〝ドライ〟な関係性になっていたのだろう。そういった領主層とうまく付き合うためにも、外交に長《た》けた今川氏「家中」による効果的な活動が望まれたはずである。

そのような「家中」を揺るがす出来事が、相次ぐ事件・合戦等において発生した。その最初の出来事が花蔵《はなぐら》の乱であろう。同乱を沈静化することができた義元は、永享期から徐々に力を付け始め、氏親・氏輝・寿桂尼段階においては隆盛を誇っていたであろう福嶋《くしま》氏をほぼ一掃し、さらには「家中」の一員であった矢部氏の力を削《そ》ぐことにも成功した。併せて福嶋氏とも近い関係性を有し、氏親が家督を継承する段階には彼の庇護《ひご》者の一人でもあった斎藤氏も衰退させ、自身を中心とした「家中」を再構築した。

その「家中」によって氏親以来の外交路線の変更がなされ、親北条から親武田へと移行した。これによって第一次河東一乱《かとういちらん》が勃発するが、その際、永正十年（一五一三）段階に今川氏「御一家」であった葛山《かつらやま》氏は、「葛山八郎」が宗瑞《そうずい》の子でかつ氏綱の弟であったから、おそらく北条方となったであろう。氏綱が興津《おきつ》付近まで侵攻することができたのは、葛山氏を始めとする駿河東部の武将たちが北条方に靡《なび》いたからに他ならない。葛山氏は、今川氏からすれば東国というよりも北条氏とのパイプの役割を担っていたであろうから、第一次河東一乱発生時において、彼は今川「家中」の一員でもあったと思われる。そのような葛山氏が離叛したことによって、義元は改めて「家中」の再編成に迫られることとなった。

このように、義元が家督として政権を担っていた段階の前半までは、今川「家中」が分裂および再構成される時期でもあった。ということは、義元とともに政権を運営する立場であったはずの「家中」もこの時点で一枚岩ではなく、義元の方向性をこれから把握してそれぞれの問題に対峙《たいじ》してゆく状態にあったと捉えられよう。

その後、第二次河東一乱が終結すると、駿河東部の武将たちも今川氏の被官に復帰する。併せて葛山氏も「家中」のメンバーに再度就任することとなり、義元だけでなく「家中」の目も三河に向き始め、ようやく今川氏が一体となって活動を始めようとしていた弘治年間に、またもや事件が起きた。それが太原崇孚《そうふ》雪斎と懸川城主朝比奈泰能《やすよし》の死没であろう。特に崇孚雪斎は、三河において領主層の取次《とりつぎ》という重要な役割を担っていた。そのため、その欠如を補うための人材を、早急に求めなければならなくなった。そこで、朝比奈親徳《ちかのり》が天文中期から三河関係の事案（牛久保牧野氏関係）にも携わっていたので、彼をそのまま三河担当者として任じた。そして、もう一人をその立場に据えることとした。それが関口氏純であろう。それは、彼が弘治三年（一五五七）の年初において家康の舅《しゅうと》となっていたことも関係していたと思われる。これによって三河国衆たちへの取次も兼ねることができるようになったであろう。

今川氏「家中」のメンバーに崇孚雪斎と朝比奈泰能といった二人の欠員が出たことで、誰がその代わりのポストに入ったのかは不明である。しかし、氏真の守衆《もりしゅう》として活動していたと思われる朝比奈信置と守衆頭人《とうにん》だった三浦正俊が加わったとしても不思議ではない。さらに、懸川城主の朝比奈泰朝も構成員となったと思われる。懸川城主系の朝比奈氏は、京都および関東足利氏との外交に関与できる家と認識されていたし、泰朝の父泰能は、寿桂尼の父中御門宣胤《なかみかどのぶたね》の孫女を妻として迎え入れてもいたから、当初から外交に関与することは間違いなかったであろう。

また正俊は、甲相駿三国同盟締結段階で甲斐《かい》にも出向いており、北条氏家臣の遠山などとも同所で対面している可能性もある（甲陽日記）。このように天文末期には外交に携わっていることからも、彼を「家中」に加えることは問題なかったと思われる。信置については活動の所見が見られないため、あくまでも想定であるが、彼が〝老臣〟としてすでに「家中」の構成員の一人として活動していた親徳の子で、なおかつ氏真の守衆だったとすれば、ポスト就任もあり得ることだろう。

ただ、ここで注意しなければならないことは、泰朝と信置が「家中」に加わったことで、「家中」の平均年齢も少し下がったという点である。

そうした状況の中で、桶狭間合戦で当主義元を始め、多くの被官が討死にすることとなった。

平野氏のようなそれほど大きな被官とは見えないクラスから、松井氏や井伊氏のような国衆クラスの当時の家督が死没した。そのため、この時点で今川家中は〝強制的〟な代替わりが行われ、いわゆる「老臣」クラスが非常に少ない〝若い「家中」〟が創出されたのである。

そして三州錯乱が起こったことで、「家中」の中で三河担当の一人であった関口氏純が、家康の謀《む》叛《ほん》によって切腹したとされる。加えて遠州忩劇やそれが鎮まったくらいの段階で、再び「家中」の構成員だった人物が没した。三浦正俊と朝比奈親徳、それと飯尾《いのお》連龍《つらたつ》である。正俊と連龍は遠州忩劇で没したが、正俊は「身命を捨てて忠節」せしめたというから、今川氏のために討死にしたのであろう。一方、連龍は、彼が「家中」であったかは不明であるが、彼の父乗連《のりつら》が「家中」の構成員であったことを考慮すれば、連龍も「家中」に含まれていた可能性はある。その彼が氏真に叛し、後に氏真によって殺害された。「家中」の構成員クラスのメンバーが今川氏に謀叛を起こすような状況になっていたのだから、今川「家中」はかなり危機的状況に陥っていたといえる。

その後、正俊ら三人の不足分を補填《ほてん》したかどうかは不明だが、二人は確実に加わっていただろう。それが上杉氏との外交に登場した朝比奈泰高と、三浦氏員の後継と思《おぼ》しき三浦次郎左衛門尉氏満で、両人は上杉氏との外交文書に確認できる。とはいっても、泰高については年齢的に不明だが、氏満が氏員の後継であるならば、やはり彼は氏員よりも若いと想定されよう。ということであれば、信玄が駿河に侵攻する永禄十一年段階の氏真の周囲には、平均的に若い

「家中」メンバーで構成されていたということになる。その点を象徴しているのが、元亀元年（一五七〇）に推測される九月三日付山吉孫次郎宛氏真書状写と考える（歴代古案一『戦今』二一四三号）。三度にわたって上杉氏から返信をもらえなかった氏真は、宛名の山吉から「書札礼が無躾《ぶしつけ》である」といわれてしまった。

こうした書札礼は、口伝《くでん》であっても書伝《かきづた》えであっても、年輩者が若い世代に伝えていくべきものである。年輩者は、若い世代が〝無礼〟な書札を発しようとしたら、おそらく「こういう場合には、このような書札であたらなければならない」と窘《たしな》めるであろう。しかし氏真が文書を発した際に、それを間違いであると指摘する人物がいなかったと想定される。この事例は、すでに今川氏が戦国大名としての地位を堕《お》ろされた元亀元年という年代でもあるため、単にこの時点でそのような年輩者がいなかっただけなのかもしれない。しかし、今川氏の「家中」といったものは永禄期の氏真段階でも存在していたと想定される。何しろ今川氏も文書において「本意」を遂げたらと述べているように、後々武家の領主として君臨したいと考えていたのは間違いない。となれば、元亀年間であっても「家中」はやはり存在していたと考えるべきであろう。それでも「書札礼がなっていない」文書を発給してしまったのだから、やはり「家中」に年輩者が存在しなかったといえるのではなかろうか。

このように天文初期〜永禄期までの段階で、今川「家中」は目まぐるしく変わり、〝若い「家中」〟へと繰り返し変化を続けていた。今川「家中」の構成員は「外交」に携わる人物が多いが、当時の「外交」には強力な人的関係性が求められていたと思われる。となれば「外交」のためには、「家中」として仕える主家今川氏とその交渉相手について、両者が時間をかけて構築していかなければならない部分も当然存在していたと想定される。しかし、これだけ頻繁に「家中」のメンバーが入れ替わり、はたして様々な経験を積んでいたのか不明な「若い」人物が「家中」に加わってしまうことになったとなると、今川領国内における国衆や他国の大名たちも、誰を頼りにしてよいのか見当もつかなくなったであろう。三州錯乱や遠州忩劇といった国衆の離叛を招いたのも、ある意味、当然の結果だったのかもしれない。

親であれ一族であれ、年輩者が没して〝強制的〟な代替わりをさせられたのは、氏真だけでなく「家中」も同様であった。そのため筆者は「家中」を担うことのできる人材そのものの不足、さらにはその「家中」の数度にわたる再構築・再構成が〝今川氏滅亡〟の主要因と判断しているのである。

《参考文献》

浅倉直美編『論集戦国大名と国衆9　玉縄北条氏』（岩田書院　二〇一二）
浅倉直美「天文～永禄期の北条氏規について―本光院殿菩提者となるまで―」（『駒沢史学』九〇　二〇一八）
有光友學『人物叢書　今川義元』（吉川弘文館　二〇〇八）
有光友學『戦国史料の世界』（岩田書院　二〇〇九）
安城市史編集委員会編『新編安城市史』1通史編 原始・古代・中世（安城市　二〇〇七）
安城市史編集委員会編『新編安城市史』5資料編 古代・中世（安城市　二〇〇四）
家永遵嗣『室町幕府将軍権力の研究』（東京大学日本史学研究叢書1　東京大学日本史学研究室　一九九五）
家永遵嗣「伊勢宗瑞（北条早雲）の出自について」（黒田基樹編著『シリーズ・中世関東武士の研究第10巻　伊勢宗瑞』戎光祥出版　二〇一三、初出：一九九八）
家永遵嗣「伊勢盛時（宗瑞）の父盛定について」（『戦国史研究』三八　一九九九）
家永遵嗣「伊勢盛時（宗瑞）の父盛定について」（『学習院史学』三八　二〇〇〇）
家永遵嗣「初代　北条早雲」（『別冊歴史読本　戦国の魁　早雲と北条一族』新人物往来社　二〇〇五）
家永遵嗣「今川氏親の名乗りと足利政知」（『戦国史研究』五九　二〇一〇）
磯川いづみ「河野弾正少弼通直の花押について」（『四国中世史研究』一三　二〇一五）
稲垣弘明『中世蹴鞠史の研究―鞠会を中心に―』（思文閣出版　二〇〇八）
今谷 明『籤引き将軍足利義教』（講談社メチエ267　二〇〇三）
遠藤英弥「今川氏家臣朝比奈親徳の政治的立場」（『駒沢史学』七七　二〇一二）
遠藤英弥「今川氏の三河領国化と太原崇孚」（『駒澤大学史学論集』三八　二〇〇八）

遠藤英弥「今川氏の被官と『駿遠三』の国衆」（大石泰史編『今川氏研究の最前線』洋泉社歴史新書y71　二〇一七）
大石泰史「今川氏真の幼名と仮名」（『戦国史研究』二三　一九九二）
大石泰史「今川氏家臣三浦正俊と三浦一族」（『戦国史研究』二五　一九九三）
大石泰史「今川氏と奥平氏―『松平奥平家古文書写』の検討を通して―」（『地方史静岡』二一　一九九三）
大石泰史「今川氏真の没落に関する『暇状』について」（『戦国史研究』二七　一九九四）
大石泰史「妙本寺文書から見た戦国時代―個別文書の具体的検討―」（『千葉史学』二四　一九九四）
大石泰史「新発見の今川氏家臣発給文書―為広・為和歌合集紙背文書の検討から―」（小和田哲男編『今川氏とその時代　地域研究と歴史教育』清文堂出版　二〇〇九）
大石泰史「足利義晴による河東一乱停戦令」（『戦国遺文　今川氏編第一巻　月報1』東京堂出版　二〇一〇）
大石泰史編『全国国衆ガイド　戦国の〝地元の殿様〟たち』（星海社新書　二〇一五）
大石泰史『井伊氏サバイバル五〇〇年』（星海社新書　二〇一六）
大石泰史「公家・将軍家との『外交関係』を支えた今川家の側近たち」（同編『今川氏研究の最前線』洋泉社歴史新書y71　二〇一七）
大石泰史編『今川氏年表』（高志書院　二〇一七）
大石泰史「今川氏家中の実態―『奉行衆』『側近衆』『年寄中』の検討から―」（戦国史研究会編『戦国期政治史論集　東国編』岩田書院　二〇一七）
大久保俊昭『戦国期今川氏の領域と支配』（岩田書院　二〇〇八）
大塚勲『今川氏と遠江・駿河の中世』（岩田書院　二〇〇八）
大塚勲『今川一族の家系』（羽衣出版　二〇一七）
小笠原春香「臨済宗寺院の興隆と今川氏の領国拡大」（大石泰史編『今川氏研究の最前線』洋泉社歴史新書y

71　二〇一七）
小川雄「一五五〇年代の東美濃・奥三河情勢―武田氏・今川氏・織田氏・斎藤氏の関係を中心として―」（『武田氏研究』四七　二〇一三）
小川雄「桶狭間敗戦以降の三河情勢と『今川・武田同盟』」（大石泰史編『今川氏研究の最前線』洋泉社歴史新書y71　二〇一七）
小和田哲男『駿河今川一族』（新人物往来社　一九八三）
小和田哲男「今川家臣団崩壊過程の一齣―『遠州忩劇』をめぐって―」（『静岡大学教育学部研究報告―人文・社会科学篇―』三九　一九八九）
小和田哲男『高天神城の総合的研究』（大東町教育委員会　一九九三）
小和田哲男『小和田哲男著作集2　今川氏家臣団の研究』（清文堂出版　二〇〇一）
小和田哲男『ミネルヴァ日本評伝選　今川義元』（ミネルヴァ書房　二〇〇四）
小和田哲男『中世武士選書25　駿河今川氏十代―戦国大名への発展の軌跡―』（戎光祥出版　二〇一五）
掛川市史編纂委員会編『掛川市史』上巻（掛川市　一九九七）
糟谷幸裕「今川氏の『徳』が問われた『井伊谷徳政』とは？」（大石泰史編『今川氏研究の最前線』洋泉社歴史新書y71　二〇一七）
鴨川達夫『武田信玄と勝頼―文書にみる戦国大名の実像』（岩波新書　二〇〇七）
刈谷市史編さん編集委員会編『刈谷市史』第二巻　本文　近世（刈谷市　一九九四）
観泉寺史編纂刊行委員会編『今川氏と観泉寺』（吉川弘文館　一九七四）
神田裕理「織田期における公家の交際関係―『宣教卿記』に見る」（『史艸』三七　一九九六）
木下聡「総論　斯波氏の動向と系譜」（同編著『シリーズ・室町幕府の研究1　管領斯波氏』戎光祥出版　二〇一五）
木下聡「『三河守任官』と尾張乱入は関係があるのか」（大石泰史編『今川氏研究の最前線』洋泉社歴史新書

y71　二〇一七）
久保田昌希「戦国大名今川氏の三河侵攻」（『駿河の今川氏』三　一九七八）
久保田昌希『戦国大名今川氏と領国支配』（吉川弘文館　二〇〇五）
黒田基樹『戦国大名領国の支配構造』（岩田書院　一九九七）
黒田基樹『戦国期東国の大名と国衆』（岩田書院　二〇〇一）
黒田基樹『北条早雲とその一族』（新人物往来社　二〇〇七）
黒田基樹「総論　伊勢宗瑞論」（同編著『シリーズ中世関東武士の研究第10巻　伊勢宗瑞』戎光祥出版　二〇一三）
黒田基樹『井伊直虎の真実』（角川選書586　二〇一七）
黒田基樹『関東戦国史　北条VS上杉55年戦争の真実』（角川ソフィア文庫　二〇一七）
黒田基樹『北条氏康の妻　瑞渓院』（平凡社　二〇一七）
黒田日出男「桶狭間の戦いと『甲陽軍鑑』―『甲陽軍鑑』の史料論(2)―」（『立正史学』一〇〇　二〇〇六）
『特別展　蹴鞠』（埼玉県立博物館図録　二〇〇二）
小林輝久彦「駿遠軍忠衆矢文写について―県史中世三・一九四一号文書の検討―」（『静岡県地域史研究会報』一三〇　二〇〇二）
小林輝久彦「永正期三河吉良氏当主の人物比定」（『静岡県地域史研究会報』一六三　二〇〇九）
小林輝久彦「天文・弘治年間の三河吉良氏」（『安城市歴史博物館研究紀要』一九　二〇一二）
佐藤博信「足利龍王丸論ノート」（同著『中世東国政治史論』塙書房　二〇〇六）
静岡県『静岡県史』通史編2　中世（静岡県　一九九七）
柴裕之『戦国・織豊期大名徳川氏の領国支配』（岩田書院　二〇一四）
柴裕之「織田氏との対立、松平氏の離叛はなぜ起きたか」（大石泰史編『今川氏研究の最前線』洋泉社歴史新書y71　二〇一七）

彦根市史編集委員会編『新修彦根市史』第6巻 史料編 近世1（彦根市 二〇〇二）
島田市史編纂委員会編『島田市史』上巻（島田市 一九七八）
『特別展図録 女戦国大名寿桂尼と今川氏』（島田市博物館 二〇一七）
清水敏之「駿河今川氏の『天下一名字』は史実か」（大石泰史編『今川氏研究の最前線』洋泉社歴史新書y71 二〇一七）
清水敏之「遠江堀越氏の研究」（『静岡県地域史研究』七 二〇一七）
鈴木将典『国衆の戦国史—遠江の百年戦争と「地域領主」の興亡』（洋泉社歴史新書y70 二〇一七）
谷口雄太「足利氏御一家考」（佐藤博信編『関東足利氏と東国社会 中世東国論⑤』岩田書院 二〇一二）
谷口雄太「戦国期における三河吉良氏の動向」（『戦国史研究』六六 二〇一三）
谷口雄太「戦国期斯波氏の基礎的考察」（『年報中世史研究』三九 二〇一四）
鶴崎裕雄『戦国を往く連歌師宗長』（角川叢書11 二〇〇〇）
鶴田知大「史料紹介 新収蔵の戦国期資料—石田次郎兵衛関係文書—」（『豊橋市美術博物館研究紀要』一八 二〇一五）
天竜市『天竜市史』上巻（天竜市 一九八一、中世は坪井俊三氏執筆）
永井路子『姫の戦国』（文春文庫 一九九七）
長倉智恵雄『戦国大名駿河今川氏の研究』（東京堂出版 一九九五）
長塚 孝「北条氏綱の偏諱受領と名字替え」（『駒沢史学』九〇 二〇一八）
長屋隆幸「桶狭間と長篠の戦いの勝因は」（日本史史料研究会編『信長研究の最前線—ここまでわかった「革新者」の実像』洋泉社歴史新書y49 二〇一四）
橋場日月『新説桶狭間合戦——知られざる織田・今川七〇年戦争の実相』（学研新書 二〇〇八）
長谷川清一「瀬名氏三代の考察—今川氏一門としての功と罪—」（小和田哲男編『今川氏とその時代 地域研

究と歴史教育』清文堂出版　二〇〇九）
長谷川清一「天文七～九年の瀬名貞綱について」（『戦国遺文 今川氏編第四巻 月報4』東京堂出版　二〇一四）
長谷川弘道「今川氏真の家督継承について」（『戦国史研究』二三　一九九二）
長谷川弘道「永禄末年における駿・越交渉について」（『武田氏研究』一〇　一九九三）
長谷川弘道「戦国大名今川氏の使僧東泉院について」（『戦国史研究』二五　一九九三）
長谷川弘道「雪斎と伊勢正遷宮」（『戦国史研究』二九　一九九五）
長谷川弘道「駿越交渉補遺―『書札慮外』をめぐって―」（『戦国遺文　今川氏編第二巻　月報2』東京堂出版　二〇一一）
長谷川幸一「早川殿―今川氏真の室」（黒田基樹・浅倉直美編『北条氏康の子供たち』宮帯出版　二〇一五）
浜松市『二俣城跡・鳥羽山城跡総合調査報告書』（二〇一七）
彦根城博物館編『彦根藩史料叢書　侍中由緒帳』2・4（彦根市教育委員会　一九九五・九七）
平野明夫「太原崇孚雪斎の地位と権限」（『駿河の今川氏』一〇　一九八七）
平野明夫「今川義元の家督相続」（『戦国史研究』二四　一九九二）
平野明夫「家督相続後の義元と室町将軍」（『戦国史研究』三五　一九九八）
平野明夫「今川氏真と室町将軍」（『戦国史研究』四〇　二〇〇〇）
平野明夫「桶狭間の戦い」（渡邊大門編『信長軍の合戦史』吉川弘文館　二〇一六）
平山　優『中世武士選書5　穴山武田氏』（戎光祥出版　二〇一一）
福田豊彦「室町幕府の奉公衆体制」（同『室町幕府と国人一揆』吉川弘文館　一九九五）
藤本正行『【信長の戦い①】桶狭間・信長の『奇襲神話』は嘘だった』（洋泉社新書y　二〇〇八）
二木謙一『日本歴史叢書　新装版　中世武家の作法』（吉川弘文館　一九九九）
前田利久「第四章　戦国時代の小川と長谷川氏―法永長者考―」（『ヤシャンボー　焼津市南部地区民俗誌』焼

津市南部土地区画整理組合　一九九三）
前田利久「今川氏輝文書に関する一考察」（戦国大名今川氏を学ぶ会編『今川氏研究』創刊号　一九九五）
前田利久「今川氏の家督相続―義元・氏真の家督相続の時期について―」（『静岡県地域史研究』五　二〇一五）
丸島和洋「高野山成慶院『甲斐国供養帳』―『過去帳（甲州月牌帳）』―」（『武田氏研究』三四　二〇〇六）
丸島和洋『戦国大名の「外交」』（講談社選書メチエ556　二〇一三）
丸島和洋「武田氏から見た今川氏の外交」（『静岡県地域史研究』五　二〇一五）
丸島和洋「今川氏の栄枯盛衰と連動した『甲駿相三国同盟』」（大石泰史編『今川氏研究の最前線』洋泉社歴史新書y71　二〇一七）
村岡幹生「天文年間三河における吉良一族の動向」（『安城市史研究』9　二〇〇八）
村岡幹生「織田信秀岡崎攻落考証」（『中京大学文学会論叢』1　二〇一五）
安田晃子「豊後国における蹴鞠の展開―戦国期を中心として―」（大分県立先哲史料館『史料館研究紀要』四　一九九九）
弥永浩二「今川氏家臣福島氏の研究―遠州大福寺文書の検討を中心にして―」（『駒澤大学史学論集』二八　一九九八）
山田邦明『愛知大学綜合郷土研究所ブックレット㉓　戦国時代の東三河　牧野氏と戸田氏』（あるむ　二〇一四）
山田邦明「三河から見た今川氏」（『静岡県地域史研究』七　二〇一七）
横浜市歴史博物館編『特別展　中世よこはまの学僧　印融―戦国に生きた真言密教僧の足跡―』（横浜市歴史博物館図録　一九九七）
米原正義『戦国武士と文芸の研究』（桜楓社　一九七六）
渡辺文雄『桶狭間合戦の真相』（郁朋社　二〇一二）

あとがき

本書の編集に携わっていただいた大林哲也さんに初めてお目にかかったのは二〇一七年四月の中旬で、そこで本書『今川氏滅亡』を執筆してほしいと依頼された。私は一瞬のことだが、その際に二点のことが気にかかった。その二点はともに関連しているが、一点目は「今川《いまがわ》氏滅亡」という言葉・表現であった。本書では実質、永禄十一年十二月までの話が中心であるが、実際のところは氏真《うじざね》が永禄十二年五月に戦国大名としての地位を奪われ、多くの人はそこで今川氏が「滅亡」したと認識しているようだ。とはいうものの、本文でも述べたように今川氏は江戸時代も「高家《こうけ》」として幕府に遇されており、滅亡していないのにタイトルで「滅亡」を謳《うた》うのは、正直言ってやや不満があった。

また二点目は、同年二月に平山優《ひらやまゆう》氏がKADOKAWAで『武田氏滅亡』を著していたため、その跡を追うようになるのか、ということであった。同書はその内容の緻密《ちみつ》さに基づいた（ソフトカバーの本であるにも関わらず「自立」するほどの）本の「厚さ」などから、大林さんとの打合せを行った時点ですでに大きな話題になっていた。特に同書第九章のように、日を追ったかたちで吊《つ》り見出しを設定するようなことは、今川氏ではとても不可能であると考えられた。そのため、この点からもほんの少々、躊躇《ちゆうちよ》しかけた。

しかし、すぐに以下のことを改めて考えた。武田《たけだ》氏も勝頼《かつより》さらに穴山武田氏の系統が絶えながらも、江戸期になって養子を迎え入れ、現代に至るまで継続しているのに、今川氏と同様「滅亡」と表現される。ならば今川氏が明治まで生き残ったことを、いろいろな機会において地道に訴えていくようにしていけばよい、と。併せて大林さんからも強く背中を押していただいたこともあって、引き受けることにした。

それより何より、私自身、やはりこの機会に今川氏の通史をしっかりと提示したいと考え直したことが大きい。というのは、私は前年の二〇一六年に初めての単著『井伊氏サバイバル五〇〇年』（星海社新書）を上梓《じようし》していた。これは、NHK大河ドラマ「おんな城主　直虎」で時代考証を担当することになったため、改めて井伊《いい》氏に関する検討を行う必要があると考えたのがきっかけである。とはいえ、私が井伊氏の研究を行ったのは今川氏をメインで検討していたからであって、その今川氏で文章を書かせていただけるのならば、こんなありがたいことはないと思い直したのである。

こうした最初の打合せから一年が経過し、ようやく戦国大名今川氏に関する通史的な文章を一冊にまとめることができた。その間、大河ドラマの仕事が二〇一七年十月に終了したため、本書の執筆にとりかかったのはそれ以降のことであった。第一稿目を同年十二月いっぱいで仕上げたものの、内容的に不備が多く見られたため、二稿目を二月上旬までに完成させた。期間的にはタイトルに見えるかもしれないが、本書は二〇一七年度中において、様々なところで講演させていただいた際に考えた内容が主である。そのため、講座で私の話を聴いて下さる受講生の方々に理解してもらうためにもそれなりに熟考していたし、それ以前から暖めていたものもある。そのような内容の文章を、こうして短期間で一書とし、多くの読者の目に触れることができるようになったのは、偏《ひとえ》に大林さんのお力による。記して謝意を表したい。

私は普段、講演のお話をいただいたおりには可能な限り、聴いていただいている方々に対して一つでもこれまでと違った視点、あるいは何か目新しいことを紹介したいと心がけている。そのため講座の際には、従来の説を丁寧に解説したうえで新説等を提示しなければと考えて、説明がクドくなったり、説明不足な部分も出たりするなど、わかりにくいところもあったかもしれない。この点については、受講生だった方々にお詫《わ》び申し上げます。

今川氏の研究は、まだまだやり残されている部分が多い。真摯《しんし》に史料に向き合い、丁寧に読み込んで、少しでも今川氏の解明に尽力したいと考えている。本書はそのきっかけに過ぎない。多くの方の御意見・御叱正《しっせい》を賜れば幸いである。

二〇一八年四月九日

大石 泰史

大石泰史（おおいし・やすし）

1965年、静岡県生まれ。歴史研究家。東洋大学大学院文学研究科日本史学専攻修士課程修了。千葉県文書館嘱託職員等を経て、大石プランニング主宰。2017年のNHK大河ドラマ「おんな城主 直虎」の時代考証を担当。著書に『井伊氏サバイバル五〇〇年』（星海社新書）、編著に『戦国遺文 今川氏編』（東京堂出版）、『全国国衆ガイド　戦国の〝地元の殿様〟たち』（星海社新書）、『今川氏研究の最前線　ここまでわかった「東海の大大名」の実像』（歴史新書y）、『今川氏年表　氏親 氏輝 義元 氏真』（高志書院）などがある。

角川選書 604

今川《いまがわ》氏《し》滅亡《めつぼう》

平成30年5月18日　初版発行
令和6年12月30日　4版発行

著　者／大石泰史《おおいしやすし》

発行者／山下直久

発　行／株式会社KADOKAWA
〒102-8177　東京都千代田区富士見2-13-3
電話 0570-002-301（ナビダイヤル）

印刷所／株式会社KADOKAWA

製本所／株式会社KADOKAWA

装　丁／片岡忠彦　　帯デザイン／Zapp!

ISBN978-4-04-703633-8 C0312

戦国大名・伊勢宗瑞

黒田基樹

近年人物像が大きく書き換えられた伊勢宗瑞。北条氏研究の第一人者が、最新の研究成果をもとに、新しい政治権力となる戦国大名がいかにして構築されたのかを明らかにしつつ、その全体像を描く初の本格評伝。

624

978-4-04-703683-3

新版　古代史の基礎知識

編　吉村武彦

歴史の流れを重視し、考古学や歴史学の最新研究成果を取り入れ、古代史の理解に必要な重要事項を配置。新聞紙上をにぎわしたトピックをはじめ、歴史学界で話題の論争も積極的に取り上げて平易に解説する。

643

978-4-04-703672-7

シリーズ世界の思想
マルクス　資本論

佐々木隆治

経済の停滞、政治の空洞化……資本主義が大きな転換点を迎えている今、マルクスのテキストに立ち返りこの世界の仕組みを解き明かす。原文の抜粋と丁寧な解説で読む、画期的な『資本論』入門書。

1001

978-4-04-703628-4

シリーズ世界の思想
プラトン　ソクラテスの弁明

岸見一郎

古代ギリシア哲学の白眉ともいえる『ソクラテスの弁明』の全文を新訳とわかりやすい新解説で読み解く。誰よりも正義の人であったソクラテスが裁判で何を語ったかを伝えることで、彼の生き方を明らかにする。

1002

978-4-04-703636-9

密談の戦後史

塩田 潮

次期首相の座をめぐる裏工作から政界再編の秘密裏交渉まで、歴史の転換点で行われたのが密談である。憲法九条誕生から安倍晋三再擁立まで、政治を変える決定的な役割を担った密談を通して知られざる戦後史をたどる。

601

978-4-04-703619-2

今川氏滅亡

大石泰史

駿河、遠江、三河に君臨した大大名・今川氏は、なぜあれほど脆く崩れ去ったのか。国衆の離叛や「家中」弱体化の動向等を、最新研究から丹念に検証。桶狭間敗北や氏真に仮託されてきた亡国の実像を明らかにする。

604

978-4-04-703633-8

古典歳時記

吉海直人

日本人は自然に寄り添い、時季を楽しんできた。旬の食べ物、花や野鳥、気候や年中行事……暮らしに根ざすテーマを厳選し、時事的な話題・歴史的な出来事を入り口に、四季折々の言葉の語源と意味を解き明かす。

606

978-4-04-703657-4

エドゥアール・マネ

西洋絵画史の革命

三浦 篤

一九世紀の画家、マネ。伝統絵画のイメージを自由に再構成するその手法は、現代アートにも引き継がれる絵画史の革命だった。模倣と借用によって創造し、古典と前衛の対立を超えてしまう画家の魅力に迫る。

607

978-4-04-703581-2